Peter Schellenbaum:
Homosexualität im Mann
Eine tiefenpsychologische Studie

Deutscher
Taschenbuch
Verlag

Von Peter Schellenbaum
sind im Deutschen Taschenbuch Verlag erschienen:
Die Wunde der Ungeliebten (35015)
Abschied von der Selbstzerstörung (35016)
Das Nein in der Liebe (35023)
Gottesbilder (35025)
Tanz der Freundschaft (35067)

Ungekürzte Ausgabe
August 1994
Deutscher Taschenbuch Verlag GmbH & Co. KG, München
© 1991 Kösel-Verlag GmbH & Co., München
ISBN 3-466-30319-2
Umschlaggestaltung: Boris Sokolow
Satz: IBV Satz- und Datentechnik, Berlin
Druck und Bindung: Kösel, Kempten
Printed in Germany · ISBN 3-423-35079-2

Das Buch

Lange Zeit galt Homosexualität als neurotische Entwicklungshemmung, doch obwohl diese Auffassung heute weitgehend widerlegt ist, zweifeln viele Homosexuelle selbst an der Natürlichkeit ihrer erotisch-sexuellen Orientierung. Dem setzt Peter Schellenbaum in seiner tiefenpsychologischen Studie die Erkenntnis entgegen, daß es Homosexualität auch im heterosexuellen Mann gibt, ebenso wie Heterosexualität im homosexuellen Mann angelegt ist, wobei meist jedoch nur eine sexuelle Seite ausgelebt wird. Von ihrer männlichen Psychodynamik, das heißt von ihrer archetypischen Anlage her unterscheiden sich Homosexuelle also gar nicht von anderen Männern, nur sind die seelischen Schwerpunkte in ihnen anders gesetzt. Neben den analytischen und therapeutischen Ansätzen von Freud, Adler, Kohut und Jung stellt Schellenbaum sein eigenes umfassendes Modell männlicher Homosexualität vor: Er deutet die spezifischen Aspekte der gleichgeschlechtlichen Gefühlsbeziehung, weist auf die Gefahren narzißtischer Fixierung hin, ist aber weit davon entfernt, Homosexualität »wegtherapieren« zu wollen. Viele ausführliche Fallbeispiele zeigen, wie die lebendige Erfahrung des eigenen männlichen Selbst im Spiegelbild eines anderen Mannes erlebt werden kann.

Der Autor

Peter Schellenbaum, am 30. April 1939 geboren, studierte Theologie und absolvierte eine Ausbildung zum Psychoanalytiker am C. G. Jung-Institut in Zürich, wo er zuletzt als Studienleiter tätig war. 1992 gründete er sein Institut für Psychoenergetik im Tessin. Veröffentlichungen u. a.: ›Gottesbilder‹ (1981), ›Das Nein in der Liebe‹ (1984), ›Abschied von der Selbstzerstörung‹ (1987), ›Die Wunde der Ungeliebten‹ (1988), ›Tanz der Freundschaft‹ (1990), ›Nimm deine Couch und geh!‹ (1992).

Inhalt

Vorwort 9
Einleitung: Ist Homosexualität eine Entwicklungs-
  hemmung? 11

Erster Teil: Der psychologische Ort der Homosexualität

1 Selbst-Persönlichkeit und Narzißmus 27
2 Das Selbst bei C. G. Jung, E. Neumann und H. Kohut
  und die Selbst-Persönlichkeit 35
3 Selbst-Persönlichkeit und rezeptives Bewußtsein 47
4 Spiegel-Homosexualität und Leitbild-Homosexualität . . 52
5 Überlegungen zu einigen Interpretationsmodellen der
  Homosexualität 66

Zweiter Teil: Fixiert vom Muttervogel

6 Das Spiegelbild ist nicht der Spiegel 83
7 Der Hermaphrodit 104
8 Metamorphosen des Muttervogels 125
9 AIDS – die morbide Versuchung 138

Dritter Teil: Spiegel-Kommunikation

10 Die Übermannung des heiligen Sebastian 154
11 Die Blendung des Sohnes 162
12 Standhalten in der Spiegel-Kommunikation 177
13 Der Spiegel-Freund 191
14 Spiegel-Kommunikation mit dem heterosexuellen
   Freund 206
15 Spiegel-Kommunikation in einer homosexuellen
   Partnerschaft 221

Schlußbemerkungen: Homo- und Heterosexualität 230

Anmerkungen 239
Literaturverzeichnis 242
Namen- und Sachregister 244

Andreas gab sich dieser Liebe ganz hin,
die er nicht als Verirrung empfand.
Ihm kam es nicht in den Sinn, sie vor sich zu leugnen,
sie zu bekämpfen als »Entartung« oder als »Krankheit«.
Diese Worte berührten die Wahrheit so wenig,
sie kamen aus anderer Welt.
Gut hieß er diese Liebe vielmehr ganz und gar,
er lobte sie, wie alles, was Gott gab und verhängte –
sei es noch so leicht oder schwierig zu tragen.

Klaus Mann: Der fromme Tanz

Diese tiefenpsychologische Studie ist die Neufassung meiner früheren Arbeit über die »Homosexualität des Mannes« (1980). Klarer und durchgehender als in dieser unterscheide ich hier zwischen einer gesunden, in keiner Weise durch das Odium einer vermeintlichen Fehlentwicklung belasteten und einer fixierten Homosexualität. Letztere zeichnet sich vor allem durch die beziehungslose Sucht nach dem Manne und durch Flucht vor der Frau aus. Durch diese Unterscheidung setze ich mich teilweise vom psychoanalytischen Modell der Homosexualität ab. Zwar schrieb auch *Freud* in einem Brief an die Mutter eines Homosexuellen: »Homosexualität ist gewiß kein Vorzug, aber sie ist nichts, dessen man sich schämen müßte: keine Last, keine Erniedrigung, auch kann sie nicht als Krankheit bezeichnet werden... Es ist eine große Ungerechtigkeit, Homosexualität als Verbrechen zu verfolgen, und auch eine Grausamkeit.« Im gleichen Brief aber bezeichnet er Homosexualität als eine ›Entwicklungshemmung‹, und zwar, wie ich später zeigen werde, in dem Sinne, daß durch sie etwas gehemmt wird, was sich in einer günstigen Elternkonstellation entwickelt. Es gebe zwar den konstitutiven Faktor, so unterstreicht *Freud* an mehreren Stellen, aber er sei nicht zwingend. *Freuds* Auffassung krankt daran, daß sie die heterosexuelle Entwicklung als normierende Vergleichsgröße herbeizieht. Die gleiche Linie verfolgten selbst so einfühlende neuere Psychoanalytiker wie *Fritz Morgenthaler*. Vieles vom psychoanalytischen Modell konnte ich dagegen in meine Überlegungen zur fixierten oder zwanghaften Homosexualität einbeziehen.

Hier wird also nicht nur von dieser, sondern auch von der anlagemäßigen, archetypischen Homosexualität die Rede sein, sei es in ihrer dominanten Form bei homo- oder ihrer untergeordneten Form bei heterosexuellen Männern. Daher habe ich diesem Buch den neuen Titel: »Homosexualität *im* Mann« gegeben.

Gewiß mag die durchgehende Unterscheidung zwischen ›fixierter Homosexualität‹ und kurz ›Homosexualität‹, beziehungsweise zwischen dem ›fixierten Homosexuellen‹ und kurz dem ›Homosexuellen‹ manchmal etwas schwerfällig wirken. Doch ist sie wichtig genug, um diesen formalen Nachteil in Kauf zu nehmen. Aus zwei Gründen konnte ich nicht einfach von Fixierung des Mannes sprechen: zunächst wegen der Minderheitssituation der Homosexuellen, und dann aufgrund der Tatsache, daß es sich um eine spezifische Fixierung handelt, die sich von der Fixierung in der heterosexuellen Entwicklung unterscheidet. Hetero- und Homosexuelle kennen beide Arten von Fixierung, entsprechend der unterschiedlichen Gewichtung von Hetero- und Homosexualität in ihnen.

Hauptziel dieser Arbeit ist die Spiegel-Kommunikation zwischen hetero- und homosexuellen Männern, das heißt die innere Verständigung beider durch Einsicht in die trotz anderen Gewichtungen gemeinsame Psychodynamik.

Die Einführung zur Frage: »Ist Homosexualität eine Entwicklungshemmung?«, das neunte Kapitel: »AIDS – die morbide Versuchung«, das fünfzehnte Kapitel über »Spiegel-Kommunikation in einer homosexuellen Partnerschaft« und abschließend die Bemerkungen über »Homo- und Heterosexualität« wurden eigens für diese Neufassung geschrieben. Die anderen Teile wurden gründlich überarbeitet, zum Teil verändert und ergänzt.

Ich danke meinen homosexuellen Analysanden, ohne die ich dieses Buch nicht hätte schreiben können. Sie haben mit ihrer partiellen Kritik gegenüber meinem früheren Buch »Homosexualität des Mannes« nicht zurückgehalten und ihr Bestes getan, um mich davor zu bewahren, alten und neuen Vorurteilen gegenüber der Homosexualität auf den Leim zu gehen. Auch danke ich jenen unter meinen Analysandinnen, deren Lebensgeschichte in der einen oder anderen Weise mit der Lebensgeschichte homosexueller Männer verknüpft war.

Tellaro/Italien, im Januar 1991   Peter Schellenbaum

Einleitung: Ist Homosexualität eine Entwicklungshemmung?

Ein Homosexueller kennt das Gefühl, anders zu sein: nicht zur heterosexuellen Mehrheit zu gehören, die das öffentliche Leben in jeder Hinsicht bestimmt. Sicher hat er sich mehrere Male in einen Mann verliebt, der seine Gefühle nicht in der gleichen Intensität erwidern konnte, einfach weil er heterosexuell war. Und umgekehrt hat er vermutlich auch erlebt, daß sich eine Frau in ihn verliebte, und er ihre Gefühle nicht in derselben Intensität erwidern konnte, einfach weil er homosexuell war. Solche Erfahrungen erotisch-sexueller Unstimmigkeit mit der Umwelt beginnen bereits in früher Jugend. Später können sie durch bewußt angestrebte Beziehungen mit anderen Homosexuellen gemildert werden. Doch bleibt das spontane Erleben der Unstimmigkeit in den meisten Situationen, in denen sich Menschen ungeplant im Alltag begegnen. Auch wenn er sein Coming-Out in guter Weise geschafft, also seine Homosexualität den ihm wichtigen Menschen ohne kompensatorischen Exhibitionismus mitgeteilt hat, bleibt die immer wieder schmerzliche Erfahrung, einer Minderheit, die anders empfindet, anzugehören. Die Solidarisierung mit anderen Homosexuellen gibt ihm zwar eine neue, wohltuende Gruppenidentität, doch entbehrt diese der Selbstverständlichkeit, die Heterosexuelle in bezug auf ihre soziale Identität empfinden. Entweder stärkt sie seine individuelle Freiheit und Unabhängigkeit, oder sie kapselt ihn im Gegenteil in der Gruppe ein und läßt seine Individualität verkümmern. Im Extremfall macht sie ihn sogar zum psychischen Anarchisten und Desperado. Der *Homosexuelle in der heterosexuellen Gesellschaft* ist ein Problem, das sich auch durch soziale Aufklärungsarbeit und Toleranz nicht ganz aus der Welt schaffen läßt.

Aber gehört dieses Gefühl der gesellschaftlichen Unstimmigkeit und Isolierung einfach zur Grundbefindlichkeit des Homosexuellen in der Welt, und besteht folglich in der mutigen Auseinandersetzung mit der eigenen Minderheitssituation die einzige Möglichkeit, den sozialen Konflikt psychologisch anzugehen? Dem wäre so, wenn Homosexuelle nur homosexuell und Heterosexuelle nur heterosexuell wären. Daß dies nicht der Fall ist, weiß die Tiefenpsychologie seit *Fliess, Freud* und *Jung,* welche die *Bisexualität* des Individuums festgestellt haben. Eigentlich wissen es die Menschen seit jeher. Die innige Liebe zwischen Gilgamesch und Enkidu im ältesten Epos der Menschheit, dem Gilgamesch-Epos, hat nichts mit ausschließlicher Homosexualität oder homosexueller Identität zu tun. Für beide Männer war auch die Frauenliebe eine Selbstverständlichkeit. Das gleiche gilt heute noch in orientalischen Gesellschaften. Es ist nicht zufällig, daß der Begriff Homosexualität erst im 19. Jahrhundert von deutschen Psychiatern als Kunstwort geschaffen wurde. Die schroffe Trennung der Menschen in ausschließliche Heterosexuelle und ausschließliche Homosexuelle, also in Menschen, die entweder nur für Frauen oder nur für Männer erotische und sexuelle Gefühle empfinden können, ist ein geschichtliches Novum und hängt wohl neben jüdisch-christlichen Einflüssen unter anderem mit dem Normalitätsdruck in einer zunehmend technisierten, standardisierten, entseelten Gesellschaft zusammen, vielleicht auch mit der allgemeinen Instrumentalisierung und Verarmung der Gefühle.

Es gibt die ›Homosexualität‹ nicht nur im homosexuellen, sondern auch im ›heterosexuellen Manne‹, ebenso wie es die ›Heterosexualität‹ auch im ›homosexuellen Manne‹ gibt, was jedoch für die meisten, zumindest in unserer Gesellschaft, nicht heißt, beide sexuell auszuleben. Nur wenn sich diese Einsicht ausbreitet, erfahren Homosexuelle, daß sie sich von ihrer männlichen Psychodynamik, das heißt von ihrer archetypischen Anlage her gar nicht von anderen Männern unterscheiden, auch wenn die seelischen Schwerpunkte in ihnen anders verteilt sind. Zwar ist ihre Libidobesetzung der Frauenliebe schwächer, doch drängt auch sie auf ein gewisses Maß an Entfaltung. Dadurch kann die Isolierung von den heterosexuellen Männern und Frauen teilweise überwunden werden. Homo- und Heterosexualität wirken dann eher wie notwendige Spezialisierungen der allgemeinen Begabung zu Sexualität, Erotik und Beziehung. Auch viele heterosexuelle Männer nähern sich heute immer mehr dem Wert der Männerliebe und erleben dabei eine Verankerung ihres eigenen Mannseins. Bei homosexuellen Männern geht die Frauenliebe meist nicht über die Freundschaftsliebe hinaus, ebenso wie die Männerliebe bei heterosexuellen Männern. Doch schwingt auch in der Freundschaftsliebe der ganze Mensch. Immer klingt ein wahrnehmbarer erotisch-sexueller Unterton mit.

Wenn ich die *gemeinsame männliche Psychodynamik bei Hetero-*

und Homosexuellen unterstreiche, meine ich natürlich nicht, daß mit zunehmender Befreiung von gesellschaftlichen Vorurteilen und innerpsychischen Blockierungen alle Männer gleichermaßen homo- und heterosexuell empfinden werden. Nie kann ein Individuum in seinem Existenzvollzug alles dem Menschen Mögliche entwickeln. Von seiner Anlage, seiner primären Sozialisation, seinen Bezugspersonen, seiner Lebensspanne her usw. ist es begrenzt. Zu seelischer Gesundheit gehört es, sein Leben in der je eigenen Begrenzung zu entfalten. Die Begrenzung eines einzelnen bedeutet jedoch nicht, daß alles Menschenmögliche in ihm nicht angelegt wäre, wenn auch mit anderen Energiebesetzungen als in anderen Menschen.

Weil ich in diesem Buch Homosexualität in ihrem Zusammenhang mit Heterosexualität analysiere, ziehe ich das Adjektiv ›homosexuell‹ dem Adjektiv ›schwul‹ vor, obschon dieses immer wertfreier rezipiert wird. Die Zukunft wird zeigen, ob durch den immer verbreiteteren Gebrauch des Wortes ›schwul‹ der masochistische Beigeschmack, den es für viele Homosexuelle noch immer hat, gänzlich verlieren und den positiven Klang bekommen wird, den das amerikanische Wort ›gay‹ von allem Anfang an hatte.

Durch den Titel »Homosexualität *im* Mann« soll die mögliche Auflösung der Isolierung des Homosexuellen angedeutet werden. Sie geschieht auf tiefenpsychologischem Weg. Ich behalte das psychologische Grundmodell der noch zu erläuternden ›Spiegel-Kommunikation‹ sowie die zum Teil wissenschaftliche Ausdrucksweise der letzten Fassung bei. Die vielen ausführlichen Fallbeispiele sorgen für Anschaulichkeit. In der riesigen Fülle der Bücher und Artikel über männliche Homosexualität ist diese Arbeit meines Wissens die erste, die das Thema ausführlich und ausschließlich aus tiefenpsychologischer Sicht angeht und die Psychodynamik der Homo- und Heterosexualität miteinander verbindet.

Das Buch richtet sich gleichermaßen an hetero- wie homosexuelle Männer sowie an Frauen, die durch die Problematik insofern mitbetroffen sind, als sie einem durch Homosexualität besonders geprägten Manne nahe stehen. Die Fallbeispiele beziehen sich zum größten Teil auf homosexuelle, zum kleineren Teil auf heterosexuelle Männer. Homosexualität wird spezifisch verstanden als die in der Persönlichkeit verwurzelte psychophysische Anziehung des Mannes durch den Mann und schlummert in jedem. Dies soll aus dem nun folgenden zur Psychodynamik der Homosexualität deutlich werden. Das wiederum wird uns zur Frage in der Überschrift dieser Einführung »Ist Homosexualität eine Entwicklungshemmung?« überleiten.

Meine Ausführungen zur allen Männern gemeinsamen Psychodynamik der Homosexualität wollen in keiner Weise den Unterschied zwischen Hetero- und Homosexuellen bagatellisieren. Durch Verwischung der Grenzen würde ich niemandem einen Dienst erweisen. Heterosexuelle erkennen sich zunächst einmal überhaupt nicht im Homosexuellen wieder und umgekehrt. Dieser Mangel an gegenseitiger Spiegelung kann nur zum Teil behoben werden, aber dieser Teil ist entscheidend. Er macht aus einer bloß äußeren und daher brüchigen Toleranz eine psychisch tragfähige Einfühlung. Diese zu fördern, ist ein wichtiges Motiv, weshalb ich dieses Buch nochmals neu geschrieben habe.

Die Toleranz der einen den anderen gegenüber muß sich auch in der Gesetzgebung und in der sozialen Einstellung allgemein ausdrücken. Gerade wegen der bei vielen Hetero- – und Homosexuellen! – durch die Angst vor AIDS bedingten erneuten Verstärkung der antihomosexuellen Stimmung muß hier auf Bewahrung des schon Erreichten geachtet werden. Es gilt wach zu bleiben, damit die erzielten Fortschritte im Verhältnis der heterosexuellen Gesellschaft zu den Homosexuellen nicht wieder rückgängig gemacht werden und die Gleichberechtigung von Hetero- und Homosexualität überall gesetzlich verankert wird.

Bei allen Bemühungen um Unterscheidung der homo- und heterosexuellen Identität stellt sich doch die Frage: Nehmen sich Homosexuelle tatsächlich nicht auch in Heterosexuellen und diese sich nicht auch in jenen wahr? Ich meine, die in den letzten zwanzig Jahren erreichten Abgrenzungen sind mittlerweile klar genug gezogen, daß wir es wagen können, auch diese Frage zu stellen. Es geht zum Beispiel nicht mehr an, daß auch Psychologen die phasenweise gelebte Homosexualität bei Heterosexuellen als bloße Abwehr der Heterosexualität apostrophieren und dadurch die Trennung von Hetero- und Homosexualität über das hinaus verschärfen, was vom tiefenpsychologischen Befund her nötig wäre. In jedem Individuum haben Hetero- und Homosexualität eine authentische Eigenbedeutung. Wir leben in einer Welt der äußeren und inneren Annäherungen. Nie in der Vergangenheit ging die Einfühlung in anders Denkende und Empfindende so weit wie heute. Die erst seit kurzem aufgelöste Politik der ideologischen Blöcke kommt uns schon jetzt als Anachronismus vor. Die erfolgte Aufhebung der Teilung Berlins scheint mir innerpsychische Entsprechungen zu haben, unter anderem in der angezeigten inneren Verständigung von Homo- und Heterosexuellen. Gespräche zwischen diesen bloß aus dem gesellschaftspolitischen Gesichtswinkel fördern zwar die Toleranz und den gegenseitigen Respekt. Wirkliche und auf Dauer wirksame Annäherung aber ereignet sich nur in der Psyche einzelner Individuen. Es liegt mir daran, diese zu fördern. Es entspricht einem Gebot der Stunde.

Homo- und Heterosexuelle haben sich gegenseitig viel mitzuteilen. Wenn sie sich aufeinander einlassen, fördern sie bisher vernachlässigte Seiten ihres Gefühlspotentials. Ich hoffe, daß der Heterosexuelle mit fortschreitender Lektüre seine bisher brachgelegene Gefühlsbegabung zu Männerfreundschaften im Spiegel des Homosexuellen wahrnehmen und wahrmachen wird und der Homosexuelle im Spiegel des Heterosexuellen seine etwaige Abwehr des Weiblichen zugunsten der Neugierde und des affektiven Interesses für Frauen aufgeben wird.

Im Spiegel eines anderen Mannes wird der Mann mit seinem eigenen Mannsein vertraut. Ich nenne diesen Vorgang Spiegel-Kommunikation. Ich fokussiere die Aufmerksamkeit auf den homosexuellen Mann, einesteils, um diesem eine Hilfestellung zu geben, wie er sich als Homosexueller begreifen und entfalten kann, andernteils aber auch, um dem Heterosexuellen im Spiegelbild des Homosexuellen einen umfassenderen Einblick in die Psychodynamik seines Mannseins zu ermöglichen. »Homosexualität im Mann« meint diese *spiegel-kommunikative Verbindung zwischen Homo- und Heterosexuellen.* Der Homosexuelle kann dem Heterosexuellen zeigen, daß aufgrund der gemeinsamen Geschlechtsidentität letztlich nur ein Mann weiß, wie ein Mann empfindet. Nur ein Mann kann sich voll und ganz in die ›phallische Existenz‹ eines anderen Mannes einfühlen, worunter ich die männliche Selbsterfahrung verstehe, insofern sie auch seelisch vom Erleben der Erektion und Ejakulation geprägt ist. Das Aufrichten des Phallus wird symbolisch als lustvolles Sich-Aufrichten der Männlichkeit, als deren pulsierendes, forderndes Leben, als Standhalten in Auseinandersetzungen erlebt.

Andererseits kann der Heterosexuelle dem Homosexuellen zeigen, daß zur phallischen Existenz auch die Überwindung der Angst vor der verschlingenden Mutter und die durch Eros geförderte Wahrnehmung der Frau als Gegenüber gehören. Während der Homosexuelle in seinem Dasein das Bemühen um Wahrnehmung und Wahrmachung der Männlichkeit dank der stärkenden Spiegelung durch einen anderen Mann verkörpert, vermittelt der Heterosexuelle die Erfahrung der Männlichkeit in der Differenz: der polaren Spannung zur Frau. Beide Erfahrungen sind sich ergänzende Perspektiven der einen männlichen Psychodynamik.

Ich werde in diesem Buch öfter den Ausdruck *Integrierung der Homosexualität* gebrauchen, sowohl für Homo- als auch für Heterosexuelle. Für Homosexuelle bedeutet Integrierung nicht Aufgabe der Homosexualität zugunsten einer heterosexuellen Existenz, sondern ›Auflösung einer fixierten‹ oder, was das gleiche ist, ›zwanghaften Homosexualität‹. Diese bedeutet das süchtige Verlangen nach dem anderen Manne, der zum Ersatz für die eigene Selbstwahrnehmung als Mann degradiert wird. Fixierte zwanghafte Homosexualität äußert sich meist in einem vorwiegend ›promisken Sexualverhalten‹, das alle Anzeichen einer ›Sucht‹ aufweist: Mangel an dauerhafter Befriedigung, Überstimulierung zur Kompensation von Gefühlsleere, zunehmende Verarmung der Beziehungsfähigkeit und Flachheit der Affektivität, wachsende Abstumpfung und somit das Bedürfnis nach Steigerung der Gefühlsreize. Warum scheint fixierte Homosexualität unter Homosexuellen so verbreitet zu sein, daß die Öffentlichkeit – zu Unrecht – alle Homosexuellen als im beschriebenen Sinne fixiert betrachtet, und den freien offenen emotional bezogenen und seiner Männlichkeit bewußten Homosexuellen kaum zur Kenntnis nimmt? Der Grund liegt im erwähnten Mangel an Stimmigkeit, Resonanz und Harmonie zwischen Hetero- und Homosexuellen, so daß sich letztere als Minderheit isoliert fühlen und aus diesem Gefühl der Isolierung heraus zu narzißtischem Selbsterleben und Verhalten neigen. Außerdem wirkt die Art, wie Heterosexuelle ›den Homosexuellen‹ sehen auf diesen zurück: ein Regelkreis fehlender gegenseitiger Einfühlung von Kindheit und Jugend an. Im Gegensatz zur fixierten bedeutet ›integrierte Homosexualität‹, daß die innere Selbsterfahrung als Mann in genügendem Maße vorhanden ist, um dem anderen Manne nicht als Ersatz für diese zu verfallen.

In ähnlicher Weise hat auch der Heterosexuelle seine Heterosexualität zu integrieren. Solange die seelische Dimension des Weiblichen – *Jung* nennt sie Anima – dem heterosexuellen Mann unbewußt ist, liefert er sich der Frau süchtig aus. Daß die Unbewußtheit der Anima mit der Abwehr der Homosexualität gekoppelt ist, sei am Rande vermerkt. Homosexualität als Begehren eines anderen Mannes gilt dem frauensüchtigen Männlichkeitswahn des Zwangsheterosexuellen als weibisch.

In dieser Schrift ist fast nur von der Psychodynamik der Homosexualität im *Mann* die Rede. Es gibt Ähnlichkeiten, aber auch Unterschiede in der homosexuellen Dynamik bei Mann und Frau. Die Ähnlichkeiten sind fundamentaler. Weibliche und männliche Homosexualität rezipieren die Elternkonstellation oft auf verwandte Weise, und zwar nicht, wie man zunächst theoretisch erwarten könnte, in Umkehrung des Kräftespiels zwischen Vater und Mutter. Auch die lesbische Frau hält ihren Vater oft für schwach und ihre Mutter für dominant. Indes: Das Hin und Her in der Untersuchung der homosexuellen Dynamik bei Mann und Frau würde die Klarheit dieser Studie zu sehr beeinträchtigen. Vor allem aber scheint es mir, daß nur eine Frau die entsprechende tiefenpsychologische Untersuchung über »Homosexualität in der Frau« anstellen könnte.

Die Betrachtung der homosexuellen Dynamik leitet zur Frage über, ob Homosexualität eine Entwicklungshemmung darstellt. *Freud* hat sie als solche bezeichnet. Gleichzeitig hielt er sie für eine regelmäßige Variante der sexuellen Funktion. Die beiden Auffassungen scheinen sich zu widersprechen, es sei denn, *Freud* gehe davon aus, daß die Entwicklungshemmung der Homosexualität mit statistischer Regelmäßigkeit auftritt. Versuchen wir, die Frage nach der Homosexualität als Entwicklungshemmung von einer anderen Seite zu betrachten: Jede psychische Entwicklung bedarf vieler passender Hemmungen, damit ein gesundes, abgegrenztes Ich entstehen und wachsen kann. Auch im chemischen Haushalt des menschlichen Körpers gibt es Hemmsubstanzen, die im Gesamtorganismus für die Koordination der verschiedenen Funktionen sorgen.

So sind im seelischen Haushalt nicht alle Entwicklungshemmungen mit neurotischen Fixierungen gleichzusetzen. Manche Entwicklungshemmung kann im Gegenteil aus dem ›selbstregulierenden System der Psyche‹ kommen, damit ein Individuum den ihm gemäßen Weg innerhalb von passenden Grenzen gehen kann. Homosexualität ist keine Entwicklungshemmung im Sinne einer neurotischen Fixierung, wohl aber im Dienst eines spezifischen, andere Entwicklungsmodelle ausschließenden Individuationsmusters: Die heterosexuelle Strebung wird gehemmt, damit sich die homosexuelle als die einem bestimmten Individuum entsprechendere durchsetzen kann. Verstehen wir das Wort Entwicklungshemmung auf diese Weise, müssen wir im gleichen Atemzug auch die Heterosexualität als solche bezeichnen. Diese bedeutet ebenfalls eine unbewußte Wahl innerhalb der ursprünglichen ›polymorph perversen Anlage‹ des Kleinkindes und den Ausschluß anderer Wahlmöglichkeiten. Wir haben die Tendenz, ein Verhalten als gesund zu bezeichnen, das der allgemeinen Norm entspricht, und ein Verhalten, das sich außerhalb von dieser bewegt, als krank zu entwerten. So geschah es lange Zeit mit der Homosexualität und geschieht es zum Teil heute noch.

Als Beweis für als neurotische Entwicklungshemmung, das heißt als Fixierung verstandene Homosexualität werden oft die ›krankmachenden Faktoren in der Elternkonstellation‹ angeführt. Wenn Homosexuelle in den meisten Fällen eine dominante Mutter und einen schwachen oder abwesenden Vater haben, dann beweise dies, daß Homosexualität keine natürliche Variante einer gesunden seelischen Entwicklung sein könne, so wird argumentiert. Doch krankt diese Beweisführung an einem entscheidenden Trugschluß. Einmal davon abgesehen, daß sich viele Homosexuelle in der Schablone dieser Elternkonstellation nicht erkennen, geht die Argumentation davon aus, daß die Berichte vieler Homosexueller über eine spezifische Elternkonstellation objektive Tatsachen spiegeln. Einen Vergleich mit der Art und Weise, wie die Geschwister dieses Kräfteverhältnis erlebten, zeigt aber, daß es in solchen Beschreibungen immer um subjektive Wahrnehmungen der Eltern geht, die oft beträchtlich von dem abweichen, was die Geschwister erzählen.

Haben wir das begriffen, horchen wir von alleine genauer hin, was solche Homosexuelle wirklich über ihre Eltern erzählen. Aus den Berichten über den Vater höre ich oft intensive Sehnsucht heraus. Der Vater in sich war nicht unbedingt schwach, aber der Sohn hatte ein außerordentlich starkes Bedürfnis nach mehr väterlicher Präsenz. Kam der Vater diesem nicht nach, erlebte ihn der Sohn als ablehnend und schwach. Ich habe schon einige Homosexuelle weinen sehen, wenn die Sehnsucht nach dem Vater hervorbrach. Heterosexuelle Brüder kannten diese Sehnsucht demselben Vater gegenüber oft nicht im gleichen Ausmaß. In der später gelebten Homosexualität wandelt sich die frühe Sehnsucht nach dem Vater in die ›Liebe zum Mann‹. Der Homosexuelle hat ein ›stärkeres Bedürfnis nach männlicher Präsenz‹ als der Heterosexuelle. Nichts spricht dagegen, daß dieses Bedürfnis in seiner Anlage vorgegeben ist, aber alles spricht dafür; daher die erotische Suchwanderung nach dem Mann ein Leben lang. Die Individuation des Homosexuellen ist stärker ein Weg zum Mann – in der Außenwelt und der eigenen Psyche – als eine Suche nach der Frau.

Aus diesem Grunde wohl berichten Homosexuelle oft auch von der Übermächtigkeit und verschlingenden Dominanz ihrer Mutter. Es ist wiederum beeindruckend, wie unter Umständen die heterosexuellen Brüder eines Homosexuellen der gleichen Mutter aus ruhiger Distanz begegnen können, während der Homosexuelle selber seine ›starke Bindung an die Mutter‹ je länger je mehr als ›Hemmschuh‹ zur eigenen Entwicklung erlebt: er braucht mehr männliche als weibliche Präsenz.

Auch bei Heterosexuellen finden sich spezifische Wahrnehmungsmuster der Eltern, die weniger die Eltern selbst als die eigenen Entwicklungsnotwendigkeiten spiegeln. Der ›Ödipuskomplex‹ – Sehnsucht nach der Mutter und Bedürfnis nach Ausschaltung des Vaters – spiegelt, anders als bei Homosexuellen, genau das umgekehrte Wahrnehmungsmuster in bezug auf die Eltern. Die Entwicklungspsychologie unterstreicht, daß alle Menschen von früher Kindheit an unbewußt konstellierend auf ihre Umgebung wirken. Seelisch gesunde Eltern verhalten sich einem bestimmten Kind gegenüber unbewußt tendenziell so, wie dieses es für seine Entwicklung braucht. Sie setzen den Appell des Kindes spontan in eigenes passendes Verhalten um.

Homosexualität ist also keine Entwicklungshemmung im neurotischen Sinne. Und doch plagen viele Homosexuelle ›Zweifel an der Natürlichkeit‹ ihrer erotisch sexuellen Präferenz. Von ihnen, wie auch von an sich wohlgesonnenen Heterosexuellen höre ich manchmal, Homosexualität sei eben doch nicht natürlich, denn Homosexuelle würden nicht zur ›Erhaltung der menschlichen Gattung‹ beitragen, der Sexualakt schließe die Fortpflanzung aus; außerdem sei der ›Geschlechtsverkehr‹ zwischen zwei Männern etwas Unnatürliches, was insbesondere im ›Analverkehr‹ offenkundig werde.

Beide Fragen nach der *Natürlichkeit der Homosexualität* müssen von der körperlich-seelischen Ganzheit des Menschen her gestellt und beantwortet werden. Fassen wir die Erhaltung der Art nur als biologisches Geschehen auf, trägt der Homosexuelle dazu allerdings nichts bei. Halten wir aber die Homosexualität aus der Verengung einer nur biologischen Perspektive für unnatürlich, müßten wir auch die Sexualität zwischen Mann und Frau überall da als unnatürlich bezeichnen, wo sie die Fortpflanzung ausschließt, also beispielsweise wenn ein Partner unfruchtbar ist, oder die Frau die Menopause überschritten hat, oder Empfängnisverhütung betrieben wird. Weiterhin stellt sich die Frage, ob nur die Fortpflanzung zur Erhaltung der menschlichen Art beiträgt. Stellen wir uns einmal vor, wir würden an unsere Kinder nur das nackte biologische Leben weitergeben. Die allermeisten Menschen hätten keine Überlebenschance, weil die komplexe Zivilisation und Kultur, von denen wir abhängen, zusammenbrechen würden. Zur Erhaltung der Art gehören in jeder Hinsicht auch diese. Zu Zivilisation und Kultur aber haben zu allen Zeiten viele Homosexuelle Außerordentliches beigetragen. Oft zitierte Beispiele unter unzähligen sind Platon, Michelangelo, Leonardo da Vinci, Henri Dunant und Walt Whitman. Homosexuelle, ohne häufiger genial als Heterosexuelle zu sein, leisten einen spezifischen Beitrag in der menschlichen Gesellschaft. Mit der ihnen eigenen Verbindung von phallischer Kraft und weiblicher Sensibilität haben sie ein ganzheitliches Menschenbild auch in solchen Epochen gespiegelt, in denen sich Mann und Frau beziehungslos und fremd, ja bedrohlich gegenüberstanden. Ebenso wie die Heterosexuellen trugen und tragen also auch die Homosexuellen zur Erhaltung der Art bei.

Außerdem gibt es psychologisch gesehen ›keine kinderlosen Paare‹ (*Adolf Guggenbühl*), weder hetero- noch homosexuelle. Immer wird aus zwei Menschen, die sich begegnen, ein drittes geboren. Die Beziehungsgestalt ist mehr als die Summe zweier Individuen. Ich bezeichne sie auch als dritten Leib, weil sie einen neuen physisch-psychischen Organismus darstellt. Ein stimmig tanzendes Paar ist ein einziger sich bewegender Leib mit eigenen Gesetzmäßigkeiten, eigener Selbstregulierung und Ausstrahlung. Der dritte Leib als Paaridentität äußert sich unter anderem in gemeinsamen

Aufgaben, die keiner der beiden für sich alleine erfüllen könnte. Das Kind ist nicht das einzige lebendige ›Werk‹, das zwei Liebende schaffen können. Jedes Paar hat symbolische Kinder: eine besondere seelische Fruchtbarkeit in Gesellschaft und Welt.

Auch die Frage nach der ›Natürlichkeit des homosexuellen Geschlechtsverkehrs‹ ist im gleichen Sinne zu beantworten. Die positivistische Sicht isoliert willkürlich den biologischen Coitus vom ganzen der geschlechtlichen Begegnung. Zu dieser gehören aber auch die ersten Annäherungen, Berührungen, Zärtlichkeiten, Küsse, Sichaneinander-Schmiegen, Stimulierung durch Streicheln, orale Sexualität. Ein streng biologisches Zweckdenken müßte sich aber auf den Coitus zwischen Mann und Frau beschränken. Bereits im Tierreich gibt es Werbeverhalten, sexuelle Stimulierung und Befriedigung auch ohne Coitus, bei höheren Säugetieren übrigens auch zwischen zwei Weibchen bzw. zwei Männchen.

Das wichtigste Argument für die Natürlichkeit der geschlechtlichen Begegnung auch zwischen Mann und Mann oder Frau und Frau ist der Hinweis auf die seelische Dimension in jeder menschlichen Gebärde. Alles, was der Mensch tut, hat symbolische Tiefe. Diese ist Teil seiner Natur. Penetration ist nicht einfach animalisch lustvolles Eindringen eines erigierten Penis in eine Vagina oder einen Anus zur sexuellen Stimulierung und Entladung. Die Gebärde des Eindringens hat eine seelische, symbolische Komponente, die in der Empfindung natürlicherweise mitgegeben ist. Diese verbindet die einzelne Äußerung mit der Ganzheit der Person, macht sie zu deren Ausdruck. Sprechen wir nicht von eindringlicher oder penetranter Stimme? Sagen wir nicht, jemand sei in den Persönlichkeitsbereich eines anderen oder, positiver, in dessen Innerstes eingedrungen? Penetration, erlebt als Hineingeben oder Hereinnehmen, ist eine ganzheitliche Erfahrung der gegenseitigen Durchdringung und Verschmelzung zweier einzelner.

Doch geben wir uns mit dieser Antwort nicht vorschnell zufrieden. Fragen wir weiter: Gehört zur vollständigen Gestalt einer natürlichen sexuellen Vereinigung nicht *auch* der biologische Umstand, daß deren Organe entwicklungsgeschichtlich zu diesem Zweck herausgebildet wurden? Meint zum Beispiel der Ekel des ›gesunden Volksempfindens‹ über den Analverkehr nicht die Pervertierung des natürlichen Zusammenpassens von Penis und Vagina? Fragen wir auch diesmal zurück! Wurde der Mund zum Küssen geschaffen? Ist es nicht eher so, daß wir uns des ganzen Leibes, also auch des Mundes bedienen, um größere Nähe, Innigkeit und Lust mit dem anderen zu erleben, vor allem dann, wenn die Hingabe eine ganzheitliche ist? Und ist es nicht auch so, daß wir in der leiblichen Hingabe an den anderen oft ein Ungenügen empfinden, das existentieller Art ist, also nicht mit dem oder jenem Mangel, sondern mit der menschlichen Begrenzung an sich zu tun hat? Selbst nach der intensivsten sexuellen Begegnung kann ein Stück brennender Sehnsucht bleiben, denn Liebenden ist jede Gebärde der Liebe zu wenig. Sogar junge Menschen erleben das so, ja oft gerade sie, weil sie die Liebe noch nicht durch Gewohnheit und Opportunismus gedämpft haben. Kranke und alte Menschen empfinden dasselbe auf besondere Art: Ihr Leib reicht oft nicht mehr aus, um die innige Verbindung auszudrücken, die sie im Herzen empfinden. Für alle Menschen gilt, daß auch die einfühlendste Gebärde nie ganz das erreicht, was die Empfindung meint. Die existentielle Lücke zwischen Empfindung und Ausdruck ist allen Liebenden bekannt. Seelische Begegnungen lassen sich leiblich nur begrenzt mitteilen, denn der Leib ist selbst in der ekstatischen Entgrenzung immer noch Grenze. Die Beschränkung des leiblichen Ausdrucks ist in der Homosexualität, besonders im Analverkehr, besonders augenfällig und spürbar.

Wegen dieser existentiellen Lücke sind Menschen im Ausdrükken ihres erotischen Verlangens seit jeher erfinderisch. Jede Gebärde ist ein Versuch zu vollständigerer Verbindung. Aus diesem Grund mag das, was aus einem isolierten positivistisch-biologischen Gesichtswinkel als unnatürlich erscheint, dem Gesetz einer tieferen Natürlichkeit gehorchen. In dieser umfassenderen Sicht kann Analverkehr natürlich, Genitalverkehr aber unnatürlich sein, dann nämlich, wenn der erste von der durch Liebe motivierten Sehnsucht nach gegenseitiger Durchdringung beseelt ist, der zweite aber einen rein mechanistischen Akt der Triebentladung darstellt.

Ein vor allem von Intellektuellen angeführter Grund für die ›Unnatürlichkeit‹, beziehungsweise ›Unechtheit‹ der Homosexualität, ist der in der homosexuellen Literatur und Kunst verbreitete ›Kitsch‹. Dieser Vorwurf trifft keineswegs für alle homosexuellen Kulturäußerungen zu. Wer sich jedoch eingehender mit homosexuellen Zeugnissen in Schrift und Bild befaßt, spürt, daß es sich oftmals tatsächlich um Kitsch handelt. Selbst bei Dichtern wie Cocteau oder Genet ist Kitsch in der Beschreibung der gleichgeschlechtlichen Liebe häufig unübersehbar.

Doch was bedeutet Kitsch eigentlich? Kitsch ist der nicht durch den Raster der jeweiligen Kultur gefilterte, relativ ursprüngliche Ausdruck des Archetypischen: Das soziale Überkleid ist dünner, dürftiger und verschleiert das archetypische Muster kaum. Auch Träume sind voller Kitsch. Ebenso wie die Trivialliteratur und die Äußerungen (in Bild und Wort) der neuen, sich von verschiedenen Religionen her beeinflußter Spiritualität spiegeln sie kulturell kaum verfeinerte menschliche Grundmuster des Fühlens und Verhaltens. Daher finden wir rund um die Welt die gleichen Kitsch-Motive: peinliche Äußerungen des Archetypischen oder schamlose Annäherung an dieses. Das sich distanzlos aufdrängende Ursprüngliche zeitigt in uns die Wirkungen des Numinosen; zum Beispiel verpaßt uns das Schaurige den Schauer einer Gänsehaut. Da Homosexualität in unserer Kultur kaum rezipiert ist, ereignet sich deren künstlerischer Ausdruck weitgehend außerhalb von deren Mustern, und wir empfinden ihn als Kitsch. In der antiken griechischen Kultur dagegen, wo Homosexualität prägende Kraft besaß, äußerte sie sich ebensowenig kitschig wie Heterosexualität. Wir dürfen also den kulturellen Vorwurf von Kitsch an die Adresse der Homosexuellen nicht mit dem Urteil gleichsetzen, Homosexualität sei unecht, also unnatürlich. Nur fixierte Homosexualität ist unecht. Im Zusammenhang damit komme ich dann auf das Thema ›Kitsch‹ noch einmal zurück.

Zu Beginn dieser Einleitung schrieb ich, daß sich Homosexuelle von der heterosexuellen Gesellschaft alleine gelassen fühlen. Nachdem ich in der Folge versucht habe, die Richtung der innerpsychischen Begegnung zwischen Homo- und Heterosexualität aufzuzeigen, mache ich nun zum Schluß eine Bemerkung zur Begegnung der beiden im gesellschaftlichen Raum. Auf Reisen im Orient kommen Europäer und Amerikaner nicht aus dem Staunen heraus, wenn sie Männerpaaren begegnen, die umschlungen durch die Straßen bummeln. Dies bedeutet zwar meist nicht mehr als den körperlichen Ausdruck freundschaftlicher Zuneigung. Aber immerhin. Auch in unseren Ländern muß die gleichgeschlechtliche Liebe zu einer selbstverständlichen Präsenz werden. Paare von Männern oder Frauen sollen überall da ihre Liebe offen leben, wo gegengeschlechtliche Paare dies bereits tun: beim Flanieren durch Straßen und Parks, auf Bänken, in Cafés, in ganz gewöhnlichen Discotheken, also überall da, wo Menschen, die sich lieben, gerne hingehen.

Die ›Ghettoisierung‹ der homosexuellen Liebe war in einer Übergangsphase notwendig. Sie sollte immer überflüssiger werden. Sie hat unweigerlich eine Verengung der Selbst- und Fremdwahrnehmung (»ist er schwul?«) und eine paranoid getönte Weltsicht zur Folge. Die *Entghettoisierung der Homosexuellen* bringt ›neue Lebensenergie‹ ins Spiel, nicht nur in Homo-, sondern auch in Heterosexuellen, die nun ihre herzlichen Gefühle zu Männern eher wahrnehmen, zulassen und ausdrücken können.

In diesem Buch wird viel von psychischen Störungen bei Homosexuellen die Rede sein. Der Leser möge dabei nie meine grundlegende Aussage aus den Augen verlieren, nämlich, daß Homosexualität an sich keine neurotische Entwicklungshemmung, keine seelische Störung, keine Krankheit ist. Da ich jedoch als Psychotherapeut und Analytiker bei psychischen Problemen und Störungen um Hilfe angegangen werde, muß davon auch in diesem Buch die Rede sein. In anderen Büchern habe ich Probleme und Störungen ausgehend von der heterosexuellen Liebe untersucht. Aber es wäre keinem Leser eingefallen, daran zu zweifeln, daß ich die heterosexuelle Liebe an sich als gesunden Selbstausdruck des Menschen betrachte.

Erster Teil:
Der psychologische Ort der Homosexualität

Ein Mann, der sich selbst als Homosexuellen identifiziert, mag spüren: es geht bei seiner Homosexualität nicht bloß um die geschlechtliche Ausrichtung auf Männer und um die Ablehnung der Frau als
Geschlechtspartnerin. Er spürt vielleicht überdies, daß sie nicht
ausschließlich einer Einstellung seines Ich entspricht, die er durch
die analytische Arbeit der Bewußtmachung zu ändern imstande
wäre. Daher erscheint ihm eine mögliche Analyse als künstlich, auf-
gesetzt, nicht zu ihm gehörig. Denn das weiß er: sein homosexuelles
Empfinden hat mit seiner innersten und eigentlichen Persönlichkeit
zu tun. In Phasen der Einsamkeit oder Verzweiflung wünscht er
vielleicht eine Therapie. Aber gleichzeitig mißtraut er ihr: er kann
sie sich nicht anders vorstellen als eine Anleitung zu äußerer Verhal-
tensänderung. Vielleicht hat er sich sogar schon in einer Analyse die
Verschmelzung mit seiner Mutter-Imago und das schwache Erleben seiner Vater-Imago bewußt gemacht und kausale Verbindungen zu seiner heutigen homosexuellen Grundeinstellung gezogen.
Doch dies eine hat sich nicht geändert: seine homosexuelle Orientierung ist weder einer heterosexuellen gewichen, noch hat sie sich
zu einer bisexuellen erweitert. Er ahnt, daß seine geschlechtliche
Ausrichtung den Kern seiner Persönlichkeit betrifft, wo es nicht
mehr um bewußt oder unbewußt geht, sondern um etwas Emotionales, von dem alles andere abhängt. Sein Drang hin zum homosexuellen Erlebnis zeigt ihm, daß er Fundamentaleres sucht als Triebbefriedigung und eine Beziehung, die sein oder nicht sein könnte.
Dieses sein homosexuelles Erlebnis *muß* sein: er braucht es zu seiner Selbstverwirklichung.

   Das *gleichgeschlechtliche Begehren* – sei es fixiert oder integriert,
narzißtisch oder Ausdruck psychischer Gesundheit – dient dem *Erleben der eigenen männlichen ›Selbst-Persönlichkeit‹* . Als solche
bezeichne ich – in einer vorläufigen Definition – jene innere Persönlichkeit, die mit dem Selbst als dem virtuellen Ziel der Individuation
ganzheitlich verbunden ist – eine vorläufige Ausformung des
Selbst –, das Selbst in seiner aktuellen Gestalt. Die Selbst-Persönlichkeit ist die mir jetzt mögliche, wenn auch noch unvollkommene
Ganzheit. Sie ist die von der Erfahrung des Selbst her je neu ge-

prägte innere Persönlichkeit. Ihre Identität bekommt sie vom Selbst als ihrem virtuellen Zielpunkt. Sie ist der Persönlichkeit und Struktur gewordene gegenwärtige Ausdruck des Selbst, und als solcher empirisch faßbar.

Ich nenne sie auch ›zentrale Persönlichkeit‹ oder ›Kern-Persönlichkeit‹. Ich könnte sie auch – wie ab und zu *C. G. Jung* und *E. Neumann* – einfach als Selbst bezeichnen. Doch um sie vom Selbst als Ziel der individuellen Entwicklung zu unterscheiden und vor allem um ihren Persönlichkeitscharakter, was auch heißt, ihren dynamischen Charakter, hervorzuheben, nenne ich sie Selbst-Persönlichkeit.

Wir erreichen sie durch die ›Wahrnehmung‹, das heißt durch ein ganzheitliches ›Inne-Werden‹ der eigenen zentralen Gestalt. Die erkenntnistheoretische Kategorie der Wahrnehmung ist dem psychologischen Ort dieser Arbeit, nämlich der Selbst-Persönlichkeit, angemessener als die Kategorie der Bewußtwerdung. Als ganzheitlicher Akt entspricht sie ihrem ganzheitlichen Ziel: der zentralen Persönlichkeit. Was ich als Wahrnehmung bezeichne, wird – so hoffe ich – dem Leser immer deutlicher werden. Sie wird ermöglicht durch die Spiegel-Kommunikation, die ich in der Einführung kurz definiert habe und vor allem im 11. bis 13. Kapitel erläutern werde.

Die Selbst-Persönlichkeit ist jener zentrale Sektor der Psyche, in dem die sogenannten ›narzißtischen Störungen‹ auftreten. Diese haben ihre Wurzel weder im Ich als Bewußtseinszentrum, noch in der sozialen Identität – der Persona, welche die Verbindung zwischen dem Ich und dem sozialen Umfeld herstellt –, sondern in einer zentralen Persönlichkeit, die sich als zu wenig lebendig und wirklich erlebt. Störungen der Selbst-Persönlichkeit sind Störungen der Selbst-Wahrnehmung. Narzißtische Störungen wirken sich auch auf Ich-Stärke und Bewußtseinsklarheit aus. Aber auf dieser Ebene angegangen und analysiert, können sie nicht behoben werden. Ein warmer Blick bewirkt hier oft mehr als ein deutendes Wort. Die dauerhafte und zuverlässige Erfahrung einer gefühlshaften Zuwendung kann zur Heilung werden, während Analyse unter Umständen den kraftvollen und freudigen Selbst-Ausdruck nur noch stärker hemmt.

Homosexualität meint nicht nur den Partner in seiner Andersartigkeit sondern auch die eigene männliche Selbst-Wahrnehmung. Dies ist zwar auch in heterosexuellen Beziehungen der Fall, aber in geringerem Maße, weil der gegengeschlechtliche Partner eine ›Gestalt‹ in die Beziehung bringt, die ich in mir selber nur beschränkt verwirklichen kann. Der gleichgeschlechtliche Partner dagegen ist mehr mit mir identisch: In dem Maße als ich dies realisiere – als ich *ihn* realisiere – tritt er als Partner zurück, was die Partnerschaft mit ihm noch fruchtbarer macht.

Z., ein 48jähriger, in einem sozialen Beruf tätiger Mann, erzählt in der Analyse folgendes Erlebnis: Aus einem vagen Gefühl der Unruhe und Nervosität und einer ebenso vagen, aber intensiven Ahnung von seelischer Kraft und Harmonie heraus ging er kürzlich in eine Sauna, um – wie schon oft – in einer anonymen homosexuellen Begegnung sein seelisches Gleichgewicht wieder zu finden. Er traf einen etwas jüngeren Mann. Rasch begann das gegenseitige Sich-Betasten, was Z. ebenso rasch als Erlösung von seinem unbestimmten Angstzustand empfand. Er durchlebte einige Minuten vollkommener Harmonie, ein ›ozeanisches Gefühl‹. Diese Minuten versöhnten ihn mit sich selber, wie er sagte. Im Nachschein dieser Minuten würde er die nächsten Tage leben können, so hoffte er. Aber da geschah das Unerwünschte: der namen- und gesichtslose Partner begann zu reden; er wollte einen Kaffee mit Z. trinken. In diesem schwand sogleich das gute Gefühl. Er überlegte, daß er sich eigentlich immer noch, trotz des Saunabades, abgeschlagen und sogar ein wenig krank fühlte. Eine Erkältung war wohl im Anzug. Er wurde immer schwächer und willenloser. Passiv stimmte er dem Vorschlag des Partners zu. Im Laufe des nun folgenden Gesprächs im Café gewann er nach und nach seine Fassung zurück. Durch seine geistige Wendigkeit und Kontaktfähigkeit bekam er wieder Oberwasser. Aber das war bereits wieder der Alltag. Das beglückende Verschmelzungserlebnis in der Sauna lag hinter ihm. Der Paradiesgarten war wieder verschlossen. Der Mann, mit dem er Kaffee trank, wurde zum interessanten Gesprächspartner. Aber er hatte wie durch Spuk jede erotische Anziehung für ihn verloren.

Das ist kein extremer Fall. Wer mit fixierten Homosexuellen therapeutisch arbeitet, trifft dieses eine Erlebnismuster in vielen Variationen an. Der Ausgangspunkt ist immer eine ambivalente Gestimmtheit: einerseits das vage Gefühl von Gefährdung, Bedrohung, ein Anflug von seelischer Zersetzung; oft auch hypochondrische Befürchtungen und Beschwerden; andererseits die plötzlich und immer deutlicher aufblitzende Phantasie einer homosexuellen

Begegnung, die mit Befreiung von den erwähnten seelischen Auflösungsängsten verknüpft wird. Schon die Phantasie allein führt zu einem gewissen Wohlbefinden. Viele belassen es dann auch bei diesen Phantasien. Kommt es zusätzlich zum ersehnten Verschmelzungserlebnis mit dem Mann, empfinden sie dieses als Stärkung des innern Zusammenhalts, als Erfahrung der seelischen Ganzheit. Kommt jedoch der andere Mann einem solchen Homosexuellen individuell zu nah, wie in unserem Beispiel, meint dieser, um den Gewinn der Begegnung geprellt zu werden. Entweder resigniert er wie Z. und verläßt auch seelisch den Schmelztiegel der Männersauna, oder er zieht sich zurück und versucht, das Gelebte möglichst lange und intensiv in seinem Innern für sich alleine zu bewahren.

Nicht immer ist der Zusammenhang von narzißtischen Störungen des psychischen Gleichgewichts und fixierter Homosexualität so deutlich wie bei Z., doch bei näherem Hinsehen fehlt er nie. Bemerkenswert ist auch, daß Z., der in der Sauna soeben noch aktiv und unternehmungslustig war, im Café auf einmal passiv und gelähmt dasaß, bis seine Alltags-Persona die Situation schließlich in den Griff bekam. Aber auch da noch blieb ihm, dem andern unbemerkt, das Gefühl einer unter seiner üblichen Gewandtheit gähnenden Leere, als hätte der Partner, indem er sein Gesicht zeigte, ihm das Kostbarste geraubt: sein vitales Selbstwertgefühl. Es begannen sich dann auch Aggressionen gegen den Mann in ihm zu regen. In Worte übersetzt, würden diese etwa so lauten: »Was ich vorhin bei dir in der Sauna geholt habe, hast du mir wieder geraubt. Du nimmst mir weg, was ich so dringend brauche.« Gleichzeitig, wie um sich zu rächen, begann Z. sich neuen sexuellen Phantasien zuzuwenden, aber mit einem neuen, imaginierten Partner. Diese erneute Stimulierung brachte ihm etwas Erleichterung. Er warf seinem früheren Partner einen kurzen, triumphierenden Blick zu: Ich bin nicht mehr auf dich angewiesen. Ich komme auch ohne dich zu dem, was mir not tut. Und dadurch fand er die Initiative, aufzustehen und sich zu verabschieden. Daß er vergessen hatte, seinen Kaffee zu bezahlen, daran erinnerte er sich erst in der Analyse.

Diese eher atmosphärische Schilderung eines typischen Erlebnisablaufs bei einem fixierten Homosexuellen, der den Partner braucht, um eine Lücke in seiner Selbst-Wahrnehmung auszufüllen, zeigt darüber hinaus den ›psychologischen Ort der Homosexualität‹ überhaupt – auch in ihrer integrierten Form, die bewußt die Selbst-Wahrnehmung im Freund anstrebt und erreicht –, nämlich die ›Selbst-Persönlichkeit‹, insofern diese männlich ist. ›Fixierte‹ Homosexualität ersetzt deren Wahrnehmung – ›integrierte‹ Homosexualität dagegen führt zu ihrer Wahrnehmung.

Die Analyse der fixierten Homosexualität zeigt, was sich jeder Mann in einer zentralen männlichen Freundschaft ersehnt und was er ohne diese nicht erleben kann. Wer sich nicht ›im Bild eines andern Mannes‹ selber immer neu und anders wahrzunehmen vermag, dessen Persönlichkeit verarmt.

Der Blick auf die Männlichkeit des Partners verhilft nicht bloß zur Erfahrung der eigenen Männlichkeit. Diese vertritt die ganze Selbst-Persönlichkeit. In der gleichgeschlechtlichen Beziehung sucht und findet der Mann nicht nur das Erlebnis seiner männlichen Identität, sondern sich selber als ›gespiegelte Ganzheit‹. Die ›übergeordnete Persönlichkeit‹, wie *Jung* das Selbst nennt, ist beim Mann männlich. »Die Ganzheit des Mannes« kann »nur eine männliche Persönlichkeit sein.«[1] Die Figur der »übergeordneten Persönlichkeit« erscheint in Märchen, Mythen und Träumen als König, Held, Prophet, Heiland: als eine männliche Gestalt.[2] Deren verschiedene Eigenschaften werden durch verschiedene Figuren symbolisiert.

Dagegen wird in heterosexuellen Beziehungen die Integrierung jenes Anteils der männlichen Selbst-Persönlichkeit gesucht, der in ihr selber nicht individuelle Gestalt annehmen kann. Der Mann vermag die weibliche Gestalt nur in einer Frau wahrzunehmen.

In der gleichgeschlechtlichen Beziehung ist der *Freund ein Bild des totalen ›Selber-geliebt-Werdens‹*, des ›Selber-angenommen-Seins‹ als psycho-physische Ganzheit. Dies ist beim fixierten Homosexuellen besonders deutlich zu erkennen. Denn dessen zentraler ›Schatten‹, wie er in Träumen oder in Gestalt des geliebten Freundes auftaucht, ist ›hermaphroditisch‹: eine mann-weibliche Ganzheit in der ursprünglichen Verschmolzenheit der Gegensätze: von Sohn und Mutter, Mann und Frau. *Jung* definiert die Homosexualität als eine »unvollständige Ablösung vom hermaphroditischen Archetypus«.[3] Dies gilt jedoch nur für die fixierte Homosexualität. Diesem Thema gilt das 7. Kapitel meiner Schrift. Hier beschränke ich mich darauf festzustellen, daß die Homosexualität als Gesamterscheinung im Rahmen der Selbst-Persönlichkeit gesehen und analysiert werden muß. Denn auch in einer ho-

31

mosexuellen Freundschaft zwischen zwei Männern ohne Fixierung wird die eigene männliche Ganzheit im Freund gespiegelt wahrgenommen, zu der auch die ›Anima‹, das weibliche Seelenbild des Mannes dazugehört. Allerdings kann diese bei integrierter Homosexualität gesondert, als eigene Gestalt, in der Frau wahrgenommen werden: Der ursprüngliche Hermaphroditismus der Vermischung der Geschlechter ist also überwunden.

Da aber auch jetzt noch der Freund im Gegensatz zur Frau ein Bild der mann-weiblichen Ganzheit einer männlichen Selbst-Persönlichkeit ist, findet sich nur in seinem Bilde die männliche Selbst-Persönlichkeit gespiegelt. Homosexualität, in welcher Form auch immer, hat deren Erleben zum Ziel. Wäre die Selbst-Persönlichkeit eine ›statische‹ Figur, würde die zentrale gleichgeschlechtliche Beziehung infolge der Integrierung der eigenen Männlichkeit überflüssig. Da sich die Selbst-Persönlichkeit jedoch ein Leben lang in ›dynamischer‹ Verwirklichung befindet, muß sie sich zur eigenen Wahrnehmung in immer neuen Bildern widerspiegeln können, die so zu Leitbildern werden. Der Freund als das außen gespiegelte innere Leitbild bleibt so lange lebensnotwendig, als ein Mann sich in-dynamischer Selbstverwirklichung befindet.

Ich verwende den Begriff ›Narzißmus‹ nur im Zusammenhang mit Störungen in der Wahrnehmung der Selbst-Persönlichkeit. Mit dem späteren *Erich Neumann* halte ich es für verfehlt, bereits beim Kleinkind von Narzißmus zu sprechen. Dieses hat zuerst noch keine wahrnehmbare Selbst-Persönlichkeit. Es erfährt sich in der ›Einheitswirklichkeit‹, in der Subjekt und Objekt noch eins sind. Für diesen natürlichen ›uroborischen‹ Zustand der ursprünglichen Identität ist der pathologische Begriff Narzißmus nicht angebracht. Das Kleinkind lebt im ›Körper-Selbst‹, das heißt in der Identität von Körper und Psyche, einer Vorform der Selbst-Persönlichkeit, die im Gegensatz zum Körper-Selbst eine Ganzheit von Gegensätzen ist. Der Hypochonder dagegen regrediert zum Körper-Selbst und erlebt dabei die Bedrohung seiner psychischen Zersetzung in Körpersymptomen, die diese abbilden.

Narzißmus entsteht durch nicht phasengerechtes partielles Verharren in, oder Regredieren zu der »Einheitswirklichkeit«.[4] Der Narzißmus von Z. äußerte sich – außer in den bereits erwähnten

Symptomen – im unrealistischen Gefühl, ständig überfordert zu sein, vor allem in seinen Beziehungen. Jede Leistung, die er erbrachte, kompensierte er durch ein Ritual von Selbst-Absicherungen wie: Zu den und den Zeiten nehme ich kein Telefon ab; ich beharre um jeden Preis auf meine acht Stunden Schlaf; ich will mich nur übers Wochenende an meine Träume erinnern (für die Analyse); meinen gewohnten Stundenplan durchbreche ich auf gar keinen Fall usw. Im Laufe seiner Analyse nahm das Ritual an Bedeutung ab: Z. konnte sich in seiner Selbst-Persönlichkeit immer kräftiger und lebendiger wahrnehmen. Nach homosexuellen Erlebnissen in der Art des geschilderten Saunabesuches jedoch wurde das alte Ritual von Selbst-Absicherungen jeweils neu belebt. Es wurde immer deutlicher, daß der therapeutische Fortschritt in der Selbst-Wahrnehmung zu seinen bisherigen homosexuellen Betätigungen mit zwanghaft einseitiger genitaler Zielsetzung in ein Konkurrenzverhältnis trat. Der Gewinn aus der Analyse ersetzte und übertraf den Gewinn aus der promisken Homosexualität. Z. erkannte dies zunächst in bezug auf die Dauerhaftigkeit seines Wohlbefindens. Die Tendenz verstärkte sich allmählich. Aber noch schwankte er zwischen dem archaischen, totalen Verschmelzungserlebnis seiner narzißtisch fixierten Homosexualität und der Selbst-Wahrnehmung als aktive und schöpferische Persönlichkeit.

Gerade diese Schwankung, die sich im erwähnten Kräftespiel zwischen der analytischen Belebung der eigenen Selbst-Persönlichkeit und dem glückseligen Versinken in eine gesichtslose homosexuelle Körperwelt äußerte, veranschaulicht wiederum die fixierte Homosexualität als Störung in der Wahrnehmung der eigenen zentralen Männlichkeit. Auch daß sich die Homosexualität von Z. besonders in Zeiten narzißtischen Ungleichgewichts genital fixierte, beispielsweise wenn er sich seelisch gekränkt oder allgemein labil fühlte oder durch äußere Ereignisse überstimuliert wurde, weist auf diesen Zusammenhang, ebenso die Neigung, der inneren Leere und den depressiven Stimmungen durch homosexuelle Phantasien und Erlebnisse zu entfliehen.

An dieser Stelle möchte ich darauf hinweisen, daß ich den Begriff ›Homosexualität‹ nicht im Gegensatz zu ›Homoerotik‹ und ›Homophilie‹, sondern zu ›Heterosexualität‹ verwende. Der Unterscheidungsakzent liegt also nicht auf ›-sexualität‹, sondern auf ›Homo-‹. Es geht um die gleichgeschlechtliche Anziehung, die sich auf allen Ebenen, wo Menschen sich begegnen, auswirken kann: als Sexus, Eros, Agape; als Freundschaft, Kameradschaft, Zusammenarbeit, Erziehungsbündnis usw. Im Begriff Homosexualität bedeutet ›-sexualität‹ also Geschlechtlichkeit in diesem umfassenden Sinne. Welche Ebene jeweils gemeint ist, muß eigens gesagt werden.

2 Das Selbst bei C. G. Jung, E. Neumann und H. Kohut und die Selbst-Persönlichkeit

Wer am theoretischen Umfeld unseres Themas uninteressiert ist, mag dieses und das nächste Kapitel überblättern: Es wird zu keiner Verständniseinbuße führen.

Zum Begriff des Selbst schreibt *Jung*, er sei nicht geneigt, »eine spekulative Begriffswelt aufzubauen... Wenn solche Begriffe dazu dienen, ein empirisches Material vorläufig zu ordnen, so haben sie ihren Zweck erfüllt«.[5] Dementsprechend versuche ich nicht, eine Zusammenfassung jener Stellen zu geben, wo der Begriff des Selbst bei *Jung* vorkommt. Ich suche Hilfe, um den psychologischen Ort der Homosexualität, nämlich die Selbst-Persönlichkeit, deutlicher werden zu lassen.

Eine wichtige Stelle, die das Selbst vom Ich abgrenzt, findet sich in »Mysterium Coniunctionis«: »Ich habe das Selbst, wie bekannt, als die Ganzheit der bewußten und unbewußten Psyche, das Ich dagegen als zentralen Bezugspunkt des Bewußtseins definiert. Es ist ein wesentlicher Teil des Selbst, welcher ›pars pro toto‹ für dasselbe eintreten kann, wenn man die Bedeutung des Bewußtseins im Auge hat. Wenn man dagegen die psychische Ganzheit hervorheben möchte, so würde man sich eher des Ausdruckes ›Selbst‹ bedienen.«[6]

Das Selbst ist die wahre und umfänglichere Persönlichkeit.[7] *Jung* betrachtet es nicht nur als virtuelle zukünftige Ganzheit. Das Selbst befindet sich in einer stets erneuerten ›Gestaltwerdung‹. Es tritt »in allen Gestalten auf, von der höchsten bis zur niedrigsten, insofern diese den Umfang der Ich-Persönlichkeit in der Art eines ›daimonion‹ überschreiten«.[8] Im Gegensatz zur Ich-Persönlichkeit nenne ich die jeweilige Gestalt des Selbst ›Selbst-Persönlichkeit‹. Diese kann nicht in bewußten Kategorien erfaßt werden. Weil sie das Ich als Zentrum des Bewußtseins »nach allen Seiten hin überschreitet«, tritt sie uns als Symbol entgegen, außen in Mythen und innen in Träumen und Bildern. Das macht ihre Numinosität aus.[9]

Das Paradoxe am Selbst ist, daß es, gerade weil es nicht mit dem Ich identisch ist, unsere eigentliche Persönlichkeit ausmacht und die immer wieder einseitigen Einstellungen des bewußten Ich kompensiert. Ich erfahre mich erst dann mit mir selber identisch, wenn ich mich ganz dieser innersten Persönlichkeit zuwende.

Jungs Begriff des Selbst entspricht in der Philosophie der Inder der ›Atman‹, die »genaue Parallele zum psychologischen Begriff des Selbst«.[10] Atman ist der »Kern einer Persönlichkeit, das was von mir übrig bleibt, wenn man alles Akzidentelle von ihr abzieht«.[11] Er ist jenes »das bist du« (›tat tvam asi‹), das als »Erleuchtung des Selbst«[12] plötzlich auftaucht. Wer sich seiner Selbst-Persönlichkeit zuwendet, erfährt, daß sie schöpferische Eigenaktivität zu entfalten beginnt und zu einem eigenen Zentrum wird. Die ununterbrochene, kräftige und spontane Aktivität der zentralen Persönlichkeit nach außen ist identisch mit ihrer äußeren und inneren ›Wahrnehmung‹, wie ich zeigen werde. Die Aktivität der Selbst-Persönlichkeit äußert sich auch als unbewußte und spontane Aktivität, zum Beispiel in Träumen, in innern Bildern und Phantasien und in instinktiven Reaktionsweisen auf äußere Situationen. Sie hat jenen Ganzheitscharakter, dank dem wir sie als Aktivität der zentralen Persönlichkeit bezeichnen.

Jede vorläufige Gestalt des Selbst erhält ihre Eigenart von der Dynamik auf das virtuelle Ziel-Selbst hin, auf die »Synthese des Selbst« als »Ziel des Individuationsprozesses«.[13] Jedes vorläufige Symbol der Ganzheit ist »apriorisches Vorhandensein der Ganzheitspotentialität«.[14] Die Selbst-Persönlichkeit erhält ihren Ganzheitscharakter von der sie konstituierenden Dynamik auf das Selbst hin. Sie ist diese Dynamik als vorläufige zentrale Struktur. Das virtuelle, zukünftige Selbst ist einzig und allein als innere Dynamik der Selbst-Persönlichkeit wahrnehmbar. Das Ziel-Selbst ist eine bildhafte Vorstellung der Dynamik der Selbst-Persönlichkeit. Alles, was darüber hinaus vom Ziel-Selbst gesagt wird, ist theologische Spekulation. Die Selbst-Persönlichkeit ist das empirisch faßbare Selbst, ohne dadurch seines numinosen Charakters, des ›Sich-Verlierens-im-nicht-mehr-Wahrnehmbaren‹ verlustig zu gehen.

Jung schreibt, der Individuationsprozeß verlaufe empirisch wie eine ›Synthese‹. »Es sieht so aus, als ob ein schon Vorhandenes paradoxerweise noch zusammengesetzt wird.«[15] – In dieser Arbeit über die Psychodynamik der Homosexualität kann es nur um diesen empirischen Aspekt des Selbst, wie er in der Selbst-Persönlichkeit feststellbar ist, gehen. Wie kommt es zur homosexuellen Fixierung? Welche Rolle spielen die Eltern bei der homosexuellen Abspaltung der männlichen zentralen Persönlichkeit? Welche Archetypen sind Selbst-Bilder der homosexuellen Dynamik? Solche Fragen, die ich durch die Analyse von Fallbeispielen zu beantworten suche, beziehen sich auf die empirisch durch äußere und innere Wahrnehmung erreichbare Selbst-Persönlichkeit.

Analytiker, die ihre Analysanden Mandalabilder malen lassen, staunen immer von neuem über die gleichen und doch so verschiedenen Ordnungsstrukturen von Kreis und Viereck. Auch hier gibt es empirisch greif- und begreifbare Unterschiede. Die Ordnungsstruktur des Mandala, so einheitlich sie sich in ihrem zentralen Bild darstellt, ist doch verschieden in ihrer konkreten Ausformung. Auch hier kommt das Selbst als »individuelles Mischungs- und Differenzierungsverhältnis der Archetypen« zum Ausdruck, sowohl der Eigenart des Individuums als auch seinem Entwicklungsstand entsprechend. Wo immer das Selbst Gestalt annimmt, wo immer es sich in Symbolen ausdrückt, trägt es deutlich erkennbare, von andern Selbst-Gestalten und -Symbolen unterschiedene Züge. Im Individuum heißt dies, daß das Selbst als unverwechselbare und einmalige Selbst-Persönlichkeit in Erscheinung tritt.

Als Ganzheit ist das Selbst die Vereinigung der Gegensätze, auch des Gegensatzes von männlich und weiblich. Das Selbst ist »eine Synthese von männlich und weiblich«. Die »gnostische Lehre des hermaphroditischen Urmenschen«[16] bedeutet psychologisch das hermaphroditische Selbst des Menschen. Der ›Hermaphrodit‹ ist der Schicksalsarchetypus des Homosexuellen, wie ich zeigen werde. Die zentrale Bedeutung des Hermaphroditus in der Homosexualität weist deren Untersuchung der Psychologie der Selbst-Persönlichkeit zu.

Erich Neumann stellte vor allem in seinen Werken »Ursprungsgeschichte des Bewußtseins« und »Das Kind« die sich in der Mythologie spiegelnde Entwicklung der Menschheit und, parallel dazu, die Entwicklung des Kindes dar und gab so eine fundierte Darstellung der ›Zentroversion‹, das heißt der sich auf das Selbst hin zentrierenden Entwicklungsgeschichte des Individuums und der Menschheit. In eindrucksvoller Weise zeigt er den »Manifestationswandel des Selbst für die Entwicklung«.[17] Zuerst vertritt die uroborische, dann die Große Mutter das Selbst; dann wandert es allmählich in das selbständig werdende Kind hinüber. Zur psychologischen Erhellung eben dieses Prozesses möchte auch diese Arbeit einen Beitrag leisten. In einem weiteren Zusammenhang zeigt *Neumann,* wie sich das Selbst in aufeinanderfolgenden Archetypen inkarniert, die jeweils den ›höchsten Wert‹ darstellen.[18] Ich werde dies an zwei Archetypen darlegen, nämlich am Spiegel-Selbst und Leit-Selbst. Das ›Spiegel-Selbst‹ verkörpert sich zunächst in der Mutter, insofern sie das Kind in seiner psychophysischen Ganzheit spiegelt und ihm so die ganzheitliche – geistige und instinktive – Wahrnehmung seiner Selbst-Persönlichkeit ermöglicht. – Das ›Leit-Selbst‹ verkörpert sich zunächst im Vater. Es führt zur Selbst-Wahrnehmung in verschiedenen archetypischen Bildern, zum Beispiel im ›Helden‹, der sich durch seine männliche Selbständigkeit von der Großen Mutter auszeichnet, oder im ›Alten Weisen‹, des Vaters als geistiges Leitbild,[19] und ganz allgemein in allen Vaterfiguren. Das Leit-Selbst in sich selber wahrzunehmen, stellt sich dem Homosexuellen als Aufgabe. Er erlebt es zunächst, wie auch das Spiegel-Selbst – zwei ganzheitliche Aspekte des gleichen Selbst – draußen, außerhalb seiner Persönlichkeit. Beide bedeuten ihm den höchsten Wert. Die Verbindung mit ihnen erscheint ihm denn auch als höchstes Ziel.

Neumann unterstreicht die notwendige »Wandlung des Selbst«,[20] worunter er die »Einkleidung des Selbst in die verschiedenen Archetypen«[21] versteht. Jede neue Stufe der Selbst-Werdung mache einen »Gott-Mord«[22] notwendig. Alle Mythologien spiegeln solche inneren ›Gott-Morde‹. Dem fixierten Homosexuellen mißlingt, wie erwähnt, der ›Gott-Mord‹ des hermaphroditischen Archetyps.

Neumann verwendet den Begriff »Selbst-Struktur«.[23] Diese drückt das in einer bestimmten Individuationsphase Struktur und Ordnung gewordene Selbst aus. Als solche prägt sie alle Tätigkeiten des Individuums, und zwar ebenso stark mit ihren bewußten wie unbewußten Anteilen. Sie ist die sich als strukturiert erfahrende und erscheinende Selbst-Persönlichkeit.

Ein wichtiger Begriff bei *Neumann* ist die ›*Einheitswirklichkeit*‹: die unbewußte Identität von innen und außen, von Subjekt und Objekt, wie sie der Primitive in der ›participation mystique‹ und das Kind im uroborischen Stadium erlebt, was *Freud* als Phase des primären Narzißmus bezeichnet. Die Einheitswirklichkeit ist die Wirklichkeit der Urbeziehung zur Mutter.[24] Sie ist für unser Thema ein hilfreicher Begriff. Wenn die Mutter den Sohn nicht ausreichend in seiner selbständigen Ganzheit spiegelt und er also sein Spiegel-Selbst nicht in ihr wahrnimmt und der Vater in ihm kein Leitbild zur männlichen Selbst-Werdung anbietet, der Sohn in ihm also nicht sein Leit-Selbst wahrnimmt, vermag dieser sich nicht ganz von der Einheitswirklichkeit zu lösen.

Fällt dieses Versagen vor allem in solchen Phasen ins Gewicht, in denen die ›Mann-Werdung‹ die ›Ganz-Werdung‹ des Knaben vertritt, also – im *Freudschen* Bezugsrahmen – in der phallisch-narziß-tischen, der ödipalen und später der Pubertätsphase, ist eine Fixierung der Homosexualität konstelliert. Denn in diesen Phasen fällt das Körper- und Eigenbewußtsein mit der erregten und begehren-den Männlichkeit zusammen.

Neumann untersucht vor allem die Beziehungen des Ich zum Selbst. Der Hauptakzent seiner Arbeiten liegt auf der ›Ich-Selbst-Achse‹, das heißt in der Entwicklung des Ich-Bewußtseins auf das Selbst hin, welches das »dirigierende Magnet-Selbst«[25] der Bewußt-werdung ist. Er schreibt: »In der ersten Lebenshälfte dominiert die Ich- und Bewußtseinspsychologie und die Zentrierung der Persön-lichkeit im Ich als dem Bewußtseinszentrum; bei dem Prozeß der Individuation in der zweiten Lebenshälfte kommt es zu einer Ak-zentverschiebung vom Ich auf das Selbst.«[26] Beide Prozesse machen die ›Zentroversion‹ aus. Im Umfeld der Ich- und Bewußtseinsent-wicklung sieht *Neumann* denn auch das Problem der Homosexuali-tät: »In den Neurosen ebenso wie bei den in diesen Umkreis gehö-renden Perversionen oder bei der Homosexualität ist die Ich- und Bewußtseins-Entwicklung – aus welchen Gründen auch immer – unvollständig, und die Dominanz des Unbewußten erhalten. Das heißt, das Stadium des Heldenkampfes ist hier nirgends erreicht.«[27]

Neumann begeht den Irrtum, Homosexualität an sich mit narziß-tischer Störung gleichzusetzen. Diese in der Tiefenpsychologie Freudscher und Jungscher Prägung verbreitete ungewollte Dis-kriminierung hat bei Homosexuellen eine berechtigte Skepsis ge-genüber jeder analytisch orientierten Psychotherapie hervorgeru-fen. Ich habe nicht den Eindruck, daß sich *Neumann* je eingehender mit der gleichgeschlechtlichen Liebe auseinandergesetzt hat. Sonst hätte er bemerkt, daß seine Beschreibung nicht auf die Homosexua-lität an sich, sondern nur auf die fixierte zwanghafte Homosexuali-tät, wie übrigens auch auf die fixierte zwanghafte Heterosexuali-tät zutrifft.

In allen narzißtischen Störungen wird die Selbst-Persönlichkeit unvollständig realisiert. Die ›Dominanz des Unbewußten‹ bleibt erhalten, weil das Kind nicht genügend von den Elternfiguren in seiner psychophysischen ›Ganzheit‹ gespiegelt wurde und diese deshalb in einem primitiven Verschmelzungszustand verblieb, statt sich in immer neuen Formen herauszukristallisieren, beispielsweise in der Form der ›männlichen‹ Ganzheit, deren Symbol der Phallus ist. In der zentralen Entwicklung eines männlichen Individuums dominieren abwechselnd verschiedene Archetypen, zum Beispiel der Puer, der Held, der Vater, der Alte Weise, aber immer stehen diese stellvertretend für die Ganzheit des Individuums. Die unvollständige Ich- und Bewußtseins-Entwicklung, die auch für die homosexuelle Fixierung charakteristisch ist, beruht auf der unvollständigen Spiegelung der ›Gesamt‹-Persönlichkeit, also auch auf den triebhaften und dunklen Seiten, deren ich mir kaum je reflexiv bewußt werden kann. Die Spiegelung durch die Eltern meint ja nicht in erster Linie Erhellung des kindlichen Bewußtseins, sondern ganzheitliche Annahme von dessen Gesamtpersönlichkeit. Deshalb ziehe ich es vor, den Träger der narzißtischen Störungen nicht als Ich–, sondern als Selbst-Persönlichkeit bzw. zentrale Persönlichkeit zu bezeichnen. Ich bin mir jedoch bewußt, daß dies zum Teil eine Frage der Terminologie ist.

Neumann gebraucht den Begriff ›Ich‹ oft im gleichen Sinne wie ich den Begriff ›Selbst-Persönlichkeit‹. Das ›Ich‹ bei *Neumann* überschreitet oft die Definition des Ich als Zentrum des Bewußtseins, und zwar im Sinne dessen, was ich ›zentrale Persönlichkeit‹ oder ›Selbst-Persönlichkeit‹ nenne.

In meinem Begriffsrahmen der ›*Spiegel-Kommunikation*‹ ist das Subjekt der Zentroversion immer die zentrale Persönlichkeit, mit der das Ich in Spiegel-Kommunikation steht. Das ›Zentrale‹ geschieht nie im Ich. Der Held ist nicht in erster Linie Archetypus des Ich im Kampf um Bewußtwerdung, sondern die zentrale Persönlichkeit im Kampf um eine ganzheitliche – geistige und instinktive – Selbst-Wahrnehmung, die das Ich in die aufnehmende und ausführende Rolle weist. In zentralen Entwicklungen kommt die Initiative immer vom Selbst, und zwar von seiner gegenwärtigen Gestalt der Selbst-Persönlichkeit. So findet auch in den Religionen der Dialog zwischen dem Individuum und der Gottheit im Jetzt beider Partner statt: Das sich wandelnde Individuum steht im Dialog mit einem sich wandelnden Gottesbild. Das Gottes›bild‹ ist tiefenpsychologisch identisch mit der Selbst-Persönlichkeit, weil Wahrnehmung und Realität der Selbst-Persönlichkeit im Individuum dasselbe sind. Auch in der ›Ich-Du-Beziehung‹ bei *Martin Buber* sind beide Partner gleichzeitig in Bewegung. Das Ich, definiert als Zentrum des Bewußtseinsfeldes, ist nie Subjekt der Zentroversion. Diese Auffassung entspräche entweder einer Überschätzung des Bewußtseins oder einer Hypostasierung des Selbst. Außerdem kommt dem Ich-Bewußtsein – seiner Reflexivität wegen – kein numinoser Charakter zu.

Eine Psychologie, die ihr Augenmerk auf die Ich- und Bewußtseins-Entwicklung legt, erreicht den Kern der homosexuellen Fixierung als sexualisierte Äußerung einer bestimmten narzißtischen Störung nicht. Die ›Wahrnehmung‹, die Umfassenderes als Bewußtwerdung bedeutet, wie ausführlich zu zeigen sein wird, ist beim fixierten Homosexuellen ›verzerrt‹, weil er sich in seiner psychophysischen Ganzheit nicht genug lebendig und real erfährt. Die ›Ausblendung‹ seines ›Mann-Seins‹ vertritt die Ausblendung seiner Selbst-Persönlichkeit. Deren Unbestimmtheit und Unwirklichkeit in der Selbsterfahrung des fixierten Homosexuellen führt zu einem unechten Ich, zu einem mit den Anforderungen des Persönlichkeitskerns nicht übereinstimmenden Bewußtseins. Der fixierte Homosexuelle steht nicht fremd in der Welt, weil er vor der Frau ausweicht, sondern weil er sich selber als männliche Ganzheit fremd und unbewußt ist, das heißt, weil seine zentrale männliche Persönlichkeit hermetisch gegen sein Bewußtsein abgeschlossen ist und somit in einem archaischen Stadium der Verschmelzung von männlich und weiblich, von Schatten und Anima, verbleibt. Das führt dazu, daß er ständig Persona und Persönlichkeit, Rolle und Kern miteinander verwechselt. Nur eine Psychologie der zentralen Persönlichkeit ist dieser Problematik angemessen. Es gilt – nach einem Begriff *Neumanns* – den »geschädigten Automorphismus« zu untersuchen, worunter er die Schädigung der »Möglichkeit, ... ein ›Selbst‹ zu sein«[28] versteht. Wir müssen uns fragen, wie der fixierte Homosexuelle zu sogenannten ›automorphen Haltungen‹ wie Selbstbejahung, Selbstsicherheit, Selbstvertrauen, Selbstverantwortung und – füge ich bei – zu freudiger und kraftvoller ganzheitlicher Kreativität, die auch eine beschränkte Liebesfähigkeit zur Frau einschließt, kommt.

Heinz Kohut beschäftigt sich – wenn auch nur am Rande in bezug auf Homosexualität – mit diesem Problemkreis. Seine Bücher »Narzißmus« und vor allem »Die Heilung des Selbst« erweitern die Psychoanalyse hin zu einer Selbst-Psychologie, die vom kausalistisch-mechanistischen Denken des Rationalismus aus dem 19. und beginnenden 20. Jahrhundert Abschied nimmt. Sein im Vergleich zur bisherigen Psychoanalyse neuer, wenn auch vorsichtig formulierter Begriff des Selbst hat mit dem Selbst bei *Freud* nur noch wenig gemeinsam. Von der Sache her kommt er dem Selbst der Analytischen Psychologie näher, und dies vor allem in zweierlei Hinsicht. Erstens hält *Kohut* wie *Jung* das Selbst für letztlich undefinierbar.[29] Weil es als »Mittelpunkt des psychologischen Universums des Individuums«[30] nicht nur das Bewußte, sondern auch das Unbewußte umfaßt, ist es ohnehin der Ratio und Analyse nur beschränkt zugänglich. Der wichtigste Weg zum eigenen individuellen Selbst ist die ›Introspektion‹, deren Bedeutung der ›intuitiven‹ Wahrnehmung des zentralen Archetyps bei *Jung* nahe kommt. Etwas Ähnliches meinte wohl *Saint-Exupéry* im »Kleinen Prinzen«: »On ne voit bien qu'avec le cœur. L'essentiel est invisible pour les yeux.« (Man sieht nur mit dem Herzen gut. Das Wesentliche ist für die Augen unsichtbar.)

Das individuelle Selbst eines andern Menschen erreichen wir laut *Kohut* mittels der ›Empathie‹. Introspektion und Empathie sind die beiden Grundbegriffe bei *Kohut*. Versagt die Empathie der Mutter, kann sich das ›Größenselbst‹, jene kindliche Form der Erfahrung des Selbst als grenzenlos vollkommen und heil, nicht richtig entwickeln, das Selbst bleibt auf einer archaischen Stufe. Das Ich ist dann ständig – in der Begrifflichkeit der Analytischen Psychologie ausgedrückt – von einer Inflation durch das Selbst bedroht.[31] Versagt die Empathie des Vaters, das heißt, bietet sich der Vater dem Kind nicht als ›idealisiertes Selbst-Objekt‹ an (ein Selbst-Objekt ist laut *Kohut* ein Objekt, das als Teil des Selbst erlebt wird),[32] kann sich das Selbst des Kindes nicht als individuelle Ordnungsstruktur, die es zu geordneter bewußter und unbewußter Aktivität befähigen soll, heranbilden. Ein Selbst, das unseren Analysen und Deutungen im Wesentlichen verborgen und auch der Empathie und Introspektion nur beschränkt zugänglich ist, wirkt numinos und übt eine starke Faszination aus. *Kohut* sagt dies nirgends ausdrücklich, doch spürt der Leser es deutlich, vor allem bei der Lektüre seines Buches

»Die Heilung des Selbst«. Ich vermute, der Grund, warum *Kohut* nicht ausdrücklich die Numinosität des Selbst erwähnt, liegt darin, daß er seine Analyse so weit als möglich vorantreiben will. Indem er aber auf die natürlichen Grenzen der Analysierbarkeit eines narzißtischen Patienten und des Selbst überhaupt hinweist, stößt auch er erkenntnistheoretisch auf das Numinosum, das Nicht-Wahrnehmbare.

Noch in einer zweiten Hinsicht erinnert das Selbst bei *Kohut* an das Selbst bei *Jung*. Auch bei *Kohut* ist das Selbst die zentrale ›Dynamik‹ der Individuation. So schreibt er: »Das entstehende Selbst ›erwartet‹... eine empathische Umgebung.«[33] Das heißt nichts anderes, als daß das Selbst ein zentrales Grundmuster ist, das auf Belebung von außen, zunächst durch die Eltern, angelegt ist. *Kohut* geht es um die »Verwirklichung des im Kern-Selbst niedergelegten Entwurfes«.[34] Das Selbst als Antriebszentrum ist eine »Einheit, die versucht, ihrem eigenen Weg zu folgen«.[35] Und wie *Jung* mißt *Kohut* der zweiten Lebenshälfte für die Verwirklichung des individuellen Selbst-Musters entscheidende Bedeutung bei: »Der entscheidende Punkt in der Lebenskurve des Selbst ist im späteren mittleren Alter, wenn wir uns fragen, ob wir unserem inneren Muster treu waren.«[36] Und auch er zeigt einen ähnlichen Weg, wie die ›middle-age-crisis‹ zur ›middle-age-creativity‹ werden kann. So sehe ich auch bei *Kohut* ein ›archetypisches Potential‹, das der Mensch durch seine Individuation zu verwirklichen hat. Von da zum ›Magnet-Selbst‹ *Erich Neumanns* ist nur ein Schritt. Dieses ist ein bildhafter Ausdruck dessen, was *Kohut* von der inneren Dynamik des Selbst her darstellt.

Kohut gibt geduldige und genaue Beschreibungen, wie narzißtische Störungen therapeutisch angegangen werden können. Der Analytiker muß für seinen Patienten einmal ›spiegelndes Selbstobjekt‹ sein, um sein Größenselbst zu ›nähren‹ und die Umwandlung in ein realistisches Selbstwertgefühl zu ermöglichen, dann wieder muß er sich ihm als ›idealisiertes Selbstobjekt‹ anbieten und später durch optimale Versagung die ›umwandelnde Verinnerlichung‹ des im idealisierten Selbstobjekt erfahrenen eigenen Selbst-Musters erleichtern. Ich werde an gegebener Stelle auf die bedeutsamen Gedanken *Kohuts* zurückkommen. Was die mütterliche Spiegelung betrifft, habe ich von *Kohut* wertvolle Anregungen bekommen, hingegen findet sich das Spezifische an dem, was ich Spiegel-Kommunikation nenne, nicht bei ihm. In bezug auf das väterliche Leitbild gehe ich eigene Wege, indem ich es als dynamisches Spiegelbild der Selbst-Persönlichkeit auffasse, wie zu erläutern sein wird.

Es besteht ein Kontrast zwischen *Kohuts* Thematik und der Sprache, in der er sie verarbeitet. Die Sprache ist abstrakt und rational, selbst da, wo es um Gefühlhaftes geht. Um dem Leser seine therapeutische Methode – Empathie und Introspektion – nahezubringen, wiederholt er etwas stereotyp diese beiden Begriffe immer wieder auf den 368 Seiten seines Buches »Narzißmus« und den 331 Seiten seines noch fundamentaleren Werkes »Die Heilung des Selbst«. Daß Empathie auch Bewunderung, Anerkennung, Bestätigung, Zuneigung, Liebe, Hingabe, Zuwendung und Begeisterung bedeutet, bekommt der Leser selten zu spüren. Und daß Introspektion auch etwas mit Innenschau, Intuition, Konzentration, Inne-Werden, innerer Betrachtung, Meditation und Erleuchtung zu tun hat, kann er bloß vermuten. Andererseits ist durch die Thematik all dies gemeint, wie der Leser bei der Lektüre der Fallbeispiele dankbar zur Kenntnis nimmt. Auch in der Beschreibung der jeweiligen Manifestation des Selbst wirkt *Kohuts* Sprache starr und eingeengt, was beim unerhörten Reichtum des Materials und der Analysen um so bedauerlicher ist. Die Begriffe *Kohuts* blenden eine Erfahrungswirklichkeit aus, die ohne Zweifel hinter den Begriffen steht. Die Sprache *Kohuts* ist seinem Thema inadäquat. Das Mandalabild eines Patienten kann nicht in Begriffe übersetzt werden. So unterschiedliche Selbstsymbole wie Stein, Baum, Elefant, Sonne, Weg, Kind, Held, Alter Weiser, Vatergott, Muttergottheit, Hermaphrodit usw. drücken Genaueres und Zentraleres aus als abstrakte Begriffe. Allerdings müssen solche Symbole geordnet und in zentrale Muster zusammengefaßt werden, damit sie auch begrifflich angegangen werden können. Ich versuche dies durch die *Begriffsbilder ›Spiegel-Selbst‹ und ›Leit-Selbst‹*. Beide fassen verschiedene Bilder des Selbst zusammen und drücken, von Besonderheiten abstrahierend, ein gemeinsames zentrales Muster aus. Begriffe können nie Symbole ersetzen, aber Symbole machen Begriffsbilder notwendig. Ob ein bestimmter Begriff oder ein Wortbild einen Sachverhalt trifft, läßt sich an der Wirkung ablesen.

Dazu ein Beispiel: Bei *Kohut* ist, wie erwähnt, von umwandelnder Verinnerlichung des idealisierten Selbstobjektes die Rede. Dieser Gedanke steht im Zentrum seiner Erklärungen. Er hat große Bedeutung auch für die therapeutische Arbeit mit fixierten Homosexuellen. In der Prüfung der therapeutischen Wirksamkeit dieser Formulierung beschränke ich mich auf die Wörter ›umwandeln‹ und ›verinnerlichen‹. Können sie von einem Patienten mit narzißtischer Störung, das heißt mit einem Mangel an Spiegelung und mit übergroßer Verschmelzung, so verstanden werden, daß sie in seiner Selbst-Persönlichkeit, dem Ort dieser Störungen, etwas Heilendes in Gang setzen?

›Umwandeln‹ bzw. ›Wandlung‹ sind Begriffe, welche die dem Selbst eigentümliche Entwicklungsweise wiedergeben. Wir finden es deshalb überall in Kult und religiöser Lehre. *Jung* befaßte sich damit u. a. in seiner Studie über »Das Wandlungssymbol in der Messe«.[37] Je weniger dogmatisch und je mystischer, das heißt auf innere Zentrierung bezogen, eine Religion ist, desto wichtiger wird das Bild der Wandlung oder Metamorphose.[38] Das verbreitetste Bild für die »Wandlung des Selbst« ist dessen Wiedergeburt durch »Bad, Untertauchen, Überfluten, Taufe und Ertrinken«.[39] Die universale Verbreitung des archetypischen Bildes der Wandlung läßt vermuten, daß der Analysand, bei dem eine Wandlung der zentralen Persönlichkeit konstelliert ist, auf den Sprachimpuls dieses Wortes reagiert.

In der therapeutischen Arbeit mit einer 27jährigen Frau, die oft an innerer Leere und Flachheit der Gefühle litt und jetzt zum ersten Mal in ihrem Leben in einer zentralen Beziehung stand, die ihr ans Mark ging, hatte ich oft das quälende Gefühl, mit meinen Worten ins Leere zu greifen. Sie gebrauchte ein dürres, blutarmes Vokabular, das aus dem bewußten Ich, nicht aber aus der zentralen Persönlichkeit stammte. Ich selber hatte, zunächst ohne es zu merken, ihre Sprache teilweise übernommen. So sprachen sie und ich oft davon, wie sehr sich jetzt ihr Leben durch die neue Freundschaft ›verändert‹ habe. Es sei ein ›Wechsel‹ bei ihr eingetreten, der sicher einen ›Fortschritt‹ bedeute. Aber den ›Übergang‹ vom Alleinsein zum Leben zu zweit habe sie noch nicht richtig geschafft. Das sei eben eine ›Umstellung‹. Einmal gebrauchte ich eher zufällig den Ausdruck ›innere Wandlung‹, im Zusammenhang mit der Feststellung, daß sie mich seit kurzer Zeit während der Stunde öfter anschaue. Sie stutzte und griff das Wort ›Wandlung‹ auf, gebrauchte es in den nächsten 20 Minuten noch drei- oder viermal, wie ein Kind, das ein eben gelerntes Wort wiederholt. Gleichzeitig gewann das Gespräch an Tiefe und Intensität. Ich hatte zum ersten Mal das Gefühl, sie lasse ihre Selbst-Persönlichkeit aus sich sprechen. Das Wort ›Wandlung‹ wurde später zu ihrem Schlüsselwort. *Kohut* braucht hier also ein Wort, das eine Entwicklung in der zentralen Persönlichkeit in Gang setzen kann.

Schlechtere Erfahrungen machte ich mit dem Wort ›Verinnerlichung‹. Ich gebrauchte es oft in der Analyse mit Z., von dem ich bereits erzählt habe. Es ging um die Frage, wie er dem lähmenden Gefühl, selber kein Mann zu sein, dauerhaft entgehen könne. Er wußte bereits, daß die homosexuelle Begegnung mit dem ›Mann draußen‹ nur vorübergehend Abhilfe schaffte. In diesem Zusammenhang schlug ich ihm wiederholt vor, den ›Mann draußen‹ zu verinnerlichen, die Schattenfigur nach innen zu nehmen, zu introjizieren. Die ersten Male schaute er mich verständnislos an, dann sagte er, er würde mich zwar mit dem Kopf verstehen, aber nicht wirklich begreifen, was ich meine, und schließlich stieß er aggressiv hervor, ich solle doch die Theorie beiseite lassen. Ich versuchte, in seine Haut zu schlüpfen, und begann nach und nach zu verstehen, daß er den ›Introjekt-Mann‹ als Eindringling erleben mußte, als einen bedrohlichen Fremdling. Durch diese topographische Sprache erreichte ich das Gegenteil des von mir Beabsichtigten: Aus Angst vor der Bedrohung durch den ›andern‹ Mann spaltete er sein eigenes ›Mann-Sein‹ noch gründlicher von sich ab. In der nächsten Stunde gebrauchte ich den Ausdruck ›den Mann in sich selber *wahrnehmen*‹. Sogleich entspannten sich die Züge von Z. : Er fühlte sich selber von mir als Mann anerkannt. Er war bereits ein Mann; er brauchte ihn nur noch in sich wahrzunehmen, und ich wußte dies. Die gleichzeitig äußere und innere, empirische und intuitive, extravertierende und introvertierende ›Wahrnehmung‹ ist die Erkenntniskategorie der ›Spiegel-Kommunikation‹, deren Verständnis für die Analyse der Homosexualität grundlegend ist. Was wir von der zentralen Persönlichkeit neu ›wahrnehmen‹, war schon immer da. Der Spiegel schafft keine neuen Fakten.

Ein 27jähriger Schauspieler, R., fiel mir durch seine forciert in Kleidung und Gehabe zur Schau gestellte Männlichkeit auf: Seine Körperhaltung war ›energisch und straff‹, seine Bewegungen ›dynamisch und geschmeidig‹, sein Gesichtsausdruck ›gespannt‹, er trug ›englische Sportkleidung‹ und ›rasierte sich nur zweimal in der Woche‹, sofern ihm dies seine jeweilige Rolle erlaubte. So banal und künstlich wie diese Beschreibung wirkte R. auf mich. Seine ›extravertierte Männlichkeit‹ war unecht. Sie wurde dann auch ab und zu durch Affektausbrüche durchbrochen, die seine Kollegen als weibisch bezeichneten. Fand sich R. in Anwesenheit eines Mannes, der ihn anzog, fiel die männliche Maske von ihm ab. Jetzt war nur noch der andere der ›richtige Mann‹. Man spürte deutlicher, daß er auch zuvor an seine eigene Männlichkeit nicht geglaubt hatte. Zusammen mit seiner Männlichkeit schien seine ganze Persönlichkeit zusammenzubrechen. Es wirkte tatsächlich wie ein vertuschter psychischer Kollaps. Er machte dann den Eindruck einer dürftigen, einsamen Persönlichkeit. Der ›andere‹ war der männlich Strahlende, der vom Schicksal Begünstigte, in seiner ästhetischen Vollkommenheit das Bild von paradiesischer Ungebrochenheit und Ganzheit.

Der fixierte Homosexuelle erlebt seine zentrale männliche Persönlichkeit draußen statt drinnen. Seine männliche Extravertiertheit, das heißt sein ständiger Reflex, den Mann außerhalb seiner selbst zu erreichen, ist künstlich. Sie verdeckt und ersetzt die ausgeblendete männliche Selbst-Persönlichkeit, die in der Kindheit nicht ausreichend gespiegelt und gefördert wurde. Die männliche Extravertiertheit verhindert so die ›Introversionsdynamik‹, welche die Begegnung mit einem anderen Mann in Bewegung setzen möchte: »In deinem Bild erlebe ich mich selbst als Mann. In ihm erkenne ich das Spiegelbild meiner eigenen Männlichkeit. Wenn ich mit dir in Beziehung trete, spüre ich mich in meiner ganzen Persönlichkeit angenommen und bestätigt.« Dagegen führt die homosexuelle Fixierung zu zwanghaft einseitiger Sexualisierung der gleichgeschlechtlichen Beziehung. Diese soll die Leerstelle am Ort der männlichen Selbst-Persönlichkeit verdecken.

Am Beispiel des Schauspielers R. läßt sich ablesen, was die Selbst-Persönlichkeit im Gegensatz zur Ich-Persönlichkeit bedeutet. R.s Ich spürt die beunruhigende Leere am Ort der zentralen Persönlichkeit. Deren ›Ungespiegeltheit‹ und somit Nicht-Wahrnehmbarkeit gibt dem Ich das Gefühl, wurzellos zu sein, gleichsam im Vakuum zu agieren. Demzufolge kommt es sich in seinen menschlichen Beziehungen hochstaplerisch vor. Seine affichierte Selbstsicherheit und plakative Männlichkeit sind ungedeckte Schecks. Das Ich steht in ständiger Angst, sein ›Betrug‹ könne aufgedeckt werden. Um dies zu vermeiden, gerät R. in einen regelrechten Bewußtseinskrampf. Sein Leben ist unerhört anstrengend. Aus diesem Grunde suchte er das therapeutische Gespräch.

Aus diesem Negativbild der Beziehungen zwischen dem Ich und der Selbst-Persönlichkeit läßt sich durch Umkehrung das Positivbild einer gesunden, das heißt in ihrer Ganzheit genügend gespiegelten zentralen Persönlichkeit und deren Auswirkungen auf das Ich leichter erkennen. Die ausreichend gespiegelte Selbst-Persönlichkeit – früher durch die Eltern und jetzt in zentralen Beziehungen – entlastet als kraftvolles Zentrum der Gesamtpersönlichkeit das bewußte Ich. In diesem neuen Zentrum kann sich der promethische Bewußtseinskrampf lösen. Die eigenen Grenzen – nach oben und unten – werden erfahren und angenommen. Ansätze zu Hoch- oder Tiefstapelei, zu Hybris oder Entmutigung werden in der intuitiven Wahrnehmung der Selbst-Persönlichkeit bald überwunden. Das Ich wird zum aufmerksamen Beobachter der Selbst-Persönlichkeit, von deren Impulsen und Signalen. Nur noch in einem beschränkten Lebensbereich ist es allein verantwortlich, nämlich im Bereich des ›Homo faber‹, dem es um gerichtete Erkenntnis und Verwirklichung des in der konkreten Eigen- und Umwelt Machbaren geht. Aber auch der ›Homo faber‹ bezieht Selbstvertrauen, Schaffenskraft und Schaffensfreude aus der Selbst-Persönlichkeit. Von einer ständig überforderten und von vagen Ängsten geplagten Instanz wird das Ich zum aufmerksamen und aktiven Beobachter dessen, was sich in ihm von alleine tut, und es beschränkt sich auf die bewußte Verarbeitung, Interpretation und Ausführung der aus der zentralen Persönlichkeit kommenden Impulse, vor allem im kreativen Bereich, zum Beispiel in Beziehungen und einer künstlerischen Arbeit.

In bezug auf das Wachstum der Selbst-Persönlichkeit spielt das

Ich ebenfalls eine aktive Rolle. Indem es konzentriert auf die Selbst-Persönlichkeit schaut, bewahrt es diese vor dem Zerfall. Es schützt ihre vorläufigen Grenzen. So wird das Ich zum Wächter an den vier Toren des inneren Mandalas. Es ist ein janusköpfiger Wächter: Es wendet sich nach innen zur zentralen Persönlichkeit, um sie soweit wie möglich bewußt aufzunehmen und gleichzeitig das ›Ausfließen‹ ihrer Substanz zu verhindern. Es wendet sich nach außen zur Um- und Mitwelt, um mit den von der Selbst-Persönlichkeit empfangenen Impulsen in Kommunikation mit der Außenwelt zu treten und gleichzeitig die Selbst-Persönlichkeit vor dem Eindringen fremder Einflüsse zu schützen. Die eigentliche Wahrnehmung der Selbst-Persönlichkeit ist ganzheitlicher Natur. Sie ist ein Inne-Werden der Selbst-Persönlichkeit selber, zu der auch das Ich als zugeordnetes, sich zuwendendes, aufnehmendes Bewußtseinszentrum gehört.

Zur Beziehung zwischen Ich und zentraler Persönlichkeit zwei Beispiele: Beim Erwachen aus einem Traum habe ich den Eindruck, ›es‹ hat mir geträumt, genauso wie ich im ersten Anflug der Freude sage: ›Es‹ freut mich, ›es‹ beglückt mich. Der Traum und die Freude erscheinen mir zunächst als etwas, das von alleine und ohne Zutun des bewußten Ich aus mir selber kommt, und dies ohne den nötigen Charakter von autonomen Komplexen oder Triebzwängen, denen wir uns ausgeliefert fühlen, sondern im Erlebnis von Freiheit und ganzheitlicher Selbstverwirklichung. Der Traum vermittelt Signale aus der Selbst-Persönlichkeit, denn das Traum-Ich bildet in dramatischer Abfolge zusammen mit Figuren aus dem tieferen Unbewußten eine ganzheitliche Konstellation, einen dynamischen Ausdruck der Selbst-Persönlichkeit. Wende ich mich nun als eben Erwachter meinem Traum zu, komme ich vielleicht meiner eigenen Ganzheit etwas näher. Und in dem Maße, wie ich den Traum bewußt verarbeite, vermag ich zu sagen: ›Ich‹ habe geträumt.

Ich nenne das Bewußtsein, das von der Selbst-Persönlichkeit her genährt und gefördert wird, *rezeptives Bewußtsein*: Es empfängt die bewußtseinsfähigen Signale aus der Selbst-Persönlichkeit. Das rezeptive Bewußtsein spiegelt, wenn auch in beschränktem Maße, die Selbst-Persönlichkeit, während das ›reflexive Bewußtsein‹ die Ich-Persönlichkeit spiegelt: Dieses ist »Wissen des Bewußtseins von sich selber«.[40] Die Sätze: »Ich weiß: es hat mir geträumt« und »Ich weiß: ich habe geträumt« zeigen den Unterschied zwischen den beiden Arten von Bewußtsein.

Das archetypische Bild des ›Spiegels‹ bezieht sich nicht auf das reflexive, sondern das rezeptive Bewußtsein. Der Spiegel spiegelt die dem Ich verborgene Persönlichkeit des Gespiegelten. Kein neuer Bewußtseinsinhalt, sondern ein neues Bild seiner Selbst tritt dem Schauenden entgegen. In seiner Münchner Inszenierung von *Ibsens* Drama »Hedda Gabler« im Frühjahr 1979 hat *Ingmar Bergman* diesen Unterschied veranschaulicht: Die Generalstochter Hedda Gabler, die ganz mit ihrem Vater-Animus identisch ist, also keinen Zugang zu ihrer weiblichen Selbst-Persönlichkeit hat, bewundert sich in einem Spiegel, der gar kein Spiegel ist, weil er nur aus einem Rahmen besteht. Sie braucht gar keinen Spiegel, weil sie nicht *mehr* sehen will, als sie ohnehin schon von sich weiß. Ein richtiger Spiegel dagegen würde ihr ein noch unbekanntes Bild von ihr zeigen. Zu dieser rezeptiven Bewußtseinshaltung aber ist sie unfähig.

Auch *Bergmans* Filmschaffen dreht sich um die Symbolik des Spiegels. Er führt die Kamera in eben der intuitiven Weise, wie ich die ›Wahrnehmung‹ verstehe. *Bergman* unterstreicht vor allem einen Aspekt der Spiegel-Symbolik, nämlich die Beschädigung des Spiegels. So soll im Film »Wie in einem Spiegel« der Bruder in seiner schizophren gewordenen Schwester, also in einem auseinandergebrochenen Spiegel, trotzdem ›wie in einem Spiegel‹, ›Sinnhaftigkeit‹ wahrnehmen. Die Beschädigung des Spiegels ist, im Zusammenhang seines Werkes, die ›Beschädigung der Anima‹, des weiblichen Seelenbildes. *Bergmans* Faszination für die kranke Frau (»Flüstern und Schreie«) und die in ihrem Selbst-Aufbruch scheiternde Frau zeugen davon. *Bergman* stellt sich damit in die christlich-paulinische Tradition. Auch für *Paulus* ist unsere Erkenntnis (Wahrnehmung) Stück-Werk: Wir sehen nur ›wie in einem Spiegel‹. Bezeichnenderweise nimmt *Augustinus*, dessen Frauenbild ebenso ›beschädigt‹ ist wie das des *Paulus*, das Spiegel-Motiv in eben diesem Sinne auf. Die Beschädigung des Spiegels, nämlich der Beziehung des Mannes zur Frau, kann dadurch behoben werden, daß das noch verbleibende Spiegelbild mit ausdauernder Aufmerksamkeit ins Auge gefaßt wird: Zusammen mit dem Spiegelbild wird nach und nach auch der Spiegel restituiert. Auch in der Therapie mit Homosexuellen führt der Weg zum Spiegel über das Spiegelbild: Sich auf die Frau einlassen zu können, setzt die Wahrnehmung der eigenen Selbst-Persönlichkeit voraus.

Wenn das Ich sich ganz der Selbst-Persönlichkeit zuwendet, verliert es jeden Eigenwert. Ein Individuum, das ein ›Mandala‹ zeichnet – und dies ist mein ›zweites Beispiel‹ –, tut, was von alleine geschieht. Es bildet die innere Ganzheit ab. Es trägt die zentrale Struktur der Selbst-Persönlichkeit nach außen. Als Ich ist es nicht identisch mit dieser Struktur; denn diese ist mehr Symbolgestalt als bewußte Ordnung. Die zentrale Struktur der Selbst-Persönlichkeit äußert sich als spontane Kreativität, die vom Ich nur zum Teil in eine bewußte Ordnung gebracht werden kann. Die Ordnungsstruktur des ›Mandalas‹ ist die Bewußtes und Unbewußtes in einem einzigen ganzheitlichen Ausdruck integrierende Selbst-Persönlichkeit.

»Der Mensch gebraucht den Menschen als Spiegel«, steht in den T'ang-Annalen. Und, füge ich hinzu: als Spiegelbild. Die gegengeschlechtliche Beziehung ist die Beziehung zwischen Spiegel und Gespiegeltem. Als eigentliche ›Spiegel-Kommunikation‹ jedoch bezeichne ich in diesem Buch die ›gleichgeschlechtliche Beziehung‹. Sie besteht in der gleichzeitig inneren und äußeren Wahrnehmung eines anderen Mannes als Spiegelbild der männlichen zentralen Persönlichkeit in ihrer Dynamik auf Selbstverwirklichung. Im erweiterten Sinne findet Spiegel-Kommunikation auch in einer gegengeschlechtlichen Beziehung statt. Doch beschränke ich mich hier im Gebrauch des Begriffes ›Spiegel-Kommunikation‹ auf gleichgeschlechtliche Beziehungen, und zwar auf allen Ebenen menschlicher Beziehungsmöglichkeiten, unter der Voraussetzung, daß es um eine zentrale Begegnung geht.

Die Spiegel-Kommunikation ist die adäquate Kommunikationsform der Selbst-Persönlichkeit. Als Ich-Persönlichkeit kann ich mit einem anderen Individuum Tatsachen oder Informationen austauschen, die entweder ihm oder mir bisher unbekannt, fremd waren. Die Selbst-Persönlichkeit aber ist sich selber die einzige Tatsache. Allerdings eine Tatsache von universaler Bedeutung, weil sie potentiell als Mikrokosmos das ganze Universum in sich trägt. Sie kann sich in allen Facetten der Welt spiegeln. In jedem neuen Gegenüber nimmt sie sich in einer neuen Weise wahr. In jeder neuen Begegnung begegnet sie sich unter einer neuen Gestalt. Zwar kann sie im *Spiegelbild* immer nur sich selber finden. Aber dadurch erweitert sie sich zu den Dimensionen des Spiegelbilds. Dieses ist *ein Stück erweitertes Selbst.*

Wort, Gebärde, Bild, Gesicht: dem Ich vermitteln sie Informationen, der zentralen Persönlichkeit jedoch sind sie Spiegelbilder, in deren Wahrnehmung sie neue Gestalt annimmt. Die Wandlung des Spiegelbilds ist die Wandlung der Selbst-Persönlichkeit von Gestalt zu Gestalt. Im Mann, dem ich begegne, sehe ich ein neues Spiegelbild meiner Ganzheit, keine bloße Einzelerkenntnis. Indem ich mich in diesem neuen Spiegelbild wiedererkenne, wandle ich mich zu ihm hin. Ich werde eine neue Ganzheit, eine neue Selbst-Persönlichkeit. Versuchen wir nun, hinter dem Spiegelbild den Spiegel wahrzunehmen. Der erste Spiegel des Kindes ist die Mutter. Der ›Glanz in ihrem Auge‹ gibt ihm zu spüren, daß es lebendig ist und lebendiger werden kann. Im mütterlichen Spiegel vergewissert es sich seiner selbst. Im Lächeln der Mutter sieht das Kind sein Lächeln gespiegelt, bevor es lächelt: so lernt es lächeln. Sie spiegelt jeden Schritt, den es tut, im voraus: das Kind kann so viele Schritte tun, wie die Mutter es ihm als Spiegel vor-gespiegelt hat.

In China war der *Spiegel* ein *Muttersymbol*: das Attribut der Königin.[41] Das wichtigste mütterliche Spiegelsymbol ist das ›Wasser‹. In seinem Spiegel spiegelte sich ›Narziß‹. Ich werde auf ihn zurückkommen. Wer sich im Wasser spiegelt, den ›zieht es hinab‹. Spiegelung und Verschmelzung sind sich gefährlich nahe. Sie haben ergänzende Funktion. Keine darf der anderen geopfert werden. Wenn Spiegel und Gespiegelter ›am richtigen Platz‹ sind, erlebt sich das Individuum sicher und fest. Denn im Spiegel sieht es sich in seiner ›dritten Dimension‹: in seiner Selbst-Persönlichkeit. Sie ist sein fester Grund. Ein im Wasser gespiegelter Berg scheint sich auf seinem sich in der Tiefe verlierenden Spiegelbild solide zu gründen. In fester Verbindung mit seinem Spiegelbild droht das Individuum nicht mehr in dem mütterlichen Wasser zu ertrinken. Diese Gestimmtheit gibt *Goethes* berühmter Vers wieder: »Widerspiegelnd ruht der See.«

Für die zentrale Persönlichkeit des Kindes hat die Mutter keine wichtigere Aufgabe, als Spiegel zu sein. Die Mutter als Spiegel des Kindes ist selbstlos: spiegelt sie doch das Selbst des Kindes. Die selbstische narzißtische Mutter dagegen bleibt mit dem Kinde verschmolzen, über die Zeit hinaus. Sie sagt dem Kind: »Das bist *du*« und meint sich selber. Statt *Spiegelmutter* ist sie *Höhlenmutter*, in der das Kind sich verirrt und verliert. Sie mißbraucht das Kind als Machtattribut, oft gegen den Vater. Geschieht dies vor allem auf der phallischen Stufe des Knaben, behält sie den Phallus des Knaben zurück. Denn sie fühlt sich in ihrem eigenen männlichen Persönlichkeitsanteil, in ihrem Animus, minderwertig. Der ›Phallus‹ ist das archetypische Bild der männlichen Ganzheit auf dieser Entwicklungsstufe. Er vertritt die ganze männliche Selbst-Persönlichkeit. Die Mutter löste die ursprüngliche Verschmelzung nicht zugunsten der Spiegelung des Phallus ihres Sohnes auf. Von nun an kann er die Mutter und alle anderen Frauen nur noch zusammen mit diesem –

seinem – Phallus unbewußt erleben. Die bloße gelebte Genitalität seines Penis ist für die Unbewußtheit seines Phallus kein Ersatz. Er muß seinen Phallus finden. Und er findet ihn beim anderen Knaben: dem im Gegensatz zu ihm von der Mutter als potentiellen Mann Gespiegelten. So jedenfalls erlebt er den Freund, ob dies nun mit dessen tatsächlicher Lebensgeschichte übereinstimmt oder nicht. Indem er diesen liebt, überlistet er die Mutter und ihre Weigerung, ihn zu spiegeln. In liebender Vereinigung mit dem anderen wird auch er zu einem von der Mutter Gespiegelten. Aber dieses befreiende Ereignis ist nach ›draußen fixiert‹: das ist das Wesen der homosexuellen Fixierung.

Es ist ein Glück für den Homosexuellen, wenn er in früheren Entwicklungsphasen von seiner Mutter mehr gespiegelt wurde als – wie skizziert – auf der phallischen Stufe und später wieder in der Pubertät. Dann nämlich mag es ihm gelingen, zum Beispiel mit seinem Analytiker, sich als männliche Persönlichkeit gespiegelt wahrzunehmen. Er kann dann den bisher mit der Mutter verschmolzenen Phallus als seine eigene männliche Persönlichkeit sehen. Endlich können Spiegel und Gespiegelter, Mutter und Sohn, im Manne auseinandertreten. In seinen männlichen Freunden kann er jetzt die vielen Aspekte und Möglichkeiten der eigenen zentralen Männlichkeit gespiegelt wahrnehmen. Dieser schwierige und befreiende Vorgang – die Befreiung der homosexuellen Dynamik –, den ich hier in der Symbolik des Spiegels und ohne Berücksichtigung der Vaterfigur nur in Andeutungen dargestellt habe, ist das Thema dieser Arbeit.

Jung schreibt:

»Der Spiegel schmeichelt nicht, er zeigt getreu, was in ihn hineinschaut, nämlich jenes Gesicht, das wir der Welt nie zeigen, weil wir es durch die Persona, die Maske des Schauspielers verhüllen. Der Spiegel aber liegt hinter der Maske und zeigt das wahre Gesicht.«[42] Der Spiegel zeigt nicht das, was wir ohnehin schon von uns wissen. Wer in den Spiegel schaut, ist bereit, sich einem noch Unbekannten in sich selber auszusetzen. Der Spiegel als Symbol ist ein ›Zauberspiegel‹, in dem man »nicht einfach sein Abbild, sondern Gegenbild, seinen Schatten oder das Bild der oder des Geliebten« erblickt.[43] Daß der ›Freund‹, der ›Schatten‹ und das ›Spiegelbild‹ auswechselbar sind, ist für das Verständnis der Homosexualität bedeutsam: die Begegnung mit dem Freund gilt dem eigenen Schatten, der genauer als Spiegelbild bezeichnet wird. Das ist kein autistischer Vorgang: auch der Freund kann in mir seinem Spiegelbild begegnen, und die gegenseitige Freundschaft kann zur Wandlung in der Selbst-Persönlichkeit beider führen.

Das im Spiegel aufscheinende Bild ist kein isolierter Einzelaspekt meiner Persönlichkeit, sondern mein ›wahres Gesicht‹. In Märchen sagt der Spiegel die Wahrheit über mich selber. »Oft sitzt im Spiegel angeblich ein Männchen, das die Wahrheit sagt.«[44] Oft wird das Spiegelbild auch als ›Doppelgänger‹ dargestellt. Spiegelbild, Schatten und Doppelgänger wollen zu neuer Selbst-Wahrnehmung führen: Aus der Gegenüberstellung mit dem ›anderen in mir‹ kann die Wahrnehmung meiner Ganzheit kommen. Im Spiegelbild erscheint zwar das Altvertraute, aber ›seitenverkehrt‹: Oft meint das Spiegelbild nur eine neue Einstellung, zum Beispiel statt Ablehnung, Annahme der Instinktseite. Von dieser neuen Einstellung aber kann die gegenwärtige Selbst-Werdung abhängen.

Der Blick in den Spiegel erfordert eine ›rezeptive Bewußtseinshaltung‹: Weder kann ich mein Spiegelbild selber ›produzieren‹, noch ist es lediglich die Kopie meiner Ich-Persönlichkeit: Was mir aus dem Spiegel entgegentritt, ist neu; ich kann es sehen – oder ausblenden. *Bergmans* Hedda Gabler blendet es aus, indem sie sich in einem Rahmen ohne Spiegel ›spiegelt‹. Ihre Verschmelzung mit dem Animus verhindert das Auseinandertreten von Spiegel und Gespiegeltem. Das aber wäre die Voraussetzung, daß sie im Spiegelbild anderer Frauen ihre weibliche zentrale Persönlichkeit wahrnehmen könnte; diese bleibt mit der Imago ihres General-Vaters verschmolzen. So kann sie ihren jeweiligen männlichen Partner nicht als Spiegel erleben, der ihr Licht, Sicherheit, Tiefe schenken würde. Sie liebt ihn wie einen Spiegel ohne Rahmen, dem sie gewaltsam ihre eigene Persona aufdrängt: egozentrisch und ohne Auge dafür, daß er ihr vielleicht Spiegel sein möchte: sie als Frau annehmen, bestätigen, lieben möchte. Sie stellt sich selber mitten in den Spiegelrahmen ihres Partners, hat keine Distanz zu ihm, wird zum gefräßigen Animus, zur phallussüchtigen Mutter – und bleibt selber ihres Spiegelbildes, ihrer heilenden Doppelgängerin, beraubt.

Zum Verständnis des Folgenden gebe ich nun einen gerafften Überblick über die *Erscheinungsformen der Homosexualität*. Die allgemeine Unterscheidung zwischen *fixierter und integrierter Homosexualität* habe ich bereits erwähnt. Da die beiden Begriffe einem ersten Verständnis zugänglich sind und meine ganze Arbeit sie näher beleuchtet, kann ich an dieser Stelle von einer näheren Definition absehen. Einzig ihr sprachlicher Hintergrund soll uns kurz beschäftigen. Ich brauche das Wort *Fixierung* zunächst als Bild eines optischen Sachverhalts: als eine bestimmte Art zu ›sehen‹. Der Fixierende und deshalb Fixierte sieht nur einen Teilausschnitt des Objektes, das seinen Blick anzieht. Er blendet also andere Teile aus, mit denen zusammen der fixierte Teilausschnitt den Gesamteindruck des Bildes vermitteln würde. Der den Teilausschnitt Fixierende ist von ihm insofern fixiert, als er unfähig wird, das Ganze zu sehen, also die Bedeutung des Ganzen wahrzunehmen. Eben diese erkenntnistheoretischen Kategorien der Wahrnehmung sind die meines Themas. Die Spiegel-Kommunikation, das heißt die Selbst-Wahrnehmung im männlichen Spiegelbild, ist jener Vorgang, dessen Störungen zu fixierter Homosexualität führen. Erfolgt die Spiegel-Kommunikation dagegen ohne Ausblendung, spreche ich von integrierter Homosexualität, die zu einer gleichgeschlechtlichen und bei einigen zu einer gegengeschlechtlichen Partnerschaft befähigt. Das Wort ›Integrierung‹ im Zusammenhang der integrierten Homosexualität hat zum virtuellen Bezugspunkt die ›integrale‹, das heißt die sich als Ganzheit wahrnehmende Persönlichkeit. Die Integrierung der Homosexualität besteht also in der Wahrnehmung ihrer ganzheitlichen Gestalt und Bedeutung. Das Wort *Wahrnehmung* ist schon öfter gefallen. Ich gebrauche es als *analytische Grundkategorie* zur Bezeichnung der Methode, die zur Integrierung der Homosexualität führt. Wesentlich an ihrem Begriff ist die *Verbindung zwischen äußerer und innerer Wahrnehmung,* die ihr den Charakter des ›Inne-Werdens‹ gibt. Die zugleich empirisch detaillierte und intuitiv ganzheitliche Wahrnehmung ist jenes ›Sich-in-die-psychische-Dynamik-Hineinbegeben‹, von dem schon die Rede war.

Die ganzheitliche Wahrnehmung der Homosexualität führt also zu deren *Integrierung.* Zur Beschreibung dieser Integrierung werde ich Bilder aus der Welt des Kampfes, Wettkampfes, ›Zweikampfes‹ brauchen, vor allem im 11. Kapitel. Um einer Fixierung des Lesers zuvorzukommen, gebe ich dazu eine kurze, vorläufige Erklärung. In der *fixierten Homosexualität* spielt die *Aggressivität* in ihrer aktiven und passiven Form der Unterdrückung und Unterwerfung eine wichtige Rolle. Der Grund dafür ist, daß der fixierte Homosexuelle anstelle der Aktivität seiner eigenen zentralen Persönlichkeit die gegen ihn gerichtete Aggression eines anderen Mannes erlebt. Eben diese Aggression gilt es zu integrieren, damit sie zu eigener zentraler Aktivität führt. Unter zentraler Aktivität verstehe ich jene Aktivität, die aus der Selbst-Persönlichkeit kommt, also nicht die gezielte und gerichtete Aktivität des Ich, sondern eine ganzheitliche, in ihrem Ursprung spontane Aktivität, in die das Ich mit seiner Aktivität einstimmen kann. Wir haben uns mit dem fixierten Homosexuellen in den Zweikampf hineinzubegeben, damit er die Aggression des anderen, in Umkehrung seiner Perspektive, als verzerrtes Spiegelbild seiner eigenen Aktivität wahrzunehmen imstande wird. So wandelt sich die als destruktiv erlebte Aggressivität des anderen in konstruktive Eigenaktivität. Die ›Methode des Zweikampfes‹ besteht in der gleichzeitig äußeren und inneren Wahrnehmung der eigenen, in dynamischer Verwirklichung sich befindenden zentralen Persönlichkeit im Bild des ›Gegners‹. Das ›Kampf-Vokabular‹ zeugt also nicht von der Aggressivität des Autors, sondern entspricht dem psychologischen Ort, wo Homosexualität integriert – und damit von ihren destruktiven Tendenzen befreit wird.

Innerhalb der fixierten Homosexualität unterscheide ich zwischen ›Spiegel-Homosexualität‹ und ›Leitbild-Homosexualität‹. Um diese Begriffe zu erklären, muß ich zunächst ihren psychologischen Kontext in schematisierter, verkürzter Form darlegen. Die ›Zwischentöne‹ werden später laut werden.

Der Begriff *Spiegel-Homosexualität* geht auf das Bild der ›Mutter als Spiegel ihres Sohnes‹ zurück. Die Mutter muß in der Tat für den Sohn zum Spiegel werden. Dazu hat sie ›optimale Distanz‹ zum Kind zu schaffen. Bleibt sie zu nahe beim Kind, wird die ursprüngliche Verschmelzung mit ihm nicht aufgelöst. Beim Sohn trifft dies auch für die männliche Geschlechtsidentität zu. Die ›Bewegung‹ in der Entwicklung der Beziehung des Kindes zur Mutter muß also ›von innen nach außen, von der Verschmelzung zur Spiegelung‹ gehen. Bleibt die Mutter »drinnen«, kann der Sohn später die ›Frau draußen‹ nicht wahrnehmen.

Teilhard de Chardin schrieb in seinem Tagebuch, er habe in seinem Leben nie etwas geschaffen, es sei denn unter dem Auge einer Frau. Eben das verstehe ich unter der Frau als Spiegel des Mannes. Der Mann sieht in der Frau nicht sein Spiegel›bild‹, sondern erlebt in ihr den ›Glanz des Spiegels‹. Der Mann braucht beides: Er muß sich ›unter dem Auge einer Frau‹ als Gespiegelten erleben und im Angesicht eines Mannes das Spiegelbild seiner zentralen Persönlichkeit wahrnehmen. Das eine ist der heterosexuelle, das andere der homosexuelle Aspekt in der psychischen Dynamik des Mannes. Das eine ohne das andere gibt es nicht: Die Befreiung der heterosexuellen Dynamik führt auch zum Mann als Spiegelbild; und die Befreiung der homosexuellen Dynamik führt auch zur Frau als Spiegel.

Der Begriff der *Leitbild-Homosexualität* geht auf den ›Vater als Leitbild des Sohnes‹ zurück. Der Vater muß für den Sohn zum Leitbild und als solches ›immer erreichbarer‹ werden. Die ›Bewegung‹ geht also ›von außen nach innen‹. Bleibt der Vater ›draußen‹, weil er den Sohn ›blendet‹, statt ihm ein Leitbild zu sein, kann der Sohn seine männliche zentrale Persönlichkeit nicht als seine eigene wahrnehmen. Er projiziert sie auf den anderen Mann, statt sie sowohl in diesem als auch in sich selbst wahrzunehmen und so in das befreiende Beziehungsfeld von Mann zu Mann einzutreten. Befinden sich die ›Frau drinnen‹ und der ›Mann draußen‹, wird die homosexuelle Dynamik fixiert. Beide Aspekte spielen dabei zusammen, denn in einer gesunden Entwicklung ›spiegelt die Mutter ihren Sohn im Leitbild des Vaters‹. Der Vater ist also das Spiegelbild des Sohnes in seiner progressiven, dynamischen Bedeutung. Das Leitbild des Vaters vor Augen, nimmt sich der Sohn als der durch den Spiegel der Mutter Gespiegelte wahr. Der Vater als Leitbild ist das dynamische Spiegelbild des Sohnes. Die ›weibliche Bewegung‹ von außen nach innen sind bei keinem Individuum je abgeschlossen: Sie dauern ein Leben lang. In ihrer Gegenläufigkeit machen sie die Dynamik der menschlichen Existenz aus. Somit ist auch die Spiegel-Kommunikation eine Grundkategorie menschlicher Selbsterfahrung. In ihr befreit sich die homosexuelle Dynamik ein Leben lang. Solange der Mann sich als Mann erfährt, gibt es die homosexuelle Dynamik und gibt es Spiegel-Kommunikation. Jedes neue ›Gesicht‹ der Selbst-Persönlichkeit kann nur erwachen, wenn es sich in einem Spiegelbild wahrnimmt. Die Integrierung der Homosexualität bedeutet folglich nicht deren Auflösung. Die zentrale männliche Persönlichkeit entwickelt sich in der Spiegel-Kommunikation, also aus der homosexuellen Dynamik. Bei Homosexuellen bestimmt diese meist das sexuelle Triebschicksal, bei Heterosexuellen ermöglicht sie herzliche Beziehungen zu anderen Männern.

Die homosexuelle Fixierung blockiert beide – die männliche und die weibliche – Bewegungen und schafft an ihrer Stelle ›Ersatzbewegungen‹, die ich als ›Finalität der homosexuellen Fixierung‹ bezeichne. Das entspricht in etwa dem Begriff der Finalität bei *Alfred Adler*. Bei genügender Wahrnehmung der Selbst-Persönlichkeit im Laufe der Individuation müssen diese beiden Bewegungen auch durch ihre Umkehrungen kompensiert werden: Der Introversionsvorgang bezieht sich dann auf die Frau und der Extraversionsvorgang auf den Mann. Doch überschreitet diese kompensatorische Umkehrung das Thema dieser Arbeit. Viele Teile im Werke *C. G. Jungs* beleuchten sie.

Ich gebe keine Definition meiner Verwendung der Adjektive ›männlich‹ und ›weiblich‹. Daß wir ihnen nie anders als in ihrer sozialen Rezeption begegnen, setze ich voraus. Meine einzige theoretische Prämisse im Gebrauch der Wörter ›männlich‹ und ›weiblich‹ ist die Polarität der Geschlechter. Daß sie besteht und daß sie eine ganzheitliche ist, beweist unter anderem die über alle kulturellen und sozialen Unterschiede und Bewertungen hinausgehende Tatsache, daß sich jedes Individuum auf eine vorherrschende geschlechtliche Einstellung hin entwickelt, sei diese homosexuell oder heterosexuell. Dadurch, daß *C. G. Jung* das ›Spannungsgefälle‹, das zwischen zwei gegengeschlechtlichen Partnern herrscht, in jedem Individuum, ob Mann oder Frau, nachweist, nimmt er dem einzelnen letztlich die Möglichkeit, aus dem geschlechtlichen Unterschied ein soziales ›Machtgefälle‹ zwischen Mann und Frau abzuleiten. Denn das Spannungsgefälle ist in ihm selber. Jedes Individuum ist der gegengeschlechtliche Pol, zu dem der Pol der eigenen Geschlechtsidentität in ein ›partnerschaftliches Verhältnis‹ zu treten hat. Wie Yin und Yang im alten China gleichgewichtige Kräfte waren, deren Wechselspiel die Geschichte bestimmen, lernen auch Mann und Frau durch Inne-Werden des innerpsychischen gegengeschlechtlichen Pols ihre Gegensätzlichkeit als Spannungsenergie für die eigene Individuation zu nutzen. In dieser Perspektive wird die Frage nach dem ›natürlichen Unterschied der Geschlechter‹ entschärft. Wie immer der eine Pol zunächst definiert wird, kann der andere Pol als ›Seelenbild‹ im gleichen Individuum wahrgenommen werden. Das ›primitive Frauenbild‹ eines Mannes entspricht seiner ›primitiven Anima‹. Diese Feststellung führt zur Aufwertung des gegengeschlechtlichen Pols, also auch zum Abbau sozialer Unterdrückung.

Die Befreiung der homosexuellen Dynamik, das heißt die Integrierung der Homosexualität ist kein Marathon zwischen verschiedenen Individuen. Bis zu welchem Punkt sie durch einzelne realisiert wird, muß nicht immer Ausdruck von Reife und psychischer Gesundheit sein. Dieser Punkt kann auch seiner ›persönlichen Gleichung‹, seinem individuellen Lebensschicksal entsprechen. Die analytische Rationalität der Psychologie darf nicht zu Werturteilen führen. Gerade im Zusammenhang mit Homosexualität ist das wichtig. Die glatte Verwirklichung eines bestimmten Aspekts psychischer Gesundheit sagt nicht alles über den Wert eines Lebensschicksals aus. Zwar ist es meine Aufgabe, wahrnehmend und beschreibend die homosexuelle Dynamik möglichst weit zu ›befreien‹. Das ist auch die Tendenz in meinen Beschreibungen von Fallbeispielen. Doch auch wenn ich es nicht ausdrücklich sage, verliere ich dabei nie aus den Augen, daß sich ein Lebensschicksal zwischen Tag und Nacht, Licht und Schatten erfüllt. Und oft erscheint in den dämmrigen Zwischenbereichen ein wahreres menschliches Antlitz als in tüchtiger Gesundheit und reibungslosem Funktionieren. Auch meine Darstellung der homosexuellen Dynamik gibt nur *einen* Schnitt durch die Wirklichkeit des Homosexuellen. Mancher Homosexuelle mag gerade in seinem Fixiertsein und dem, was ich Ersatzbewegungen nannte, mehr von seiner ›persönlichen Gleichung‹ erfahren, als wenn seine ›Geburt‹ glatt und schnell verlaufen wäre. Dies meinen Ausführungen voranzuschicken, ist mir ein wichtiges Anliegen. Ich glaube aber, daß ausdauernde, möglichst weit führende Wahrnehmung eines einzelnen Entwicklungsstranges der psychischen Dynamik auch zur Erreichung der ›persönlichen Gleichung‹ einzelner beitragen kann. Diese Arbeit soll nicht ein ›Mit-dem-Finger-Zeigen‹ sein auf solche, die ›auf der Strecke geblieben‹ sind, weil sie nicht tüchtig genug waren, ihre Homosexualität zu integrieren, sondern ein Aufzeigen von dynamischen Zusammenhängen, in denen wir alle stehen.

Die beiden Hauptformen der fixierten Homosexualität, die ›Spiegel-Homosexualität‹ und die ›Leitbild-Homosexualität‹, erscheinen immer zusammen, doch meist läßt sich die Dominanz der einen oder andern feststellen. Um das Phänomen der fixierten Homosexualität deutlicher werden zu lassen, erkläre ich die eine *nach* der anderen, wenngleich beide, wie zwei Hinterglasbilder, immer deckungsgleich übereinanderliegen. Bei stärkerer Spiegel-Homosexualität finden wir immer auch eine deutlich ausgeprägte Leitbild-Homosexualität: In einem trüben Spiegel kann kein Leitbild deutliche Gestalt annehmen. Dagegen gibt es Fälle von Leitbild-Homosexualität, bei der der Anteil an Spiegel-Homosexualität so gering ist, daß die Grundeinstellung zu einer heterosexuellen wird.

Zwei Typen von Leitbild-Homosexualität mit heterosexueller Grundeinstellung treten vor allem in Erscheinung: Zunächst der erwähnte sogenannte *Zwangsheterosexuelle,* dessen Identität stark vom zwanghaften Festhalten an seiner heterosexuellen Grundeinstellung und von der panischen Abwehr der Homosexualität bestimmt ist. Dann der *Puer aeternus,* der ein Leben lang auf der Schwelle zwischen mütterlicher Verschmelzung und Spiegelung stehen bleibt, weil ihm im mütterlichen Spiegel kein genügend aktivierendes männliches Leitbild aufscheint. Der Spiegel-Homosexuelle selber wird oft als ›Puer aeternus‹ bezeichnet. Er gehört aber strenggenommen nicht zu diesem Typus, weil er noch nicht die Schwelle zwischen mütterlicher Verschmelzung und Spiegelung erreicht hat, sondern knapp vor dieser Schwelle hängengeblieben ist. Der *Puer aeternus* ist denn auch sein Sehnsuchtsbild, mit dem zu vereinigen ihm höchstes Ziel ist. Von diesem Sehnsuchtsbild her hat er in seiner Persona viele Züge übernommen, weshalb er denn auch fälschlicherweise selber als ›Puer aeternus‹ identifiziert wird.

Zur *Spiegel-Homosexualität* gehören zwei sich gegenseitig bedingende und immer neu fixierende Eigenschaften. Die erste betrifft die Perspektive des Spiegel-Homosexuellen gegenüber der Mutter. Die männliche Selbst-Persönlichkeit kann sich nicht aus der Verschmelzung mit der Mutter-Imago lösen. Sie kann sich nicht der Mutter-Imago ›gegenüberstellen‹, um sich als von ihr Gespiegelte wahrzunehmen. Die Perspektive des Spiegel-Homosexuellen bleibt die Verwurzelung in der Mutter. Er sieht sich »von unten«, von der mütterlichen Verwurzelung her. Es gelingt ihm daher nicht, in ergänzender Perspektive, sich auch ›von oben‹ in richtiger ›Spiegeldistanz‹ von der Mutter zu erleben. Die Mutter ist ihm Erdreich, das er nie genügend ausgesogen hat, statt auch ›Wasserspiegel‹, in dem er sich als Selbst-Persönlichkeit erkennen könnte. Seine Mutter-

Imago ist denn auch von der furchtbaren, verschlingenden Mutter bestimmt. Ein Perspektivenwandel könnte zum Erleben der spiegelnden Mutter führen.

Ein Mann träumte auf der Schwelle zur Integrierung seiner Spiegel-Homosexualität, seine Mutter komme mit furchtbar bösem und bedrohlichem Gesicht auf ihn zu. Doch er sagte ihr: »Ich brauche jetzt von dir kein Geld mehr. Ich verdiene genug.« In diesem Augenblick wandelte sich das Gesicht der Mutter in wundersamer Weise: Es wurde gütig, warm, leuchtend. Die Mutter ist zum Spiegel geworden, und zwar dadurch, daß der Mann seine Perspektive geändert hat. Er sah die Mutter nicht mehr gleichsam von unten als auszubeutendes Erdreich, das ihn zu verschlingen drohte, sondern gleichsam von oben als Wasserspiegel, in dem er sich wahrnehmen konnte. Dieser Perspektivenwandel, der sich im Traum ausdrückt, führt zur heterosexuellen Liebesfähigkeit, die vom Individuum in der eigentümlichen Spannung erlebt wird, gleichzeitig Spiegel und Gespiegelter zu sein, genau wie der Partner.

Die zweite Eigenschaft, welche die Spiegel-Homosexualität prägt, ergibt sich aus der ersten. Der von der Mutter nicht Gespiegelte trägt ein ›archetypisches Spiegelungspotential‹ in sich, das auf Realisierung drängt. Im fixierten Homosexuellen selber ist dies nicht möglich. Er kann sich selber nicht als Gespiegelten wahrnehmen. So erscheint ihm das ›archetypische Erlebnismuster der mütterlichen Spiegelung‹ in einem anderen Mann. Nur dieser ist der Gespiegelte. In der Vereinigung mit ihm erlebt sich der Spiegel-Homosexuelle ebenfalls ›unter dem Glanze des Spiegels‹. Zwar ist ihm völlig unbewußt, daß hinter dem Gespiegelten ein Spiegel steht. Denn er selber ist ja noch ein mit der Mutter Verschmolzener. Aber im Glanz des Gespiegelten begehrt er den glänzenden Spiegel. Wegen seiner Verwurzelung im mütterlichen Erdreich kann er das vor ihm im Freund aufscheinende Spiegelbild nicht als seines sehen. Sein Eigenstes, nämlich seine männliche Selbst-Persönlichkeit, ist ihm sein Fremdstes und deshalb über alles begehrenswert.

Auf die ›Glanzsymbolik‹ des Spiegel-Freundes werde ich mehrmals zu sprechen kommen. Sie weist auf die heimliche Beziehung des Spiegelbild-Freundes zur spiegelnden Mutter. Der Spiegelbild-Freund des Spiegel-Homosexuellen ist meist jung, steht er doch als ›Puer‹ auf der Schwelle zwischen Verschmelzung und Spiegelung. Der ›Glanz‹ auf seinem Gesicht ist gleichzeitig der ›Schmelz‹ des noch Verschmolzenen und das ›Licht‹ des schon freien Mannes. Er ist dem Homosexuellen einen Schritt voraus. Ohne es zu wissen, möchte dieser diesen Schritt und den nächsten – mit ihm tun. Doch dazu müßte er ihn als sein eigenes Spiegelbild identifizieren können. Eben das wäre Spiegel-Kommunikation.

Der kurze Augenblick, in dem der Jugendliche auf der Schwelle zwischen Verschmelzung und Spiegelung, zwischen traumhaftem Befangensein in der Mutter und aktivem Nach-vorne-Greifen, stockt, anhält, Atem holt, dieser kurze Augenblick ist das archetypische Erlebnismuster, das dem Spiegel-Homosexuellen als ›einzig wahrer Augenblick‹ vorschwebt. Der Jugendliche hat das Auge aufgeschlagen, erlebt sich als Gespiegelter, aber weil es soeben geschehen ist, steht noch kein männliches Leitbild vor ihm auf, um ihn zum Ausstrecken und Zupacken zu beleben. In diesem Augenblick fallen Spiegelbild und Verschmelzungsbild in eins. Der Jugendliche nimmt sich in seinem Freunde wahr und versinkt in ihm. Es ist der Moment der gleichgeschlechtlichen Begegnung, in dem keine Verschmelzung mehr nach hinten zieht und noch keine Spiegelung nach vorne drängt. Dies eine Mal kommen Widerspiegelung und Ertrinken ganz zusammen, Wahrnehmung des eigenen Kerns und unbewußtes Einswerden mit dem Freund. Einen Wimpernschlag lang hat alles gestimmt, wie wenn zwei Himmelskörper näherkommend sich auf einmal übereinanderschieben. Hernach treten die beiden Erlebnismuster – Verschmelzung und Spiegelung – wieder auseinander und entfernen sich langsam. Es ist eine Wahl zu treffen. Es gibt Spiegel-Homosexuelle, die alle andern Augenblicke ihres Lebens verpassen, um diesen einen Augenblick, bei dem sie ganz nahe dran waren, doch noch zu finden. Hätten sie ihn damals gefunden, wäre ihr Fuß nicht kleben geblieben. Zuerst wollen sie diesen Augenblick erleben – und dann weitersehen. Wer *Roger Peyrefittes* Erstlingsroman »Les amitiés particulières« und seinen späteren Roman »Mon amour« kennt und vergleicht, versteht, was ich meine. Der erste schildert die Freundschaft zwischen zwei Collège-Schülern, Georges und Alexandre, der zweite die homosexuelle Beziehung eines alternden Schriftstellers mit einem jungen Profiteur. Im ersten: die wehmütige Ironie des Sich-Erinnernden und -Unterscheidenden. Im zweiten: großmauliger Zynismus und Totentanz-Klamauk. Was während des kurzen Stockens auf der Schwelle echter Selbst-Ausdruck war, fixiert sich in einer nie enden wollenden

Fratze. Der Leser weiß nicht, wie ihm geschieht. Entzücken dreht sich zu Brechreiz.

Der ›Perspektivenwandel‹ vom Verschmolzenen zum Gespiegelten äußert sich in folgender Beobachtung: Ein Spiegel-Homosexueller sprach in seiner Analyse oft davon, daß »›die Mutter‹ ihn als Mann nicht gespiegelt habe«. Als seine Homosexualität integriert war, gebrauchte er spontan eine neue Formulierung: »›Ich‹ habe mich in der Mutter nicht gespiegelt.« Diese zweite Formulierung zeigt, daß er sich jetzt von seiner Mutter-Imago unterscheidet – die dadurch zum positiven Bild wird – und sich in einer Frau spiegeln kann. In einer Analyse vermag der Analysand den mütterlichen Spiegel wahrzunehmen.[45]

Was die ›Spiegel-Homosexualität‹ meint, sagen *Rilkes* wundervolle Verse aus der zweiten Duineser Elegie:

> Spiegel: die die entströmte eigene Schönheit
> wiederschöpfen zurück in das eigene Antlitz.[46]

Schönheit meint Harmonie und Ganzheit. Sich im Spiegel einer Frau betrachtend, erlebt der Mann Sammlung seiner Persönlichkeit zur individuellen Ganzheit: das Gegenteil des ›Ausfließens der inneren Substanz‹ beim narzißtisch gestörten Menschen.

Der ganze zweite Teil dieser Arbeit handelt von Spiegel-Homosexualität, während im dritten Teil die Leitbild-Homosexualität im Zentrum steht.

In meiner einführenden Beschreibung der *Leitbild-Homosexualität* fasse ich mich kürzer, weil der Abstand zu den letzten fünf Kapiteln, die von ihr handeln, noch zu groß ist.

Auch zur Leitbild-Homosexualität gehören zwei sich gegenseitig bedingende und fixierende Eigenschaften.

Erstens: Die männliche Selbst-Persönlichkeit des Leitbild-Homosexuellen wurde und wird immer neu durch den Anblick eines anderen Mannes ›ausgeblendet‹. Der Grund dafür ist die ›Blendung durch die Vater-Imago‹. Der Anblick des anderen Mannes wirkt so ›blendend‹ auf den Leitbild-Homosexuellen, daß er ihn nicht als sein eigenes Leitbild wahrnehmen kann. Die Distanz zu ihm wird zu groß. Es läßt sich nie genau feststellen, wie weit die Ursache dieser Blendung in einer dem Subjekt eigenen Schwäche, ›über-mannt‹ zu werden, und in einer realen, überwältigenden Vaterfigur liegt. Es ist dies für die Therapie auch nicht von erster Wichtigkeit. Von therapeutischer Bedeutung dagegen ist die Rekonstruktion des dynamischen Ablaufs dieser Blendung. Nur so kann die homosexuelle Dynamik wahrgenommen und in dieser Wahrnehmung befreit werden. Ich nenne die als Leitbild aufgefaßte Vater-Imago ›Leit-Selbst‹, wie bereits erwähnt und begründet. Dieses hat eine gewisse Ähnlichkeit mit dem ›idealisierten Selbstobjekt‹[47] bei *Heinz Kohut*. Das Leit-Selbst erscheint in verschiedenen archetypischen Bildern, zum Beispiel im Helden, im ›Vater vieler Söhne‹, im Propheten, Meister, Alten Weisen. Allen diesen Figuren gemeinsam ist die ›zentrale‹ Leitfunktion für die Individuation. Dies veranlaßt mich, sie im Begriffsbild des Leit-›Selbst‹ zusammenzufassen.

Zweitens: Es gelingt dem Leit-Homosexuellen nicht, das Leitbild als solches, das heißt in seiner zentralen Leitfunktion, zu sehen. Er kann den begehrten Freund nicht als sein ›dynamisches Spiegelbild‹, also als sein ›Leitbild‹ identifizieren. Die Verbindung mit dem Freund ›ersetzt‹ ihm die Selbst-Wahrnehmung als männliche zentrale Persönlichkeit in ihrer Dynamik auf Verwirklichung.

5 Überlegungen zu einigen Interpretationsmodellen der Homosexualität

Freud hat sich oft und ausdrücklich mit der Homosexualität befaßt. Seine Schrift »Eine Kindheitserinnerung des Leonardo da Vinci« ist wohl das Beste, was uns die Tiefenpsychologie zum Thema Homosexualität geschenkt hat, wenn auch mit einer wichtigen Einschränkung, auf die ich gleich eingehen werde. Da ich im 8. Kapitel über die »Metamorphosen des Muttervogels« darauf – und überhaupt auf *Freuds* Auffassung der Homosexualität – zurückkomme, kann ich mich hier kurz fassen. *Freud* gebührt das Verdienst, genaue Analysen der biographischen Ursachen der Mutteridentifikation und ihrer Auswirkungen auf das homosexuelle Verhalten des Sohnes gegeben zu haben. Ich zitiere dazu eine wichtige Stelle: »Der Knabe verdrängt die Liebe zur Mutter, indem er sich selbst an deren Stelle setzt, sich mit der Mutter identifiziert und seine eigene Person zum Vorbild nimmt, in dessen Ähnlichkeit er seine neuen Liebesobjekte auswählt. Er ist so homosexuell geworden; eigentlich ist er in den Autoerotismus zurückgeglitten, da die Knaben, die der Heranwachsende jetzt liebt, doch nur Ersatzpersonen und Erneuerungen seiner eigenen kindlichen Person sind, die er so liebt, wie die Mutter ihn als Kind geliebt hat. Wir sagen, er findet seine Liebesobjekte auf dem Wege des ›Narzißmus…‹ Der auf solchem Wege homosexuell Gewordene (bleibt) im Unbewußten an das Erinnerungsbild seiner Mutter fixiert…[48]

Freud zeigt die Beteiligung der Mutter an der Homosexualität des Sohnes: »Unbefriedigte Mütter nehmen den Sohn zum Geliebten.«[49] Im Gegensatz zu *Freud* sehe ich aber in der regressiven Wiederherstellung der Urbeziehung zur Mutter nicht das Hauptziel der homosexuellen Dynamik. Homosexualität ist im Gegenteil der immer wieder erneuerte Versuch, durch die Verbindung mit dem Geliebten aus der mütterlichen Umklammerung loszukommen. Diese Aussage wirkt auf Anhieb paradox. Wenn wir aber das Bild des begehrten Mannes tiefenpsychologisch als die Selbst-Persönlichkeit des Begehrenden interpretieren, geht ein Licht auf: Was zunächst als regressive Triebbefriedigung erscheint, ist in Tat und Wahrheit ein Versuch der Progression zur männlichen Selbst-Persönlichkeit.

Dieser Versuch ist so lange zum Scheitern verurteilt, als der Begehrte nicht auch subjektstufig erlebt wird.

Meine Hauptkritik an *Freuds* Auffassung der Homosexualität betrifft seine zwar nicht ausschließliche aber zu einseitige Berücksichtigung äußerer Faktoren, vor allem der objektiven Person der Mutter. Wie ich in der Einleitung erläutert habe, ist aber der Knabe in allen Phasen seiner homosexuellen Entwicklung entsprechend dem eigenen Individuationsmuster wesentlich daran beteiligt, wie seine Mutter sich ihm gegenüber verhält und auch wie er ihr Verhalten wahrnimmt und deutet. Durch seinen konstitutiven Faktor ›muß‹ er homosexuell werden und gebraucht seine Bezugspersonen zur Erreichung dieses Ziels. Sobald dies feststeht, drängt sich die Unterscheidung zwischen fixierter und befreiter (integrierter) Homosexualität auf. Die zeitweilige Identifikation mit der Mutter muß dann nicht mehr regressiv verstanden werden, ebensowenig wie die zeitweilige Identifikation des Heterosexuellen mit dem Vater. Auch der Knabe, den der homosexuelle Heranwachsende liebt, muß kein bloßer Ersatz für die Liebe zur männlichen Selbst-Persönlichkeit sein, ebensowenig wie das Mädchen, das der junge Heterosexuelle liebt, kein bloßer Ersatz für die eigene verdrängte Weiblichkeit sein muß. Es reicht festzustellen, daß das existentielle Anliegen des Homosexuellen darin besteht, durch Beziehung in lebendigeren Kontakt mit seinem Mannsein zu treten, daß also sein existentielles Bedürfnis nach Kontakt mit dem Männlichen entscheidend größer ist als beim Heterosexuellen. Dabei ist es nebensächlich, ob der Homosexuelle mehr oder weniger ›männlich‹ ist, was immer das heißt. Wir finden Homosexuelle, die ›männlicher‹ sind als Heterosexuelle und umgekehrt. Die größere Nähe zur Mutter und damit zum Weiblichen bewirkt allerdings, daß Homosexuelle oft über eine hochentwickelte Sensibilität verfügen, was aber ihrer ›Männlichkeit‹ keinen Abbruch tun muß.

In der gesamten psychoanalytischen Literatur fehlt dieser Hinweis oder er ist zu wenig deutlich. Aus diesem Grund wird nicht zwischen Genese der Homosexualität und Genese einer Störung im Homosexuellen unterschieden. Aus demselben Grunde werden psychische Vorgänge, wie beispielsweise die Identifikation mit der Mutter in der ödipalen Phase als pathologisch beschrieben. Sie sind jedoch im Homosexuellen phasengerechter Ausdruck einer gesunden Entwicklung.

Es ist merkwürdig, daß das psychoanalytische Deutungsmodell der Homosexualität meines Wissens noch nie durch die statistische Tatsache in Frage gestellt wurde, daß in allen Ländern und Kulturen ungefähr der gleiche Prozentsatz von männlichen Homosexuellen – 5 bis 10 Prozent der männlichen Bevölkerung – besteht, unabhängig von der immer auch kulturell bedingten mütterlichen Dominanz. Das psychoanalytische Modell gibt treffende Auskunft über die Psychogenese der Homosexualität, sofern wir es von Bewertungen, die sich in der Pathologisierung stimmiger Entwicklungsvorgänge äußern, befreien, und stärker als *Freud* von der Tatsache eines entscheidenden konstitutiven Faktors ausgehen.

Im Anschluß an *Fliess* erkannte *Freud* die ursprüngliche ›Bisexualität‹ des menschlichen (wie des tierischen) Individuums.[50] Diese sollte allerdings nicht spezifisch auf Sexualität, sondern allgemeiner auf die seelisch-körperliche ›hermaphroditische Ganzheit‹ des Individuums hin interpretiert werden.

Auf die *Freudsche* Definition der ›Paranoia‹ als ›Versuch der Abwehr überstarker homosexueller Regungen‹[51] werde ich später eingehen.

Alfred Adler sieht den Ursprung der Homosexualität in einem tief verwurzelten Minderwertigkeitskomplex.[52] Die niedrige Selbsteinschätzung drängt den Homosexuellen in die Kompensation, nämlich in die ebenso unrealistische Superiorität.[53]

In einem Fallbeispiel *Adlers* beschließt ein Homosexueller, Pfarrer zu werden, »was in seinem Dorfe nicht weniger bedeutet, als der ›erste Mann‹ im Dorfe zu sein«.[54] Aus Kompensation ist der Homosexuelle ein ›Übermann‹. Als Minderwertiger ist er der ›Unterdrückte‹, als Übermann der ›Unterdrücker‹. In keinem Fall gelingt ihm eine Beziehung, die der Umwelt entspricht und gerecht wird. Er arrangiert dieses Hin und Her, um in der Gesellschaft nicht mitspielen zu müssen. Eine wirkliche Beziehung zum weiblichen Geschlecht würde seinen neurotischen Lebensplan gefährden:[55] Er müßte seinem Streben nach Macht entsagen und alles aufgeben, was dem fiktiven Endzweck seiner Allüberlegenheit dient, also auch seine Homosexualität. Aber aus seinem Schwächegefühl der Frau gegenüber[56] findet er den Mut zur richtigen Gemeinschaft mit der Frau nicht. Er weicht vor dem angeborenen Gemeinschaftssinn zurück und zieht bei jeder Frau die ›automatische Bremse‹.[57] Die Therapie nun hat diese automatische Bremse und die in der Kindheit grundgelegte Unsicherheit über die Geschlechtsrolle[58] bewußt zu machen. Aber für *Adler* sind die Chancen der Behandlung ungünstig: »Welche Sicherheit hat man, wenn man es unternimmt, aus einem erwachsenen Feigling einen mutigen Menschen zu machen?«[59] fragt er. Die therapeutische Methode, die er vorschlägt, ist analytische Deutungsarbeit: Die Behandlung hat: erstens »die festgewurzelten kindlichen Vorstellungen von den Gefahren der Heterosexualität zu entwurzeln«, zweitens »die Distanz des Partners zu seinem geschlechtlichen Partner haarscharf nachzuweisen«, drittens »seine antisoziale Linie hervorzuheben« und viertens »das Ziel der Überlegenheit im Patienten zu entlarven und als festgehaltene Utopie zu zerstören«.[60]

Eindeutiger als *Freud* pathologisiert *Adler* die Homosexualität. Zwar erfaßt auch seine Analyse einen wichtigen Aspekt in der zwanghaft fixierten Leitbild-Homosexualität, wie ich im elften Kapitel über die Blendung des Sohnes ausführen werde: nämlich der sadistischen Unterdrückung des Freundes zur Verdrängung von Ohnmachtgefühlen in bezug auf die eigene Männlichkeit. Doch die affektgeladene Einschätzung der Homosexualität als schwer zu heilende Feigheit weist auf einen unbewußten inneren Konflikt in *Adler* selbst hin. Die ›automatische Bremse‹, die der Homosexuelle laut *Adler* bei jeder Frau zieht, muß nicht Ausdruck einer neurotischen Abwehr der Frau sein. Sie kann auch dem entsprechen, was ich in der Einleitung eine natürliche Entwicklungshemmung genannt habe.

Außerdem kann eine geschwächte (entmutigte) Selbst-Persönlichkeit durch Deutungen nicht gestärkt (ermutigt) werden. Der Ursprung der Schwäche geht auf eine frühe Kindheitsphase zurück, in der es vor allem an affektiver Zuwendung, verbunden mit der für die Entwicklung des Kindes notwendigen Distanz – an warmer, ermutigender Spiegelung der Gesamtpersönlichkeit gefehlt hat. Das Bild der ›Spiegelung‹ meint erst in zweiter Linie ›Bewußtwerdung‹. Zunächst bedeutet es den Glanz der Liebe, der zu Eigen-Aktivität ermuntert. An dieser Spiegelung hat sich die Therapie zu orientieren. *Adler* hat zwar in seiner Darstellung des ›Nervösen Charakters‹ aufschlußreiche Analysen dessen gegeben, was *Kohut* fünfundvierzig Jahre später als defektes Selbst bezeichnet hat. Doch paßt *Kohut* seine therapeutischen Arbeitsinstrumente den narzißtischen Störungen an: Empathie und Introspektion.

Adlers Individualpsychologie ist im Gegensatz zur kausalen Psychoanalyse *Freuds* final ausgerichtet. Aber seine Finalität ist keine Dynamik, wie ich die psychische Dynamik verstehe: Sie ist die zwanghafte Zielgerichtetheit der Neurose. Von ihr wird noch oft unter dem erwähnten Begriff ›Finalität der Fixierung‹ die Rede sein. Das Ziel der Homosexualität ist für *Adler* ein Arrangement, dank welcher der Homosexuelle vor einer ernsten, folgenschweren Liebe ausweichen kann. Mir scheint, die Bewußtmachung dieser fixierten Finalität kann zu einer Quelle neuer Entmutigung werden. Echte Ermutigung und Belebung der progressiven Individuationskräfte kann erst aus dem Nachweis der nicht neurotischen Finalität einer neurotischen Störung kommen, aus dem Nachweis von deren Dynamik auf Gesundheit und Wohlbefinden hin. Eben das ist das Ziel meiner Arbeit. In diesem Sinne ist fixierte Homosexualität der immer wieder erneuerte und scheiternde Versuch zur Integrierung der zentralen männlichen Persönlichkeit. In der befreiten Homosexualität dagegen wird die Verbindung zu dieser dank der Spiegel-Kommunikation mit dem geliebten Mann hergestellt.

C. G. Jung hat wenig über Homosexualität geschrieben. Doch die wenigen Ansatzpunkte sind zur Orientierung dieser Arbeit hilfreich. Allerdings sind seine Äußerungen im Sinne einer passenden Entwicklungshemmung zu verstehen, die sich erst der Erwachsene mit einem genügend starken Ich bewußt machen und teilweise ›überwinden‹ kann, wie dies bei jeder anderen passenden Entwicklungshemmung auch der Fall ist. Die Schwierigkeit im Umgang mit der gesamten tiefenpsychologischen Literatur zur Homosexualität liegt darin, daß sie *nicht zwischen der in der Kindheit natürlichen Fixierung der Homosexualität und der nicht mehr zeitgemäßen fixierten Homosexualität im Erwachsenenalter unterscheidet.* Wenn ich von fixierter Homosexualität spreche, meine ich immer letztere. Zur klaren Unterscheidung bezeichne ich die erste nicht als Fixierung sondern passende Entwicklungshemmung. Für *Jung* haftet in der Homosexualität »die heterosexuelle Komponente in unbewußter Form an der Mutter«.[61] Allerdings ist der projektionsbildende Faktor nicht einfach die wirkliche Mutter, wie die Psychoanalyse *Freuds* annimmt, sondern die Mutter-Imago: das archetypische Bild, welches der Sohn von der Mutter in sich trägt. Die Mutter-Imago wurde zwar von der realen Mutter belebt, ist aber nicht mit ihr identisch.[62] Dieser durch *Jung* hervorgehobene Unterschied läßt auch vermuten, daß die Mutter-Imago in den Individuen unterschiedlich stark ist und daß sie – abgesehen von der konkreten Situation in der Kindheit – einen Mann mit stärkerer homosexueller Dynamik von der psychischen Konstitution her deutlicher bestimmt. Für einen solchen Mann kann die teilweise Lösung seiner Mutterbindung zum Schlüsselproblem seiner Individuation werden, zum Ort schwerer, aber auch fruchtbarer Auseinandersetzungen. Von der Tatsache einer konstitutionell sehr starken Mutter-Imago her läßt sich auch verstehen, daß die Integrierung der Homosexualität nicht zur Auflösung der homosexuellen Grundeinstellung führt. Diese hat die Aufgabe, den Sog der Mutter-Imago durch die homosexuelle Verstärkung des Männlichen zu kompensieren.

Nach *Jung* bringt der erwachsene (fixierte!) Homosexuelle die Scheidung von der Mutter nicht zustande. Er verharrt im Hierosgamos, in den ›mystischen Schauern‹ der Hochzeit von Mutter und Sohn. Von der Mutter-Imago beherrscht, schwankt er zwischen der unrealistischen Arroganz des im ›Reich der Mütter‹ Geborenen und der Entmutigung des vor den Forderungen des Patriarchats Zurückschreckenden, zwischen dem dionysischen Rausch im Chthonischen und der Verzagtheit dessen, dem es nicht gelingen will, ›sein eigener Vater‹ zu werden.

Die schwerwiegende Folge dieser Identität ist die Tatsache, daß die Ganzheit des Mannes nicht durch die männliche Persönlichkeit vertreten ist.[63] Diese wichtige Beobachtung *Jungs* nehme ich zum Ausgangspunkt einiger Überlegungen. Die überstarke libidinöse Besetzung des hermaphroditischen Archetypus verhindert, daß der Mann seine ›übergeordnete Persönlichkeit‹, die ich Selbst-Persönlichkeit nenne, als männlich wahrnehmen kann. Seine übergeordnete Persönlichkeit bleibt der Mutter-Imago verhaftet, obschon auch im ›Selbst-Muster‹ des Homosexuellen der ›Vater als dominierender Archetyp‹ konstelliert ist, das heißt, obschon auch bei ihm die Individuation zur Wahrnehmung der zentralen männlichen Persönlichkeit führen müßte. Daraus ergibt sich der fundamentale Konflikt des fixierten Homosexuellen. Würde es sich bloß um die Persona, die männliche Geschlechtsrolle, drehen, die er nicht als seine eigene erleben und verwirklichen kann und deshalb auf einen anderen Mann projizieren muß, wäre die zentrale Bedeutung dieses Konfliktes schwer erklärbar. Die Dynamik der Homosexualität zielt eben auf die Belebung jenes Archetyps, der stellvertretend für die ganze Selbst-Persönlichkeit steht, nämlich für den Archetyp des Vaters, der in den patriarchalischen Religionen die Ganzheit Gottes vertritt.

Daß die Selbst-Wahrnehmung des Homosexuellen im Vater-Archetypus nur mit Mühe geschieht, hat auch sein Gutes: die weibliche Seite seiner Selbst-Persönlichkeit, nämlich seine Anima, ist gerade durch den Kampf zur Beibehaltung ihrer Vorrangstellung differenzierter entwickelt als bei einem Mann, der gleichsam schon bei seiner Geburt mit einem Fuß im Patriarchat steht. *Jung* attestiert der Homosexualität solche positiven Wirkungen: »Eine Differenzierung des Eros (in dieser Richtung klingt etwas im ›Symposium‹ des *Platon* an); ebenso eine Entwicklung des Geschmackes und der Ästhetik, denen ein gewisses feminines Element keineswegs Abbruch tut.«[64]

Jung scheint zurecht anzunehmen, daß es eine homosexuelle Konstitution gibt, womit er eine konstitutionell vorherrschende Homosexualität meint, wie aus dem Kontext hervorgeht. In diesem Falle hält er die ›weibliche Figur der Anima‹ für die ›übergeordnete Persönlichkeit‹ des Mannes. Der männliche psychische Pol braucht in ihm eine höhere Libido-Besetzung als im Heterosexuellen, ohne daß er deswegen weiblich identifiziert wäre.

Wir werden nie zu einer korrekten Analyse der Homosexualität gelangen, solange wir als normierende Vergleichsgröße die Heterosexualität herbeiziehen. Hetero- und Homosexualität sind zwei gleichberechtigte Varianten des Empfindens und Verhaltens. Nur im wertfreien Hin und Her zwischen beiden werden wir sowohl die eine als die andere besser verstehen.

Der innere Konflikt des fixierten Homosexuellen besteht darin, daß seine Entwicklung zwischen der inneren Anima und dem äußeren begehrten Partner blockiert ist. Diese Blockierung kann sich nur lockern, wenn einesteils der äußere männliche Partner auch nach innen genommen wird, das heißt zur männlichen Selbstwahrnehmung beiträgt, und anderenteils die innere Anima auch nach außen getragen und als weibliches Gegenüber mit dem Herzen wahrgenommen wird.

Homosexualität ist zunächst ein Thema der ›Tiefenpsychologie‹. Sozialpsychologie, Soziologie und Anthropologie beleuchten wichtige Teilaspekte der Homosexualität, können aber nicht ihren Kern erreichen. Wäre Homosexualität ein Produkt der Sozialisation und der gesellschaftlichen Zustände, gäben Entwicklungspsychologie, Sozialpsychologie und Soziologie die adäquatesten Methoden ab. Doch da Homo- wie Heterosexualität eine unbewußt stimmige Wahl des Kindes innerhalb der polymorph-perversen Anlage (Freud) darstellt und ihr folglich nichts Pathologisches anhaftet, wird Homosexualität zum Thema einer wertfreien Tiefenpsychologie und Anthropologie.

Es ist nicht unbedenklich, im Falle von seelischen Störungen bei einem Teil der Homosexuellen allgemein von neurotischer bzw. fixierter Homosexualität zu sprechen, denn nicht die Homosexualität ist krank, sondern nur einzelne homosexuelle Individuen. Ich habe noch nie gehört, daß zum Beispiel dem Don-Juan-Typus eine pathologische Heterosexualität zugeschrieben wurde. Nun ist bereits das Wort Homosexualität Ausdruck einer Minderheitssituation; wären alle oder die meisten Menschen homosexuell, würde niemand das Wort Homosexualität gebrauchen. Der Begriff Heterosexualität jedoch wurde bloß zur Unterscheidung vom Begriff Homosexualität geschaffen. Im Alltag der heterosexuellen Mehrheit ist er inexistent. Seelische Störungen, die mit fehlgeleiteter Heterosexualität zusammenhängen, werden allgemein als Störungen der Sexualität oder Erotik oder Mutter-Beziehung usw. bezeichnet. Weil Homosexuelle eine Minderheit darstellen, komme ich nicht umhin, von gestörter Homosexualität zu sprechen, denn die seelischen Störungen, die mit Homosexualität zu tun haben, sind spezifischer Art. Die spezifischen Störungen dagegen, die mit Heterosexualität zu tun haben, werden nur deshalb nicht als heterosexuelle Störungen bezeichnet, weil dies der heterosexuellen Mehrheit selbstverständlich ist.

Es ist verwunderlich, daß seit *Freud*, *Adler* und *Jung* nur wenige tiefenpsychologische Untersuchungen dazu gemacht wurden, nebst einer Flut von andern, auch anthropologischen und ethischen Arbeiten. Ist dies als Hilflosigkeit hüben und drüben, bei Homo- und Heterosexuellen zu deuten? Wenn ja, hat sie vielleicht bei beiden den gleichen Ursprung, nämlich die Unfähigkeit, Hetero- und Homosexualität innerhalb der *einen* allen Individuen gemeinsamen psychischen Dynamik zu sehen? Eine Unfähigkeit, die beweisen würde, wie wenig ganzheitlich sowohl Hetero- als auch Homosexualität von uns Heutigen gelebt werden?

Eines immerhin ist geschehen: Nachdem lange Zeit die neurotische Homosexualität von den einen als Hysterie und von den anderen als Zwangsneurose eingestuft wurde, entsteht heute ein immer breiterer Konsens in *Freuds* Ansicht, daß sie eine narzißtische Störung ist und als solche analysiert und therapeutisch angegangen werden kann. Aber seit *Freud* gibt es kaum ausführliche Studien darüber. Ich erwähne als Ausnahme einen Artikel *Fritz Morgenthalers* »Zur Theorie und Therapie von Perversionen«.[65] Er bezeichnet die Homosexualität als »Plombe« bzw. »Pfropf«, »als ein heterogenes Gebilde, das die Lücke schließt, die eine fehlgehende narzißtische Entwicklung schafft. Dank dieser Plombe wird die Homöostase im narzißtischen Bereich ermöglicht und aufrechterhalten.«[66] Auch bei *Morgenthaler* spielt der Mangel an »adäquater, empathischer Erlebnisfähigkeit der Mutter in der Dualunion mit dem Kind eine entscheidende Rolle«[67] bei der Entstehung von fixierter Homosexualität. Er erwähnt die Abwertung des gleichgeschlechtlichen Liebespartners, die meines Erachtens daher kommt, daß der fixierte Homosexuelle seinen Partner unbewußt nur als sein eigenes Spiegelbild erleben will und ihn deswegen in seiner Eigenart unterdrückt. Daher auch die ›mangelnde Liebesfähigkeit‹ der meisten (fixierten!) Homosexuellen. Letztere Feststellung stammt von *Martin Dannecker,* dem wir umfassende und fundierte Arbeit über die Homosexualität verdanken:[68] Nur ein kleiner Teil der Homosexuellen ist »von Störungen der Liebesfähigkeit frei... Bei einem größeren Teil ist dagegen von narzißtischen oder neurotischen Störungen auszugehen, die so schwer sind, daß weder die Fähigkeit sich zu verlieben, noch die Fähigkeit zu lieben sich entwickeln konnte.«[69] Auch *Dannecker* betont, daß homosexuelle Kontakte viel häufiger als heterosexuelle zum Schutze dessen, was ich Selbst-Persönlichkeit nenne, eingesetzt werden. Er weist darauf hin, »daß homosexuelle Kontakte generell in viel stärkerem Maße im Dienste der Abwehr von psychischen Auflösungs- und Desintegrationserscheinungen stehen als normalerweise heterosexuelle«.[70] »Über den sexuellen Kontakt wird... die narzißtische Homöostase wiederhergestellt.«[71] Doch leider bleiben auch *Danneckers* ›tiefenpsychologische‹ Überlegungen in den Ansätzen stecken. Sie stehen in keinem Verhältnis zu seiner »soziologischen Untersuchung über männliche Homosexuelle in der Bundesrepublik«, wie der Untertitel seines gemeinsam mit *Reimut Reiche* verfaßten wichtigen Buches »Der gewöhnliche Homosexuelle« lautet. Doch sind die Informationen diese Werkes unverzichtbare Voraussetzung auch einer tiefenpsychologischen Arbeit, wie aus der Wiedergabe einiger Kapitelüberschriften deutlich wird: Das ›Coming-Out‹ (der Homosexualität); Die homosexuelle Subkultur; Fetisch Jugend; Lebensstil homosexueller Männer; Dauer der homosexuellen Freundschaften; Sexuelle Praktiken; Promiskuität; Die homosexuelle Berufsbiographie u. a. *Dannecker* und *Reiche* führen *Hans Gieses* Arbeit weiter.[72]

Dieser gibt in »Der homosexuelle Mann in der Welt« viele auch tiefenpsychologisch interessante Fallbeispiele, die er allerdings – wenn überhaupt – nur dürftig deutet. Ich greife einen von *Boss* interpretierten Fall heraus, der meine These vom homosexuellen Spiegelbild-Freund veranschaulicht: Dieser Homosexuelle meinte, bei der Liebe zu einem anderen Mann gerate man »nicht in die Gefahr, sich zu verlieren, könne sogar seine ›Mannheit‹ am anderen, der ja auch Mann sei, wieder finden und sammeln, wieder zu sich selber werden, wenn man vorher leer geworden sei wie er«.[73]

Ich kann an dieser Stelle auch auf *Gieses* Untersuchung nicht gebührend eingehen. Nur eine für meine These interessante Beobachtung *Gieses* möchte ich mitteilen: Viele Homosexuelle haben einen starken ›Wunsch nach dem Vater-Sein‹. Oft ist dieser Wunsch identisch mit dem Wunsch nach einem Freund.[74] Ich frage mich, ob mit der Spiegel-Homosexualität nicht in jedem Falle das psychische Vater-Sein mitgemeint ist, ob nicht die homosexuelle Dynamik in diesem ihre Erfüllung findet. Unter dem psychischen Vater-Sein verstehe ich: sich selber Vater, das heißt eigenverantwortlich werden und auch in einer gleichgeschlechtlichen Beziehung ›väterliche‹ Verantwortung übernehmen. Das muß sich aber nicht durch Adoption eines jungen Mannes ausdrücken, wofür *Giese* einige Beispiele gibt. Es hat auch nichts mit einem Autoritätsgefälle zu tun, wie es oft von einem älteren zu einem jüngeren Partner hin besteht.

Schließlich erwähne ich das zum Verständnis der homosexuellen Symbolik wichtige Werk von *Torkil Vangaard*: »Phallos – Symbol und Kult in Europa«.[75] Wenn ich den Ausdruck ›homosexuelle Symbolik‹ gebrauche, meine ich nicht, daß diese Symbole ausschließlich Homosexuellen vorbehalten sind, im Gegenteil, es sind allgemeine Kultursymbole, welche die Beziehung zum Männlichen ausdrücken. Dies ist außerordentlich wichtig, denn daraus ist zu schließen, daß diese Symbole die gleiche Bedeutung und den gleichen Sinn sowohl für Homo- als auch für Heterosexuelle haben, ja, daß durch die Gleichheit dieser Symbole tiefenpsychologisch die Trennung zwischen Homo- und Heterosexuellen insofern aufgehoben wird, als sich ihre psychische Dynamik grundlegend nicht unterscheidet, was meine These bestätigt. Das gilt vor allem für das homosexuelle Hauptsymbol, nämlich den ›Phallus‹, der den ›erigierten Penis unter dem Aspekt der Symbolfähigkeit‹ bedeutet. *Vangaard* schreibt in bezug auf den priapischen Phallus: »Das erigierte Glied und seine Funktion (haben) einen Symbolwert für alle Männer, besonders aber für den Jungen.« Es ist die Zusammenfassung »aller Seiten der männlichen Natur«.[76] Da der priapische Phallus alle Seiten der männlichen Natur einschließt, ist er *auch* als ›Zeugungsfähigkeit‹ zu sehen, als Symbol der ganzheitlichen – auch, aber nicht nur den Sexus umfassenden – Beziehung des Mannes zur Frau. Also bedeutet das gerade Homosexuelle so faszinierende Phallus-Symbol die heterosexuelle Beziehungsfähigkeit wesentlich mit – eben das, was von fixierten Homosexuellen ausgeblendet wird. Der Phallus als Symbol führt auch zur Frau. Es ist zu untersuchen, ob diese dem Phallus innewohnende Symbolik auch vom Homosexuellen wahrgenommen werden kann. Nachzuweisen, daß dem so ist, ist ein wichtiges Ziel dieser Arbeit. Die Herausforderung durch die alles Männliche umgreifende Symbolik des Phallus besteht. Ich meine, daß die Möglichkeiten der bewußt eingesetzten Spiegel-Kommunikation von großer therapeutischer Bedeutung sind.

Im gleichen Zusammenhang vermittelt *Vangaard* interessante Details über die ›Paidophilia‹ im alten Griechenland. Diese gilt eigentlich der ›Aufrichtung des Phallus‹, also der Etablierung der männlichen Selbst-Persönlichkeit beim Jüngling. »*Dionysos* wird sowohl ›phales‹ (der personifizierte Phallus) als auch ›paiderastes‹ genannt.«[77] Phallusverehrung und Päderastie sind auch im Kult miteinander verbunden. Der Phallus ist ein Symbol der ›arete‹, der Manneskraft und Mannestugend, die vom Älteren auf den Jüngeren übertragen wurde, auch – aber keineswegs ausschließlich – durch den Geschlechtsverkehr. »Für den jungen Dorier war der Phallus seines Erziehers ein umfassendes Sinnbild all der Eigenschaften, die er selbst erwerben wollte«,[78] ein Bild des Leit-Selbst. Nur solche erwachsenen Männer durften eine ›arete-Beziehung‹ mit einem Jüngling eingehen, die sich der staatserhaltenden Aufgabe, eine Familie zu gründen, nicht entzogen. Männer, die ausschließlich ihre Homosexualität lebten, wurden nicht einmal ins Gymnasium zugelassen, um den Wettkämpfen der nackten jungen Männer zuzusehen. Das hing damit zusammen, daß die homosexuelle Beziehung zwischen einem ›erastes‹ und einem ›eromenos‹, einem erwachsenen Liebhaber und einem jungen Geliebten, dessen ganzheitliche Initiation zum Manne, also auch der Übernahme von Verantwortung für den Staat durch eine Familiengründung, zugeordnet war. Diese gehörte zur ›arete‹, das heißt Mannestugend. Bei aller Hochschätzung der Homosexualität trennten die alten Griechen diese nie von der Heterosexualität, auch wenn zum Beispiel *Platon* die heterosexuelle Beziehung und Familiengründung ausschließlich als gesellschaftliche und politische Aufgabe betrachtete. Heute, da sich die Beziehung zwischen Mann und Frau zur gleichberechtigten Partnerschaft hin entwickkelt, läßt sich eine bloß funktionale Ehe zum Zweck der Kinderzeugung nicht mehr vertreten. Eine solche zieht die Mißachtung und Unterdrückung der Frau nach sich. Daraus ergibt sich, daß heute nur solche Männer das Recht haben, eine Partnerschaft mit einer Frau einzugehen, die heterosexuell liebesfähig sind. So läßt sich das ›griechische Modell‹, was das Eingehen einer heterosexuellen Partnerschaft betrifft, nicht auf unsere Verhältnisse übertragen. Wir müssen weiter gehen als die Griechen und deren äußeres, gesellschaftliches Arrangement mit der Heterosexualität in eine innere existentielle Betroffenheit durch die Welt der Frau wandeln. Nur homosexuelle Männer, die ihre Abwehr des Weiblichen überwunden haben, entgehen der Gefahr einer zwanghaften fixierten Homosexualität. Denn nur sie haben eine ausreichende männliche Selbstwahrnehmung, um den begehrten Mann nicht als bloßen Ersatz für diese zu mißbrauchen. In den vierzehn Jahren meiner therapeutischen Arbeit habe ich noch keine Ausnahme zu dieser Regel angetroffen. Von daher ist es nicht verwunderlich, daß sich homosexuelle Männer, die während längerer Zeit in einer heterosexuellen Partnerschaft gelebt haben, in der sie einen Lernprozeß der Hingabe, du-bezogenen Zuverlässigkeit und Verantwortung durchliefen, später in einer homosexuellen Beziehung als besonders fähig zu dauerhafter Hingabe und emotionaler Treue erweisen. Ich empfand diese Beobachtung zunächst als eher irritierend, bis ich begriff, daß die Ursache in der notwendigen Selbstwahrnehmung des Mannes im Spiegel einer Frau als Gegenüber liegt. Um dahin zu gelangen, braucht es natürlich nicht eine eigentliche heterosexuelle Partnerschaft.

Ein Mann eignet sich im antiken Griechenland nur dann zur Verkörperung des Leit-Selbst eines anderen Mannes, wenn er dessen Männlichkeit nicht als Ersatz für die Wahrnehmbarkeit seiner eigenen usurpiert, sondern im Gegenteil als Leitbild des Freundes dessen zentrale männliche Persönlichkeit weckt und belebt. Der Erzieher wird als zweiter Vater zum Leit-Selbst des Jünglings, der auf der Schwelle zur Männlichkeit steht. Ziel dieser zweiten Vaterschaft beim Jüngling ist die Wahrnehmung des ›inneren Vaters‹: sich selber zum Vater werden und so die Fähigkeit erlangen, später eventuell auch einem anderen Vater zu sein.

Die Erfahrung zeigt, daß die Beziehung eines jungen Mannes zu einem fixierten Homosexuellen die innere Wahrnehmung des Vater-Archetypus äußerst erschwert, weil beim fixierten Homosexuellen eine doppelte und widersprüchliche Finalität vorliegt: er braucht einerseits den Freund für sich als den von der Mutter Gespiegelten und Geliebten, um sich selber in Verbindung mit ihm heil und ganz zu erleben; dies ist die Finalität seiner homosexuellen Fixierung. Andererseits ist auch in ihm die auf Mann-Werdung und Selbständigkeit des Freundes gerichtete Dynamik vorhanden.

Sowohl Pädophile als auch andere Homosexuelle legen manchmal Wert darauf, die Differenz zwischen Pädophilie und Homosexualität unter Erwachsenen als fundamental zu unterstreichen. Es gibt in der Tat wichtige Unterschiede zwischen den Pädophilen und den restlichen Homosexuellen in der Lebensführung und der Einstellung zu Frauen. Doch betrachten wir beide Gruppen aus tiefenpsychologischer Sicht, werden diese Unterschiede zweitrangig. Die Pädophilen sind tiefenpsychologisch gesehen Spiegel-Homosexuelle. Oft leben sie den Hang zur Jugend hemmungsloser aus, aber die ›Fetischisierung der Jugend‹ ist ein verbreitetes Phänomen unter fixierten Homosexuellen.[79] Ich spreche hier nicht von Sexualität mit geschlechtsunreifen Kindern. Pädophilie meint die homosexuelle Neigung zu geschlechtsreifen männlichen Jugendlichen. Ein Grund für den Jugendkult jedes Homosexuellen ist, wie schon *Dannecker* unterstreicht, der Narzißmus.[80] Der Phallus degeneriert vom Symbol zum Fetisch, durch dessen Berührung man seine geschwächte Selbst-Persönlichkeit wieder auflädt, statt deren Entwicklung durch ganzheitliche Wahrnehmung des Phallus-Symbols zu fördern. Von der Tiefenpsychologie der fixierten Homosexualität her gibt es nur die sich ergänzenden und überschneidenden beiden Formen der Spiegel- und Leitbild-Homosexualität.

Zweiter Teil:
Fixiert vom Muttervogel

Der Homosexuelle und die ›Gesellschaft‹ würden die Homosexualität nicht als zentrales Problem erleben, als Stein des Anstoßes,
wenn ihre Symptomatik nicht auf die fundamentale Frage: Die
Selbst-Werdung, hinwiese. Mancher Homosexuelle ist in seiner
Homosexualität fixiert, mancher Heterosexuelle in deren Abwehr.
Dann ist bei beiden die Spiegel-Kommunikation blockiert. Weder
der eine noch der andere können im gleichgeschlechtlichen Partner
die Spiegelung des inneren Leitbildes wahrnehmen. Sehen sie vor
sich ein männliches Spiegelbild aufleuchten, lassen sie sich entweder
von ihm in die Verschmelzung ›hinabziehen‹, oder – aus Angst vor
seinem Glanz – wenden sie sich in einer raschen Bewegung von ihm
ab. Die ersten erleben sich als Homosexuelle, die zweiten als Heterosexuelle. Aber beide haben an sich ›einen Engel vorübergehen lassen‹: den Engel, der mit Jakob bis zum Morgengrauen kämpfte. Die
Spiegel-Kommunikation hat nicht stattgefunden. Die homosexuelle Dynamik ist nicht befreit. Der Wink, in die dynamische Auseinandersetzung mit dem Spiegelbild zu treten, blieb ungesehen.
    Jedoch nicht ganz. Er wurde gesehen – und gleich wieder ausge-
blendet. Sein Bild ist nicht verloren. Es ist zwar nicht wahrgenommen. Aber immerhin: es existiert. Es führt eine Eigen-Existenz.
    Vielleicht kommt in jedem Leben der Punkt, an dem das Indivi-
duum spürt: eine Dynamik wurde zu lange gebremst. Es wird ihm
zu eng. Etwas drängt nach Verwirklichung. Träume tauchen aus der
Nacht in die Erinnerung des Tages: Figuren, die ›weiter vorne‹ leben als ich selber. Einer, der sich freuen oder spielen oder lieben
kann. Einer, der lebendiger ist als ich. Blitzartig stelle ich die Verbindung zu ihm her: eine kurze Hoffnung. Dann verschwimmt sein
Bild in meinem organisierten Einerlei.
    Das Gefühl, an einen Felsen gekettet zu sein, kann unerträglich
werden. Jetzt sehe ich auf einmal den ›glücklichen Befreiten‹ nicht
nur in meinen Träumen, sondern auf der Straße, in einem Café, mitten in einer Gruppe von Menschen. Jetzt drängt das Bedürfnis, *ihn*
zu sehen so sehr, daß es der Angst vor Homosexualität nicht gelingt,
meinen Kopf rechtzeitig von ihm wegzudrehen. Ich will die Verbindung zu ihm herstellen. Er hat mit mir zu tun. Ich kenne ihn von

meinen Träumen her. Er ist die befreite Dynamik meiner Selbst-Persönlichkeit. Habe ich Kontakt mit ihm, kommt der gestockte Fluß in mir wieder in Bewegung. Die Spiegel-Kommunikation hat begonnen.

Die Befreiung der homosexuellen Dynamik ist nicht nur für Homosexuelle eine notwendige Sache. Die Fixierung der wenigen ist das deutliche In-Erscheinung-Treten der Fixierung der vielen. Wenn wir uns jetzt dem Ort zuwenden, an dem der Fuß mancher Homosexuellen kleben geblieben ist, tun wir es nicht in der Absicht, uns von seiner Fixierung zu distanzieren, sondern um in seiner Fixierung eine Parabel der Fixierung überhaupt zu sehen. Eigentlich ist es unwesentlich, an welchem Punkt der Individuation ein Individuum fixiert bleibt. Im gegenwärtigen Moment ist die Tatsache der Fixierung das einzig Wesentliche. Indem wir uns an den Ort hinbegeben, an dem mancher Homosexuelle fixiert ist, begeben wir uns gleichzeitig ganz allgemein an den *Ort der Fixierung*.

Der Ort der homosexuellen Fixierung befindet sich kurz vor der Schwelle zwischen Verschmelzung und Spiegelung. Ich habe dies mit *Roger Peyrefittes* Roman »Les amitiés particulières« veranschaulicht. Diesseits der Schwelle ist die Verschmelzung mit der Mutter-Imago, jenseits der Schwelle die Wahrnehmung der männlichen Persönlichkeit dank der Spiegelung durch die Mutter und dem Leitbild des Vaters. Zwei dynamische Gegenkräfte sind in ihm am Werk: der stärkere Zug in die Verschmelzung und der auf mehr Beachtung drängende Zug zur Absetzung und Herstellung der optimalen Spiegeldistanz zwischen Spiegel und Gespiegeltem, zwischen Mutter und Sohn, Frau und Mann. Um die psychische Situation des Homosexuellen zu verstehen, haben wir ständig diesen genauen Punkt im Auge zu behalten.

Da er noch nicht die Schwelle zur Spiegelung überschritten hat, sieht er alles, was jenseits der Schwelle vor seinem Auge auftaucht, aus der Sicht des Verschmolzenen. Er sieht sein Spiegelbild als lebendigen, selbst-sicheren und selbst-bewußten Mann, doch gleichzeitig mit dem Schmelz des traumhaft in der Mutterwelt Befangenen. Er sieht den Glanz des Spiegels und spürt gleichzeitig die feuchtwarme Geborgenheit im Mutterschoß. Seine ganze Existenz ist sowohl der gestaltgewordene Ausdruck der Identität von Mann und Frau und der in der ›Nicht-Wahrnehmbarkeit‹ gefangenen Selbst-Persönlichkeit, als auch der gestaltgewordene Ausdruck des ewig zu sich selber Aufbrechenden, des rastlosen Wanderers zur eigenen Selbst-Persönlichkeit. Auflösung und Dynamik im Wechselspiel. Er ist der zwischen zwei Paradiesen gleichsam ›Eingeklemmte‹ – und Ausgeschlossene. Wendet er sich dem Paradies des Ursprungs und der Verschmelzung zu, mahnt ihn seine versklavte Selbst-Persönlichkeit zum Aufbruch. Und versucht er, zum Paradies des ›erfüllten Lebens‹ aufzubrechen, lähmt die Sehnsucht nach der ›ursprünglichen Schönheit‹ seinen Fuß.

Nach einem ›gelebten Leben‹ fallen die Erfahrung des Ursprungsparadieses der Verschmelzung und des Paradieses der Erfüllung in eins. Der ›müde Held‹, der sich nach der Heimat sehnt, nachdem er seinen Arm soweit wie möglich ausgestreckt hat, erlebt die Heimat des Ursprungs und die Heimat des Ziels in einem einzigen Bilde. Davon zeugen die Verse des italienischen Dichters *Carducci*, die er an sein Heimatdorf richtet:

> E sempre corsi, e mai non giunsi in fine.
> Ma pace dicono le tue colline.
> [Stets erstrebte ich, nie erreichte ich das Ziel.
> Doch Frieden künden mir deine Hügel.]

Dieser Homosexuelle aber bleibt als Isolierter zwischen den beiden Paradiesen fixiert. Je nachdem er sich in der einen oder andern Perspektive erlebt – in der Perspektive der Verschmelzung oder der Selbst-Verwirklichung –, sieht er das ›erste Paradies‹, die Einheitswirklichkeit von Mutter und Kind, von seiner anziehenden oder bedrohlichen Seite. Zwei typische Formen der homosexuellen Selbst-Erfahrung, die aus diesen gegensätzlichen Gesichtswinkeln stammen, sind *Ästhetizismus* und *Hypochondrie*.

Nimmt er die ›erste Sichtweise‹ dessen ein, der in die mütterliche Verschmelzung einwilligt, tönt sich sein Universum *ästhetisch*. Er sieht die ›Einheitswirklichkeit‹ als lichte Harmonie und beglückende Aufhebung aller Gegensätze. Trüge er die Gegensätze nicht doch in sich, könnte er die Einheitswirklichkeit nicht ›schön‹ nennen. Sein Schönheitssinn ist nur aus seiner Schwellensituation erklärbar. Wer mitten im Paradies lebt, hat keinen Sinn für Schönheit. Die Polynesier wurden erst ›schön‹, als *Gauguin* sie malte. Schönheit ist in stärkerem Maße das Sehnsuchtswort des Homo- als des Heterosexuellen. Als einzige Eigenschaft des ›Erómenos‹, des Geliebten, wird auf griechischen Vasen seine ›Kalía‹, Schönheit, hervorgehoben. Denn der fixierte Homosexuelle steht der Schwelle zwischen Verschmelzung und Spiegelung am nächsten. Genau gesagt gehört er noch zum Paradies der Verschmelzung, aber als einer, der sich immer wieder selber verbannt.

Die Rückkehr zur Schönheit der Einheitswirklichkeit ist für ihn die Befreiung von der unmöglich scheinenden Aufgabe, seine Selbst-Persönlichkeit zu integrieren. Mit diesem letzten Satz habe ich bereits die ›zweite Sichtweise‹ eingenommen und somit das getan, was auch der fixierte Homosexuelle immer wieder tut: Wird in ihm der Drang nach Selbst-Verwirklichung stärker als die Sehnsucht nach der Einheitswirklichkeit, sieht er sich in der zweiten Sichtweise als der ›von Auflösung Bedrohte‹. Die Einheitswirklichkeit erscheint ihm jetzt nicht mehr als das ›süße Leben‹, sondern als Ursache seines ›ungelebten Lebens‹. Dies ist die Perspektive seiner homosexuellen Dynamik, die auf Befreiung drängt. In dieser erlebt er sich als der ›Eingeengte‹, »bei dem sich sogar ›Herzmuskel und Kopfhaut‹ zusammenziehen«,[81] wie *Boss* berichtet. Wohl in keinem Falle von fixierter Homosexualität fehlt *Hypochondrie* in irgendeiner Form. Die Verschmelzung wird als Verwesung vor der Stunde erlebt. Das eigene, unausgeschöpfte Lebenspotential dringt von außen ins Individuum ein und erinnert, in welch ›aufgelöstem Zustand‹ es sich befindet. Das Individuum sieht dessen Ursache fälschlicherweise in den äußeren Anforderungen seines Lebens und nicht in seinem Sträuben gegen diese. Als einer, der noch vor der Schwelle steht, läßt sich der Homosexuelle nicht von dem Anstürmenden mitreißen, sondern wehrt sich gegen ihn. Statt zum Beispiel einen hohen Blutdruck als Aufforderung, aktiv nach außen zu treten, zu verstehen, führt er ihn auf Überforderung zurück. Statt sein Herzflattern als ein ›Nicht-im-Rhythmus-der-Selbst-Persönlichkeit-Leben‹ zu begreifen, hält er es als Symptom von nervöser Überanstrengung usw. Zwar ist er in seiner Hypochondrie von der Sichtweise des gespiegelten und aktiven Mannes jenseits der Schwelle her bestimmt, aber da er noch vor der Schwelle steht, erlebt er dessen ›Ansturm‹ nicht als Befreiung der Selbst-Persönlichkeit, sondern als Bedrohung seiner Einheitswirklichkeit.

Ein 35jähriger Soziologe – D. – zeigte die Schwankung zwischen dem widersprüchlichen Selbst-Erleben des Ästheten und des Hypochonders besonders deutlich. Wenn er mit einem »schönen, jungen Manne« Kontakt aufgenommen hatte, wurde er am nächsten Tag von einer vagen körperlichen Angst, die zu Herzklopfen und Schwindel führen konnte, geplagt. Um diese Beklemmung zu vergessen, suchte er eine neue Beziehung zu einem »schönen, jungen Manne«. So ging es bei ihm viele Jahre hin und her.

Aus dem Gesagten geht das *paradoxe Selbst-Erleben in der Spiegel-Homosexualität* hervor – um diese geht es in diesem und den nächsten zwei Kapiteln. Der Spiegel-Homosexuelle erlebt seine Rückkehr in die Verschmelzung als *Befreiung*, und seinen Aufbruch zur Wahrnehmung seiner zentralen Männlichkeit als *Bedrohung*. Sein subjektives Erleben also widerspricht dessen objektiver Bedeutung. Ich kann dem Leser die Kompliziertheit dieses Paradoxes nicht ersparen. Wir haben zwischen drei Aspekten in der Existenz des fixierten Homosexuellen zu unterscheiden. Der erste, grundlegende, betrifft die Dynamik auf die befreiende Wahrnehmung der eigenen zentralen Männlichkeit hin, also die Dynamik zur Befreiung der Selbst-Persönlichkeit aus ihrer Identität mit der Mutter-Imago. Die zweite betrifft den verkehrten Weg, auf dem er die Dynamik seiner Homosexualität zu befreien sucht: nämlich die Verschmelzung mit einem Mann, den er als ganz und gar männlich, lebendig, aktiv sieht. Eben dieser zweite Aspekt offenbart das verhängnisvolle Mißverständnis in der Finalität der homosexuellen Fixierung – nämlich das Mißverständnis, die Spiegelung der eigenen Männlichkeit könne auf dem Wege der Verschmelzung erreicht werden. Der fixierte Homosexuelle lädt sich mit dem ›Mana‹ des Freundes auf, statt sich in diesem wie in einem Spiegelbild als Mann wahrzunehmen. Er ›partizipiert‹, statt sich zu ›spiegeln‹. Er sucht auf dem Wege der Verschmelzung, was er nur durch Spiegel-Kommunikation finden könnte. Er erlebt seine Verschmelzung als Befreiung, den Verlust seiner Selbst-Persönlichkeit als deren Gewinn. Dies führt uns zum dritten Aspekt. Wenn der fixierte Homosexuelle seine Versklavung als Befreiung erfährt, muß er innere Impulse zur Befreiung als Versklavung erleben. Die Impulse, die ihm aus der homosexuellen Dynamik her kommen, zum Beispiel in einem Verfolgungstraum, wo der männlich brutale Verfolger integriert werden will, erlebt er, wie das Beispiel zeigt, als Bedrohung seiner Selbst-Persönlichkeit. Aus diesem, seiner objektiven Wirklichkeit widersprechenden subjektivem Erleben kommt der uroborische ›Circulus vitiosus‹ seiner Existenz. Der fixierte Homosexuelle gelangt nie ans Ziel, weil er seine Befreiung immer auf dem Wege der Partizipation anstrebt und erlebt, wenn auch bloß punktuell. Sein partizipatorisches Erleben läuft seiner eigenen Dynamik entgegen. Die Wahrnehmung ist nicht nur verzerrt; sie ist wie auf den Kopf gestellt. Dies ist zum Verständnis der Spiegel-Homosexualität von erster Bedeutung. Ich versuche, das ›widersprüchliche Selbst-Erleben‹ des Spiegel-Homosexuellen in diesem Kapitel zu verdeutlichen, indem ich seine beiden Perspektiven und ihr subjektives Erleben in Evidenz setze: die *Perspektive der als Befreiung erlebten Partizipation oder Verschmelzung* oder die *Perspektive der als Bedrohung erlebten Befreiung oder Spiegelung.* Die *erste Perspektive* ist die der Identität mit der *Mutter-Imago.* Die *zweite* die der *Selbst-Persönlichkeit.* Diese muß nicht immer als Bedrohung erlebt werden. Wenn beispielsweise das Bedürfnis nach Spiegelung in der Verkleidung einer oralen Befriedigung gestillt wird, wird die Spiegelung ersehnt, weil sie mit dem Erleben der Verschmelzung vermischt ist. Dies zeigt der folgende Abschnitt.

Um die beiden Perspektiven zu verstehen, begeben wir uns an den *Ort knapp vor der Schwelle,* wo der fixierte Homosexuelle steht. In seinen Träumen spielt die ›orale Befriedigung‹ oft eine überdurchschnittlich wichtige Rolle. Der Träumer erlebt sich als einer, der zu kurz kommt. Ein Architekt – M. –, den ich am Schluß dieses Kapitels vorstellen werde, träumte wiederholt von einer Frau, die ihm die Nahrung verweigerte, so zum Beispiel von der Besitzerin eines Speiselokals, die ihn nicht bedienen wollte, oder von einer Gastgeberin, die ihm als einzigem keinen Wein eingoß. Auch Z., von dem bereits die Rede war, brachte solche Träume in die Analyse. Er träumt beispielsweise von seiner Mutter, die Fleisch brät. Der Träumer kritisiert: »Das ist zu wenig«, worauf die Mutter zu schimpfen anfängt. Er entschuldigt sich: er habe nur gemeint, das Fleisch sei nicht gargekocht. Und zur Abreaktion geht er am Schluß des Traumes Zigaretten kaufen.

Wer sich nicht mit dem fixierten Homosexuellen knapp vor die Schwelle, die zur Spiegelung überleitet, stellt, kann solche Träume nicht richtig deuten. Er wird in der Vergangenheit des Analysanden nach oralen Frustrationen forschen. Und wenn er keine findet, wartet er auf die ›Wiederkehr des Verdrängten‹. Bei M. und Z. ließen sich in der frühen und späteren Kindheit keinerlei orale Frustrationen feststellen. Beide wurden nicht nur ausreichend, sondern in einfühlsamer Weise gestillt und genährt. Wie also sind solche Träume zu erklären?

Bevor ich diese Frage zu beantworten versuche, wende ich den Blick hin zu einer verwandten Erscheinung. Es ist bekannt, daß viele Homosexuelle sich von *Ersatz-Müttern* umgeben. Sie haben einen Hang, sich übermäßig bemuttern zu lassen, so sehr, daß sie von Zeit zu Zeit in Anflügen von Unwohlsein die mütterliche Frau in ihrer Umgebung von sich stoßen, um sie bald danach erneut in die Rolle der nährenden Mutter zu drängen. Indem wir feststellen, der Homosexuelle habe eben eine besonders starke Mutterbindung, haben wir nichts erklärt. Der Zwang, sich über das eigene Wohlbefinden hinaus bemuttern zu lassen, ist nicht gedeutet, vor allem, wenn keine oralen Frustrationen in der Kindheit vorliegen. Ein gesundes Kind ißt soviel, wie ihm gut tut.

Die Fragen klären sich, wenn wir sie von den erwähnten beiden Perspektiven her angehen. Aus der ersten Perspektive gesehen sucht der fixierte Homosexuelle auch auf oralem Wege die Verschmelzung. Er kehrt zu jener Stufe der frühkindlichen Entwicklung zurück, auf der er sich ganz und heil in der mütterlichen Einheitswirklichkeit erlebt hat. Die oralen Übertreibungen sollen den Mangel an mütterlicher Spiegelung ausgleichen. Orale Gier tritt bei ihm auch oft in ihrer negativen Form auf: nämlich als überwertiges, die orale Gier abwehrendes Schlankheitsideal.

Doch das ist erst die eine Hälfte der Erklärung. Aus der zweiten Perspektive, nämlich der Befreiung seiner männlichen Selbst-Persönlichkeit, die er einnehmen kann, weil er knapp vor der Schwelle klebt, also schon das ›andere Ufer‹ erblickt, bedeutet die *orale Befriedigung* ein *Symbol der Spiegelung*. M. erinnert sich, daß er in jenem Alter unersättlich wurde, als die mütterliche Spiegelung ihm zu mangeln begann. In der oralen Befriedigung erlebte er nicht nur einen Ersatz für die Spiegelung, sondern auch ein Symbol für die jetzt nicht anders mögliche ›Spiegelung‹. Die orale Ersatzbefriedigung hatte also gleichzeitig einen regressiven und progressiven Aspekt. Das drückte sich etwa so aus, daß er sich, nachdem er von Mutter oder Tante mit Süßigkeiten verwöhnt wurde, selbstsicherer, unternehmungslustiger und als ›großer Bub‹ anerkannt fühlte: Wahrnehmungen, die im Zusammenhang mit der mütterlichen Spiegelung auftreten. Die orale Befriedigung war also gleichzeitig deren *Ersatz und Symbol*. Der Bub war nach Nahrung unersättlich, weil er im

Symbol der nährenden Mutter die spiegelnde Mutter erlebte. Eigentlich nahm er dadurch nichts anderes als die natürliche Dynamik in der oralen Zuwendung der Mutter wahr: Die Verschmelzungsphase wird in einer gesunden Entwicklung nach und nach von der Spiegelungsphase abgelöst.

Die orale Unersättlichkeit des in seiner werdenden Männlichkeit nicht gespiegelten Knaben zeigt, daß das Symbol der Spiegelung in der oralen Befriedigung zur gelebten Wirklichkeit in der tatsächlichen Spiegelung werden will. M. und Z. haben mehr Hunger, als sie essen können: denn ihr Hunger meint die Spiegelung.

Der fixierte Homosexuelle teilt mit allen anderen narzißtisch Gestörten die ›orale Symptomatik‹. Von ihrer spezifischen Dynamik her hat sie bei ihm eine spezifische Bedeutung. Sie ist Symbol seiner Spiegelung als Selbst-Persönlichkeit, insofern diese männlich ist. Die orale Gier bei anderen narzißtischen Störungen muß entsprechend deren spezifischer Dynamik interpretiert werden. Das Symptom bedeutet immer jeweils jenen Aspekt der Störung, welcher die Spiegelung der Selbst-Persönlichkeit verhindert hat.

Der Ungespiegelte ›oralisiert‹ nicht nur seine Mutterbeziehung, er sexualisiert sie auch. So träumt M., seine Mutter sitze im blauen Gewand der Meeresgöttin Iemanjá aus dem brasilianischen Candombékult am Tisch. Sie ist kühl, abwesend, nicht erreichbar. Der Träumer empfindet große Sehnsucht nach ihr. Da schüttet er aus Versehen ein Glas Rotwein auf ihr schönes Kleid und gerät in höchste Aufregung. Sein Vater schneuzt heftig in ein Taschentuch und reicht es ihm, um das Kleid der Mutter zu säubern.

Die Frau mit dem leeren Blick kann nicht spiegeln. Mit ihr zusammen erfährt sich der Mann wie unwirklich, unlebendig. Er kann sein Mannsein nicht mehr spüren. Und wenn die Frau seine erste Frau, nämlich seine Mutter ist, kommt er gar nicht dazu, sein Mannsein zu erleben. Das löst Sehnsucht aus, die Frau möge endlich ihr Auge auf ihn richten. Je länger sie abwesend bleibt, desto mehr wächst in ihm Panik. Er spürt: Wenn sie ihren Spiegelglanz nicht auf ihn wirft, bleibt er als Mann tot. Er muß sie zwingen, sich ihm zuzuwenden. Die inzestuöse Fehlleistung hat symbolischen Charakter: mit triebhafter Ursprünglichkeit will sie die Spiegelung erzwingen. Dadurch hat er sich an die Stelle des Vaters gesetzt. Diesem gegenüber also gilt es, den Fauxpas wieder gutzumachen. Aber dessen Taschentuch ist mit ›Sperma‹ befleckt. Eigentlich will der

Träumer die Mutter gar nicht saubermachen. Die Sehnsucht, von ihr als Mann gespiegelt, geliebt zu werden, ist größer als das Verhängnis einer inzestuösen Beziehung. So führt das sexualisierte Bedürfnis nach Spiegelung – ebenso wie das ›oralisierte‹ – nur noch tiefer in die Verschmelzung mit der Mutter.

Bevor wir uns mit der Frage beschäftigen, wie das Spiegelungspotential auch im Ungespiegelten die Begegnung mit der männlichen Selbst-Persönlichkeit ermöglicht, beschreibe ich in schematisierter Form das Wechselspiel von Verschmelzung und Spiegelung in einer normalen Mutter-Kind-Beziehung. Vor der Geburt ist das Kind ganz von der Mutter umschlossen. Es ist noch keine Spiegelung möglich. Sofort nach der Geburt beginnt das Hin und Her von Verschmelzung und Spiegelung: Die Mutter hält zum Beispiel das Kind ausgestreckt vor sich hin und lächelt, bis eines Tages ihr Lächeln zum Lächeln des Kindes wird. Indem das Kind in Antwort auf das Lächeln der Mutter selber lächelt, fühlt es sich gespiegelt und lebendig. Dann bekommt es auf einmal Angst vor der eigenen Lebendigkeit, wird unruhig und weint. Die Mutter zieht jetzt das Kind an sich, hält es fest, bis es sich in der Verschmelzung mit ihr beruhigt. Dann aber – und dies geschieht immer häufiger – wird das Kind erneut unruhig, diesmal aus dem gegenteiligen Grund, will es doch seine Eigenständigkeit behaupten. Demzufolge lockert die Mutter die bergende Umarmung, nimmt etwas Distanz von dem Kind, nicht zu viel und nicht zu wenig, damit es in ihr den belebenden Spiegel sehen kann: die ›optimale Spiegeldistanz‹. In diesem Wechselspiel von Identifizierung und Unterscheidung, von Verschmelzung und Spiegelung entwickelt sich das Kind. Die Spiegelung nimmt im Laufe der Entwicklung immer differenziertere Formen an. Die Mutter ist zu spezifischerer Spiegelung aufgefordert. Sie aber kann nur spiegeln, was sie in sich selber wahrnimmt. Hat sie ihr eigenes männliches Seelenbild, ihren Animus, ausgeblendet, kann sie ihren Sohn als werdenden Mann nicht spiegeln.

Auf der phallischen Stufe des Sohnes und später wieder in seiner Pubertät, ist die Mutter zur spezifischen Spiegelung seiner Männlichkeit aufgerufen. Am Beispiel M.s zeige ich, wie ein entsprechendes Versagen der Mutter die Homosexualität des Sohnes zu einer zwanghaften und fixierten machen kann. Es wäre wichtig, auch den Vater in die Beschreibung einzubeziehen. Ich werde dies später tun. Hier liegt mir daran, den mütterlichen Anteil herauszuarbeiten, obschon die Trennung beider Einflüsse künstlich ist. Außerdem berichte ich nicht, wie M.s Mutter wirklich war, sondern wie der Sohn sie erlebt hatte. Der Anteil an eigenen Dispositionen in seiner Mutter-Imago ist vermutlich beträchtlich. Jedenfalls unterscheidet sich seine Mutter-Imago nach eigener Darstellung deutlich von der seiner beiden Brüder.

M.s früheste Erinnerungen stoßen auf eine fürsorgliche Mutter, die mit einer gewissen Ängstlichkeit die Bedürfnisse ihrer vier Kinder zu stillen versuchte. In seinen Augen begann der Konflikt erst auf der phallischen Stufe, etwa im Alter von vier Jahren. Die deutlichsten Erinnerungen beziehen sich auf den Beginn der Pubertät, als die Mutter ihn gerade in seiner aufbrechenden Männlichkeit völlig ablehnte, ja einen Ekel vor seinem Körper zeigte und zum Beispiel seine Wäsche nicht mehr anrühren wollte. Nahm M. also die Perspektive seiner männlichen Selbst-Persönlichkeit ein und versuchte er, seine Männlichkeit auch dadurch zu behaupten, daß er seinen Körper im Sport trainierte, wurde der Blick seiner Mutter leer, und sie konnte ihn tagelang übersehen, ohne daß ein konkreter Konflikt zwischen beiden ausgebrochen wäre. Um dem unerträglichen Zustand, von der Mutter als Mann nicht gespiegelt zu werden, zu entgehen, nahm er die Perspektive der Verschmelzung an. Der Übergang von der einen zur anderen vollzog sich nach außen hin unmerklich. Aber die Einstellungsänderung war radikal: vom manchmal rebellischen, auf seine männliche Unabhängigkeit pochenden Halbwüchsigen wurde er zum devoten, asexuellen Kind, das in der Mutter versank, die ihn dafür mit Zuwendung belohnte.

Die Erinnerungen an seine Pubertät legten nach und nach frühkindliche Erinnerungen ähnlicher Art frei. M. empfand sie allerdings nie so intensiv wie die Erinnerungen aus der Pubertät. Eine Szene aus seinem vierten Lebensjahr war ihm auch emotional deutlich erinnerbar. Er saß in der Badewanne, und seine Mutter wusch liebevoll seinen Körper. Er war geborgen in dieser Welt mütterlicher Fürsorge und ließ sich wohlig in sie versinken. Er nahm also die Perspektive der Verschmelzung ein. Nach dem Bad überkam ihn auf einmal das Bedürfnis, vor der Mutter nackt herumzutanzen und zu toben. Es ging ihm darum, von ihr gesehen und bewundert zu werden. M. meinte sich zu erinnern, er habe vorhin im Bade auch eine genitale Erregung gespürt und sich hernach in dieser seiner aufkeimenden Männlichkeit vor der Mutter zeigen wollen. Im Vergleich zwischen dem kleinen M. in der Badewanne und dem, der sich vor der Mutter demonstrieren will, erkennen wir die beiden Perspektiven wieder. Es sind auch emotional deutlich unterscheidbare Einstellungen. Die Perspektive der Verschmelzung wurde auf einmal vom Durchbruch zu lustvoller Eigenaktivität, von einem stolzen ›Sich-von-der-Mutter-Unterscheiden‹ abgelöst.

M. konnte in seiner Analyse den emotionalen Unterschied zwischen den beiden Einstellungen immer klarer erkennen. Er meinte, sich genau an die damalige Reaktion seiner Mutter zu erinnern: Sie sei nicht etwa streng oder böse, sondern einfach abwesend geworden. Sie habe gerade das nicht gesehen, dessen Spiegelung für ihn das Wichtigste war, nämlich, daß er auch außerhalb der mütterlichen Verschmelzung fröhlich und zufrieden sein konnte, daß er schon ein selbständiger Knabe war. Natürlich habe dabei auch die genitale Erregung im Bade mitgespielt. Ich vermute jedoch, daß es M. nicht zunächst um die Exhibition seiner männlichen Geschlechtlichkeit ging. Die genitale Erregung ist eher als spezifischer ›Impuls‹ zu verstehen, dank dem M. sich vor der Mutter ganz allgemein als bereits selbständiger, nicht mehr in allen Bereichen auf sie angewiesener Bub darstellen wollte. Mit anderen Worten: Es ging nicht um die isolierte Exhibition seiner erwachenden Genitalität, seines nach und nach lebendig werdenden Penis, sondern um die Spiegelung seiner männlichen Selbst-Persönlichkeit, deren eigene, unabhängige Lebendigkeit er daran war wahrzunehmen. Der Penis des kleinen Knaben hat also bereits die symbolische Bedeutung des Phallus, der für die ganze männliche Persönlichkeit steht.

Was sich nun abspielte, zeigte bereits im Ansatz sein späteres *widersprüchliches Selbst-Erleben*. Der kleine M. brachte es nicht fertig, weiter herumzutoben. Er konnte das leere Gesicht seiner Mutter, die abwesenden Bewegungen, mit denen sie ihn jetzt abtrocknete, nicht mehr ertragen. Obwohl sein Bedürfnis nach Selbst-Darstellung noch ungestillt war, verzichtete er auf seine Erfüllung. Das Bedürfnis, die Mutter wieder lächeln zu sehen, war größer. So begab er sich in die erste Perspektive der Verschmelzung zurück, obgleich von seinem unbefriedigten Bedürfnis her die zweite Perspektive der Spiegelung nach wie vor, und stärker als zuvor, konstelliert blieb. Er tat also das Gegenteil von dem, was seine homosexuelle Dynamik von ihm in diesem Augenblick forderte, was sehr verständlich ist, aber auf die Dauer fatale Folgen für ihn zeitigte.

Er begann der Mutter zu schmeicheln, sie als kleiner, unselbständiger Bub zu umwerben, bis sie auf einmal wieder ›da war‹. Und eben dies empfand der kleine M. als Befreiung. Genau da entstand der Knoten, in dem sich die objektive Verschmelzung und das subjektive, der Verschmelzung inadäquate Gefühl der Befreiung in seiner Erinnerung zum ersten Male verbinden. Er empfand die Ausblendung seiner männlichen Selbst-Persönlichkeit als Befreiung, weil sie ihm den Gewinn der Verschmelzung brachte. Das Gefühl der Befreiung ist das für die Wahrnehmung der eigenen Selbst-Persönlichkeit spezifische Gefühl. M. hätte es in der Verschmelzung nicht empfinden können, wenn er nicht eben zuvor das Bedürfnis nach Befreiung seiner Selbst-Persönlichkeit erlebt hätte. M. verknüpfte also das subjektive Gefühl der ersten mit dem Erleben der zweiten Perspektive. Wäre er imstande gewesen, realistisch auf die Spiegelung durch die Mutter zu verzichten, hätte er in der Verschmelzung das normale, angemessene Erlebnis von Geborgenheit, Aufgehobensein und Wärme gehabt. Da aber sein überwältigendes Bedürfnis nach Befreiung der männlichen Selbst-Persönlichkeit wie ein selbständiger Nervenreflex in ihm nachzuckte, übertrug sich dessen Erleben auf die nun nachfolgende Verschmelzung mit der Mutter. Dies blieb das homosexuelle Erlebnismuster M.s. Er konnte es um so besser verstehen, als er sich nie, weder mit der Mutter noch später mit seinen Freunden, ganz wohl dabei fühlte. Er hatte immer das Gefühl, ›etwas stimme nicht‹, etwas passe nicht. Was nicht zusammenpaßte, waren in der Tat die Ausblendung seiner männlichen Selbst-Persönlichkeit durch Verschmelzung mit der Mutter und das Erleben von Freiheit, das er dabei empfand.

Durch diese Verknüpfung des nicht Zusammenpassenden wurde es M. möglich, in der mütterlichen Identität zu bleiben und sich gleichzeitig, fast mystisch, als ›besonderer Mensch‹ frei zu fühlen. Aber schon damals kam immer wieder die Perspektive der Selbst-Persönlichkeit, die auf Spiegelung pochte, zum Durchbruch. Und schon damals erlebte M. sie als bedrohlich. Nun wurde auch das subjektive Erleben der zweiten Perspektive inadäquat. Er erlebte sie, wie er die Verschmelzung hätte erleben sollen. Doch da er die Verschmelzung mit dem Gefühl der Freiheit verknüpft hatte, konnte er die Spiegelung eigener Selbständigkeit und Verantwortung nur mit dem Gefühl von Angst und Bedrohung verbinden. Atmosphärisch äußerte sich das Hin und Her etwa so: Abwechselnd, oder das eine mit dem andern vermischt, fühlte er seine Allmacht: Großes war ihm von irgendwoher zugedacht; vielleicht wartete die Welt auf sein Kommen; dann wieder Angst, Fahrigkeit, nervöse Unruhe, leere Sonntagsstimmung wie auf Friedhöfen im November; Herbst, Verwesung, Glockengeläut von der nahen Friedhofskapelle. Er war gelähmt, dachte sich allerlei magische Rituale aus, um sich bewegen zu können.

In solchen Stimmungen, die aus der Perspektive der ausgeblendeten Selbst-Persönlichkeit kamen und ihre Nicht-Wahrnehmbarkeit abbildeten, flüchtete er gerne zu einem Nachbarsbuben, mit dem zusammen er sich etwas lebendiger und stärker fühlte. Durch Partizipation am anderen Buben also reagierte er auf die Impulse der Selbst-Persönlichkeit. Die Zielsetzung der homosexuellen Dynamik, nämlich die Befreiung der Selbst-Persönlichkeit, zeigt sich schon deutlich, ebenso die ›Finalität der homosexuellen Fixierung‹, nämlich auf dem verkehrten Wege der Partizipation und Verschmelzung zu dieser Befreiung zu gelangen. Bald reichte der Nachbarsbub nicht mehr aus. Mit quälender Sehnsucht beobachtete M. als Achtjähriger einen Italienerbuben in der Klasse, imitierte zu Hause im Geheimen alle seine Bewegungen, war aber bereits fest überzeugt, daß er nie werden konnte wie dieser. Schon damals war ihm als ›Tonio Kröger‹ ›Hans Hannsen‹ zu ferne, um sein Freund zu werden. Es gelang ihm jedoch schon in der Primarschule, sich zu arrangieren und sich mit seiner Persona zu behaupten. Aber einmal wird ›alles‹ herauskommen, dachte der kleine M. immer wieder. Einmal werden sie merken – ganz plötzlich –, daß alles Lug und Trug ist, und sie werden mich bloßstellen und verfolgen.

Als M. von der Volksschule ins Gymnasium wechselte, konnte er sein Spiel eine Zeitlang nicht aufrechterhalten. Wohl durch das Einschießen der Pubertät kam sein Bedürfnis nach Verschmelzung mit anderen Buben unverhohlener zum Ausdruck. Er zeigte einen Hang zur Unterordnung. Einer in der Klasse schlug ihn heimlich wiederholt in die Geschlechtsteile. Das für die homosexuelle Fixierung typische Nebeneinander von Eros und destruktiver Aggressivität wurde schon im Ansatz erlebt. Doch dann konnte er sich wieder Achtung schaffen, trainierte seinen Körper und verheimlichte seine Bedürfnisse nach Verschmelzung. In seinen ersten homosexuellen Kontakten zeigte er seine Gefühle nicht. Das hätte bedeutet zuzugeben: Ich brauche dich als Mann, denn ich bin keiner.

Diese Schilderung, die ich in freier Wiedergabe M.s Notizen entnehme, veranschaulicht, wie die Wahrnehmung der Wirklichkeit sich im fixierten Homosexuellen verzerrt. Die gefühlsmäßige Bewertung der beiden Perspektiven ist ›seitenverkehrt‹. Erst dies ermöglicht die homosexuelle Fixierung, weil der Aufbruch zur eigenen Selbst-Persönlichkeit jedesmal durch das dafür eingesetzte Mittel, nämlich die Verschmelzung, neutralisiert wird.

Wenden wir uns nun ganz allgemein diesem Sohn zu, dessen Spiegelung durch die Mutter zu schwach war, als daß er sich als männliche Selbst-Persönlichkeit hätte wahrnehmen können. Ich habe eingangs geschrieben, das archetypische Bild des Spiegels sei nicht verloren, es werde nur nicht wahrgenommen und führe eine versteckte Eigenexistenz. Eben dieser wollen wir jetzt nachspüren.

Versetzen wir uns wieder an den Standort des fixierten Homosexuellen, nämlich vor die Schwelle zwischen Verschmelzung und Spiegelung. Von hier aus sehen wir mit seinen Augen, in welchen verschiedenen Gestalten, je nach der Perspektive, die er einnimmt, sein Spiegelbild vor ihm auftaucht. Es sind vor allem *zwei ganz gegensätzliche Typen,* auf die wir noch mehrmals zu sprechen kommen, zwischen denen er fixiert ist. Der *erste* ist der *Freund,* auf dem der Glanz der Mutter ruht. Die Faszination durch ihn bezeichne ich als Spiegel-Homosexualität. Er ist der ›Puer aeternus‹, das irreale Sehnsuchtsbild des gleichzeitig Gespiegelten und noch Verschmolzenen, wie ich schon erklärt habe. Als Verschmolzener kann der fixierte Homosexuelle die Dynamik des realen Freundes zu männlicher Eigenständigkeit und Lösung von der Mutter-Imago nicht wahrnehmen. Genauer gesagt: Er nimmt sie nur in ihrer bedrohlichen Form wahr: als Verfolger.

Der *Verfolger* ist der *zweite Typ,* von dem er fixiert wird. Er bedeutet tiefenpsychologisch die Selbst-Persönlichkeit, die integriert werden will. Wohl in allen Fällen von fixierter Homosexualität, nicht nur bei deren Verdrängung, wie *Freud* beobachtet hat, finden sich paranoide Züge. Diese haben progressiven Charakter, wollen sie doch zur Wahrnehmung der Selbst-Persönlichkeit zwingen. In den von mir beobachteten Fällen zeigen auch Mütter fixierter Homosexueller vergleichbare paranoide Züge. Drei Männer berichteten mir von einer seit langem vorbereiteten Alters-Paranoia ihrer Mutter. Ein anderer, den ich hier stellvertretend für viele erwähne, berichtete vom Kontrollzwang seiner Mutter, die oft mitten in der

Nacht mit der fixen Idee aufstand, entweder die Haustür, die Garderobentür oder die Schlafzimmertür sei offen geblieben. Es ist die von der Frau wie vom Manne nicht wahrgenommene Männlichkeit, die Einlaß begehrt, entweder als männlicher Persönlichkeitsanteil bei der Frau, als Animus, oder als männliche zentrale Persönlichkeit beim fixierten Homosexuellen. Mutter und Sohn sind in der gleichen Abwehr des Mannes befangen.

Mancher homosexuelle Künstler offenbart in seinem Werk, wie zerrissen er zwischen den beiden gegensätzlichen Perspektiven steht: *zwischen der Identifizierung mit der Mutter und der Überwältigung durch den männlichen Verfolger.* In der ersten Perspektive gleitet er leicht in Unechtheit und Kitsch ab, feiert wie *Rosa von Praunheim* mystische Hochzeit mit Worten und Bildern und findet die mittlere Position zwischen distanzierter, kritischer Spiegelung und inniger Verschmelzung nicht. Er schwelgt und versinkt oder – in der zweiten Perspektive – nimmt kühl Distanz bis zur Brutalität. Der Wechsel kommt unvermittelt und plötzlich. Die Dynamik zur Selbst-Persönlichkeit kann sich nur gewaltsam und destruktiv durchsetzen. Deutliche Beispiele für das Hin und Her zwischen sentimentalem Schmelz und kalter Brutalität sind *Jean Genet, Julien Green* und *Rainer Fassbinder.*

Es gibt in der Spiegel-Homosexualität ein *zentrales Mißverständnis,* welches das Gesagte zusammenfaßt und gleichzeitig zum Folgenden überleitet: die *Verwechslung des Spiegels mit dem Spiegelbild.* Die Verschmelzung mit der Mutter wird als männliche Freiheit und Unabhängigkeit erlebt. Im Freund glaubt man, dem Mann zu begegnen, und begegnet der Mutter. Man will die Spiegelung und findet die Verschmelzung. Es handelt sich um einen fatalen Fehler in der Wahrnehmung. Der Freund wird in seiner männlichen Wirklichkeit vernebelt, sieht man ihn doch aus der Sicht der eigenen Verschmelzung mit der Mutter. In diesem Wahrnehmungsfehler finden sich die beiden erwähnten Perspektiven wieder – zunächst die Perspektive der Verschmelzung: die Finalität der homosexuellen Fixierung verhindert die Spiegel-Kommunikation mit dem Freund. Die zweite, entscheidende Perspektive aber ist die der Spiegelung: sie entspricht der homosexuellen Dynamik. Wie jeder Mann will auch der Homosexuelle sich selber als männliche Selbst-Persönlichkeit kraftvoll und aktiv wahrnehmen. Seine Faszination für den Freund gilt unbewußt der Spiegel-Kommunikation mit diesem, dank der er sich selber in seiner zentralen Männlichkeit wahrnehmen könnte.

Indem wir unser Auge in der Unterscheidung der beiden Perspektiven schärfen und uns gewöhnen, sie getrennt zu sehen, verstehen wir, warum die gesunde Dynamik der Homosexualität es oft schwer hat, zu ihrem Ziel zu gelangen: Sie wird ständig von einer neurotischen Finalität gestört, die gerade die Unterdrückung der männlichen Selbst-Persönlichkeit bewirkt, indem sie der Aufrechterhaltung der Verschmelzung mit der Mutter dient. Es ist schwierig, das Auge an die zweite Perspektive zu gewöhnen, so daß sich die Wahrnehmung des Freundes in seiner männlichen Dynamik durchsetzen kann. Gelingt dies trotzdem, wird nach und nach unser Auge durch die plastisch wirklichen Züge des Freundes in Bann gezogen. Der Glanz auf seiner Gestalt nimmt etwas ab. Er lenkt nicht mehr von der unverwechselbaren Realität des Freundes ab. Wir lernen *unterscheiden zwischen dem Spiegelglanz und dem Spiegelbild*. Der erste blendet uns nicht mehr so sehr, daß wir das zweite nicht mehr wahrnehmen können. Indem wir den Freund als Spiegelbild ganz und gar ernst nehmen, erleben wir die männliche Selbst-Persönlichkeit immer lebendiger, und die Identität mit der Mutter beginnt sich zu lösen. Die Verwechslung von Spiegelbild und Spiegel liegt nun offen zutage. Von jetzt an dient die Spiegel-Kommunikation mit dem Freund der ständigen Verankerung und Erweiterung der männlichen zentralen Persönlichkeit. Die Voraussetzung dazu war die schwierige Entmischung der beiden Perspektiven von neurotischer Verschmelzungs-Finalität und gesunder Spiegelungs-Dynamik.

Auch in der Beziehung zur Frau sind die beiden Perspektiven des homosexuell Fixierten vermischt: Er hält die Frau auch dann für eine ›Verschmelzerin‹, wenn sie sich ihm in Liebe als Spiegel anbietet. Er ist *blind für die Spiegelmächtigkeit der Frau*. Damit sich die Begriffe nicht im Kopfe des Lesers verselbständigen, verdeutliche ich dies an einer Episode, die mir M. mitteilte. Sie fand im zweiten Jahr seiner Analyse statt. M. stand seit drei Jahren in einer Liebesbeziehung zu seiner heutigen Frau, Katharina. Die zweite Perspektive – der Spiegelung – setzte sich bei ihm immer mehr durch, aber von Zeit zu Zeit wurde sie durch die Perspektive der Verschmelzung durchkreuzt. An einem Nachmittag im August kam er vom Schwimmbad zurück. Katharina empfing ihn freudig: »Wie schön braun du bist!« M. hörte in dieser Bemerkung einen unterdrückten Vorwurf. Er antwortete: »Ich habe den ganzen Nachmittag in einem Fachbuch gelesen.« Katharina fand dies nicht nötig. Sie verstand nicht, warum ihr Freund sich zu rechtfertigen suchte. Aber M. steigerte sich immer mehr in die Perspektive, daß Katharina ihm seine männliche Unabhängigkeit mißgönne, daß sie ihn zu Hause für sich zurückhalten wolle und er überhaupt kein freier Mensch mehr sei. Der Widerspruch zwischen Katharina, die ihn als ›angenehm gebräunten Mann‹ spiegelte, und seinem subjektiven Gefühl, sie sei die Mutter, die ihn in die Abhängigkeit drängen wolle, war viel zu offensichtlich, als daß er sich ihr lange hätte verschließen können.

In der Analyse kam dann folgendes zum Vorschein: M. erlebte beim Sonnenbaden ein ähnliches totales Gefühl von Freiheit wie ab und zu angesichts eines jungen Mannes. Das Sonnenbad vermittelte ihm symbolisch die Begegnung mit dem glanzvoll Gespiegelten. Die Sonne war beides zugleich: Quelle des Lichtes und dessen Glanz, Spiegel und Gespiegelter, Mutter und Sohn, Frau und Mann: Verschmelzung mit dem Spiegelbild. Beim Sonnenbaden durfte ihn niemand stören. Geschah dies doch, fiel er gar in längst vergangene Hypochondrie zurück: Herzjagen, Schweißausbrüche, Kopfweh. Die Folge davon war, daß er sich angesichts der so faszinierenden Sonne als männliche Selbst-Persönlichkeit selber ›ausblendete‹. Das Licht der Sonne war ein Ersatz für ihr ›Inne-Werden‹. Da er sich als Gespiegelten nicht mehr wahrzunehmen vermochte, wurde auch die Frau ausgeblendet. Denn der Mann kann die Frau nur mit seiner zentralen Männlichkeit sehen und lieben. Die Ausblendung der männlichen Selbst-Persönlichkeit hat die Ausblendung der Frau zur Folge.

Während einer solchen Ausblendungsphase hatte er folgenden Traum: Trotz des Verbots einer Hexe schoß er mit einem langen Speer nach einem Apfel und spießte ihn auf. Doch im gleichen Augenblick, als der Speer in den Apfel eindrang, ließ die Hexe durch Spuk beide verschwinden. M. erwachte mit einem Angstschrei und beruhigte sich erst, als er Katharina neben sich liegen sah.

Die Ausblendung der heterosexuellen Liebesfähigkeit als das Werk der furchtbaren Mutter: Der Übergang ist rasch wie ein Spuk. Er wird meist gar nicht wahrgenommen. Die eine Perspektive ersetzt die andere, und der Betroffene weiß nicht, was sich abgespielt hat. Die Analyse solcher Schaltstellen von der Perspektive der Spiegelung, die jenem, der sie einnimmt, die Fähigkeit der Liebe zu einer Frau gibt, zur Perspektive der Verschmelzung bzw. der zauberischen Dominanz der furchtbaren Mutter und umgekehrt, ist für die Integrierung der Homosexualität von großer Bedeutung.

Der Spiegel-Homosexuelle wehrt sich, seinen Freund als ›Sohn einer Mutter‹ zu sehen. Er will nicht an seine eigene Verschmelzung mit der Mutter erinnert werden. Er sucht die Verbindung mit dem Mann als Gegengewicht zur Verschmelzung mit der Mutter. Er meidet die Frau, denn sie erinnert an diese Verschmelzung, während der Mann von ihr ablenkt. Und doch sucht er eigentlich hinter dem Spiegelbild-Freund den Glanz des Spiegels, die liebende Mutter. Folgender Traum M.s will diese Zusammenhänge bewußt machen.

Zusammen mit einem jungen Griechen, dessen Gesicht hell in der Sonne leuchtet, steigt der Träumer auf einen Berg. Oben vor einem Laden steht ein verhutzeltes Frauchen: die Souvenirverkäuferin. Der griechische Begleiter geht auf die Alte zu, stellt sich neben sie und bittet den Träumer, ihn gemeinsam mit ihr zu fotografieren. Das Ansinnen verstimmt M. Die beiden passen doch gar nicht zusammen. Aber der Grieche beharrt auf seinem Wunsch. M. entspricht ihm schließlich, aber mit der Kamera scheint etwas nicht zu klappen. Die Verschlußzeit ist zu kurz; vielleicht sind die Bilder jetzt unterbelichtet.

M.s Traum ist höchst aufschlußreich. Zunächst fällt die ›Lichtsymbolik‹ auf: Im Glanz der Sonne leuchtet das Gesicht des Griechen. Dann: M. sträubt sich so sehr, den Griechen zusammen mit der Alten aufzunehmen – wahrzunehmen, daß sein Bild der beiden wahrscheinlich unterbelichtet ist.

Das *Licht* ist das zentrale Symbol der homosexuellen Dynamik. Es gibt noch keine psychologische Sprache, die von dieser her konzipiert wurde. Die Unterscheidung von Bewußtsein und Unbewußtem drückt die geschlechtliche Polarisierung von Mann und Frau aus, wie *C. G. Jung* in eindrucksvoller Weise zeigte. Jedoch von der homosexuellen Dynamik aus betrachtet, steht die ›Ganzheit‹ der Selbst-Persönlichkeit im Zentrum der Erfahrung. Im Gegensatz zur Bewußtwerdung ist der Akt der Wahrnehmung ebenso ganzheitlich wie die Selbst-Persönlichkeit, die ihm zugleich Objekt und Subjekt ist, bedeutet er doch ein gleichzeitiges ›Außen-Sehen‹

und ›Inne-Werden‹. Auch nachdem die Gegensätze von Mann und Frau, Bewußtsein und Unbewußtem, hell und dunkel, hart und weich, oben und unten, Yin und Yang usw. auseinandergetreten sind, bleibt die Wahrnehmung als ganzheitlicher Akt der Wirklichkeitserfassung bestehen. Die Wahrnehmung der Ganzheit ergänzt die Bewußtwerdung ihrer Teile. Aber keine der beiden ersetzt die andere.

Die Wahrnehmung, wie ich sie verstehe, ist auch in jenen Fällen eine ganzheitliche, in denen wichtige Teile ausgeblendet werden, denn die Faszination stammt vom Ganzen, sogar und gerade von den ausgeblendeten Bereichen. Blendet der Homosexuelle in der Wahrnehmung des ihn anziehenden Freundes zum Beispiel dessen – manifeste oder latente – Heterosexualität aus, kommt die Faszination des Freundes gleichwohl aus dessen Ganzheit, also auch seiner Heterosexualität. Wie gründlich der fixierte Homosexuelle auch im Spiegelbild-Freund das Leitbild über-sieht, seine Wahrnehmung wird doch durch dieses in Bewegung gesetzt. Der Motor der Wahrnehmung ist immer die Ganzheit, auch wenn diese in wichtigen Teilen nicht gesehen wird. Der bewegende Impuls der Bewußtwerdung dagegen kommt aus dem Auseinanderbrechen der Ganzheit in Gegensatzpaare. Bewußtwerdung und Wahrnehmung sind zwei sich ergänzende Weisen der Wirklichkeitserfassung. Im nächsten Kapitel werde ich näher auf dieses Problem eingehen.

In diesem Zusammenhang wird die Lichtsymbolik besser verständlich, die in der Beschreibung von gleichgeschlechtlichen Freundschaften und in der homosexuellen Selbsterfahrung eine so überragende Rolle spielt. Die lichtvolle Schönheit des Freundes ist tiefenpsychologisch gesehen ein Signal zur ganzheitlichen Selbst-Wahrnehmung in der Spiegel-Kommunikation, die als Er-leuchtung erfahren wird. Der homosexuelle Ästhetizismus dagegen bleibt an der äußeren Schönheit haften.

Der Grieche in M. s Traum ist der typische *Spiegelbild-Freund,* dessen individuelle Züge noch nicht gesehen werden: das Sehnsuchtsbild des Halb-Verschmolzenen und Halb-Gespiegelten. Dies ist ein Hinweis darauf, daß die Mutter-Identität des Träumers beim Zustandekommen des Sehnsuchtsbildes des Freundes im Traum eine ebenso wichtige Rolle wie die männliche Selbst-Persönlichkeit gespielt hat. Doch diese übernimmt im Traum die Führung. Der junge Grieche wird zum Leitbild des Traumes, zum dynamischen

Spiegelbild seiner Selbst-Persönlichkeit. Als Leitfigur ist er sein Spiegelbild. Der therapeutische Weg aus der Fixierung in der Spiegel-Homosexualität führt über die *Wahrnehmung des Leitbildes*. Der strahlende junge Mann veranlaßt M., ihn zusammen mit der alten Mutter zu fotografieren. Warum sträubt sich M. dagegen? Auf diese Frage würde er antworten, die alte Frau passe nicht zum leuchtenden jungen Manne. Ich vermute jedoch, daß er die alte Frau nicht als bloße Souvenirverkäuferin sehen will, die nur vergangene Erinnerungen anzubieten hat. Er will sie weiterhin als Große Mutter der Einheitswirklichkeit erleben, und den jungen Mann als ihren Vasallen. Aus der Perspektive des Verschmolzenen ist es für ihn gefährlich, den Glanz des Griechen als den Glanz einer aktiven männlichen Selbst-Persönlichkeit wahrzunehmen. Denn das würde die Lösung aus der mütterlichen Verschmelzung bedeuten. So willigt er zwar ein, beide zusammen auf dem gleichen Bild aufzunehmen, aber seine Wahrnehmung ist eine ›ab-geblendete‹, er läßt das Licht nur spärlich einfließen, und die Bilder werden ›unterbelichtet‹.

Ich schulde M., einem 35jährigen Geisteswissenschaftler, mit dem ich mehrere Jahre lang intensiv analytisch gearbeitet habe, das reichste Fallmaterial für dieses Buch. Dank ihm und anderen Männern, die bei mir in Analyse waren, erhellte sich in mir nach und nach das Modell der Spiegel-Kommunikation zur Befreiung der homosexuellen Dynamik bzw. zur Integrierung der Homosexualität. Ich verändere die Angabe zu den Personen in einer Weise, daß Identifizierungen ausgeschlossen sind. Die fingierten Angaben sollen aber den tiefenpsychologischen Befund nicht verfälschen.

M., der sich trotz einiger heterosexueller Erfahrungen als vorwiegend homosexuell erlebte und auch mehrere homosexuelle Beziehungen eingegangen war, geriet im Alter von 29 Jahren in eine tiefe Krise, die mit seinem um sechs Jahre jüngeren Freund zusammenhing. Ich nenne ihn Günther. Dieser war zwar M. in einer tiefen Freundschaft zugetan, empfand jedoch die homosexuelle Fixierung M.s als ein immer größeres Hindernis zur Freundschaft. Er fühlte sich von M. in eine passive Rolle gedrängt: in die Partizipation am allmächtigen Vater. Das Hauptproblem jedoch bestand darin, daß M. durch die Faszination, die er auf Günther ausübte, dessen Beziehungsfähigkeit zur Frau schwer beeinträchtigte, was im Freund eine Identitätskrise hervorrief, die zu zeitweiligen Depersonalisationserscheinungen führte. Günther hatte den Eindruck, seine Heterosexualität werde von M. übersehen; M. akzeptiere ihn nicht in seiner Liebesfähigkeit zur Frau. Eine Beziehung Günthers zu einem Mädchen ging in die Brüche. Nun drohte auch die Verbindung zwischen den beiden Freunden auseinanderzufallen. Doch sowohl für M. wie für Günther war dies die erste wirklich zentrale Freundschaft zu einem Mann. Beiden lag viel daran, sie zu retten. Nachdem M. in einer ersten Phase der Freundschaft Günther der Heterosexualität entfremdet hatte, indem er sie aus seiner Wahrnehmung ausblendete, geschah in einer zweiten Phase das Gegenteil. M. vermochte seinen Freund gerade in seiner Heterosexualität immer ganzheitlicher wahrzunehmen. Es kam zu einer fruchtbaren Spiegel-Kommunikation, durch welche M. in Günther sein heterosexuelles Leitbild wahrzunehmen begann. Später in der Analyse sagte M.: »Anfänglich meinte ich, ich liebe Günther, ›obwohl‹ er heterosexuell war. Nach und nach merkte ich, daß ich ihn liebte, auch *weil* er heterosexuell war; er zog mich als ganz konkretes Individuum an, als der, welcher er wirklich war, also auch als Heterosexueller.«

Zur gleichen Zeit verliebte sich M. zum ersten Mal in seinem Leben in eine Frau: Katharina. Der Zusammenhang zwischen M.s ganzheitlicher Wahrnehmung des heterosexuellen Freundes und seiner wachsenden Liebesfähigkeit zur Frau war unübersehbar. In der Analyse wurde er bestätigt und geklärt. Ich werde in dieser Arbeit noch mehrmals darauf zu sprechen kommen.

Vor uns liegt eine Bühne, die ebenso wie der Saal, wo wir sitzen, vollständig im Dunkeln liegt. Ein Scheinwerfer leuchtet hell auf. Eine Gestalt ersteht wie aus dem Nichts. Der Pegel des Scheinwerfers ist kaum größer als sie. Unser Auge hängt an ihr, als wäre die ganze Welt in ihr konzentriert. Ihr Glanz ist so intensiv, daß wir, würden wir aufgefordert, sie zu beschreiben, kaum mehr sagen könnten als: vor uns steht im hellsten Lichte eine Gestalt. Auf einmal hat der Scheinwerfer die Gestalt verlassen und ist weitergewandert. Wir realisieren es erst, als es geschehen ist. Denn vor uns steht im strahlendsten Lichte eine zweite Gestalt. Der Scheinwerfer muß also von der ersten weg zu dieser zweiten gewandert sein. Aber diese Überlegung stellen wir gar nicht an. Auch der Unterschied zwischen einer ersten und einer zweiten Gestalt scheint uns unwichtig. Das einzige, was uns in den Bann zieht, ist diese Gestalt, die wie eine Sonne vor uns strahlt, so daß wir auch vergessen, daß es einen Scheinwerfer gibt, der sie an strahlt und Ursache ihres Lichtes ist. Und wieder wandert der Scheinwerfer weiter: eine dritte Lichtgestalt. Das heißt: weder eine erste, noch eine zweite, noch eine dritte, sondern einfach *die* Lichtgestalt. Durch sie fasziniert, haben wir vergessen, daß es eine Bühne gibt und einen Scheinwerfer, der auf einer Bühne von einer Gestalt zu einer andern wandert, und daß jede Gestalt aus dem Dunkel auftaucht und wieder ins Dunkel zurückfällt.

Ich habe in der einen psychischen Dynamik zwischen dem homosexuellen und dem heterosexuellen Aspekt unterschieden. Der Einfachheit halber nannte ich den homosexuellen Aspekt *homosexuelle Dynamik* und meint damit die eine der beiden Arten, in denen sich die psychische Dynamik in jedem Individuum manifestiert. Es mag zunächst seltsam anmuten, die psychische Dynamik als eine homosexuelle oder heterosexuelle zu bezeichnen, also von der Beziehung zu einem gleich- oder gegengeschlechtlichen Partner her zu definieren. Wäre es nicht angemessener, statt von homosexueller Dynamik von Dynamik der Selbst-Persönlichkeit zu sprechen, da die Dynamik, um die es ja geht, auf die möglichst umfassende Selbst-Wahrnehmung zielt? Man kann in der Tat eine Dynamik oder Entwicklung von ihrem Ziel her benennen. Ich ziehe es vor, sie vom Ort her zu definieren, wo sie sich verwirklicht. Der Ort, wo Selbst-Wahrnehmung im beschriebenen Sinne stattfindet, ist die Spiegel-Kommunikation in einer gleichgeschlechtlichen Beziehung, das heißt die Wahrnehmung meines nächsten Entwicklungsschrittes zu einer neuen, ganzheitlichen Gestalt in einem männlichen Leitbild, das ich als mein dynamisches Spiegelbild identifiziere: als ein Individuationssymbol. Es gibt keine zentrale gleichgeschlechtliche Beziehung, weder in Fällen von fixierter noch integrierter Homosexualität, noch bei Individuen, deren Grundeinstellung stets eine heterosexuelle war, wo nicht die Wahrnehmung der Kern-Persönlichkeit intendiert ist.

Mit anderen Worten: Die der homosexuellen Dynamik eigentümliche *Wirklichkeitserfassung* zielt immer auf eine neue *Ganzheit in einer einzigen Gestalt*. Die *heterosexuelle Wirklichkeitserfassung dagegen* bewegt sich auf eine ganzheitliche Konstellation zu, in welcher ich nur *der eine – männliche – Pol* bin und *der andere Pol –* der *weibliche –* vor meinem äußeren und inneren Auge Gestalt annimmt, als Partnerin und Anima. Von der homosexuellen Dynamik her nehme ich meine potentielle Ganzheit ›wie in einem Spiegel‹ als Spiegelbild wahr, zu dem ich, weil es mit meiner aktuellen Selbst-Persönlichkeit nicht identisch ist, zuerst eine Verbindung herstellen muß. In der Sichtweise der heterosexuellen Dynamik dagegen bin ich mit mir als Mann identisch. Das Neue ist die erweiterte, mannweibliche Konstellation. Hier gibt es keine Abspaltung eines neuen Spiegelbildes, von dem her ich die Verbindung zu mir als Gespiegeltem herstellen müßte. In der heterosexuellen Wirklichkeitserfassung nehme ich mich als mann-weibliche Ganzheit durch die Konstellation zweier gleichzeitig miteinander in Verbindung stehender gegengeschlechtlicher Pole wahr. Sowohl die heterosexuelle als auch die homosexuelle Wirklichkeitserfassung zielen auf eine Ganzheit, aber in verschiedener Weise: die erste durch die Konstellation eines männlichen und eines weiblichen Pols, die getrennt wahrgenommen werden, und die zweite durch eine einzige *hermaphroditische Gestalt,* in der meist die Geschlechtsidentität des Wahrnehmenden dominiert.

Jung war vor allem durch die ›heterosexuelle‹ Sicht fasziniert, wenn auch die ›homosexuelle‹ keineswegs fehlt, wie sein Interesse für die Archetypen des Helden und des Alten Weisen beweist, die beide die männliche Ganzheit in einer einzigen Figur zeigen, im Gegensatz zur »archetypischen Idee der Syzygie oder coniunctio des Mann-Weiblichen«,[82] wie sie etwa im ›Rex-et-Regina-Motiv‹ erscheint.

Freud bezeichnete zwar die Homosexualität als ursprünglichen Partialtrieb. Dessen Entwicklung jedoch interpretierte er im Lichte der heterosexuellen Wirklichkeitserfassung, nämlich innerhalb des Grundmusters des Ödipuskomplexes. Der homosexuelle Partialtrieb muß sich also ins ›heterosexuelle Familienbild‹ einfügen. Er verliert seine autonome Bedeutung.

Meine Beschäftigung mit dem Problem der Homosexualität hat mich dazu geführt, in dieser nicht bloß einen Partialtrieb oder wie *Boss* eine Verengung des Blickfeldes und der Welterfahrung oder wie *Jung* die Verschmelzung mit dem Archetypus des Hermaphroditen zu sehen. Ich sage: nicht nur, denn all dies halte ich aus der jeweiligen Perspektive für richtig. Darüber hinaus jedoch meine ich, daß mit Homosexualität – nicht in der pathologischen Rezeption dieses Begriffs als homosexuelle Fixierung und heterosexuelle Liebesunfähigkeit, sondern allgemeiner verstanden als die vorherrschende Begabung zur Liebe eines Menschen gleichen Geschlechts – eine besondere Art der Wirklichkeitserfassung gemeint ist, die der heterosexuellen gleichwertig ist. Das Studium der homosexuellen Fixierung führt schließlich von der Pathologie fort und hin zu einem der beiden Wege, auf denen psychische Wirklichkeit wahrgenommen wird. Die beiden Wege stehen in einem kompensatorischen Verhältnis zueinander. Keiner kann den anderen ersetzen. Ich versuche, in diesem Kapitel einige hervorstechende Eigentümlichkeiten in der gleichgeschlechtlichen Wirklichkeitserfassung darzustellen. Männer, die sich als *bisexuell* bezeichnen, ohne der wegen des gesellschaftlichen Drucks verbreiteten Verdrängungs-Bisexualität zum Opfer zu fallen, und auch sexuelle Kontakte mit Frauen aus Lust und nicht aus Anpassung eingehen, sowie Heterosexuelle mit echten homosexuellen Beziehungserfahrungen (und deren gibt es viele!) und Homosexuelle mit echten heterosexuellen Beziehungserfahrungen (auch deren gibt es viele!) behaupten übereinstimmend, *die Qualität der homosexuellen und die der heterosexuellen Begegnung* sei *grundverschieden.* Man erlebe sich dabei ganz anders. Auch die genitale Begegnung wird anders wahrgenommen.

Um dies zu verstehen, kehren wir zur lichtvollen Gestalt auf der

Bühne zurück. Ihre Wahrnehmung ist auf zwei Arten möglich. Ich kann sie als *lichtvolle* Gestalt oder als lichtvolle *Gestalt* sehen. Im ersten Falle bin ich vom hellen Glanz, der auf ihr liegt, so fasziniert, daß ich wichtige andere Tatsachen auf der Bühne einfach nicht sehe oder ohne Interesse sehe und gleich wieder vergesse, nämlich die Tatsache, daß sich der Scheinwerfer auf der Bühne bewegt und verschiedene Gestalten beleuchtet, auch wenn ich gleichzeitig immer nur eine sehe – außerdem die Tatsache, daß die Gestalt vor mir nicht ihre eigene Lichtquelle hat, sondern von einem außerhalb von ihr befindlichen Scheinwerfer angestrahlt wird. Im zweiten Falle sehe ich wohl den Glanz der Lichtgestalt, aber ich habe mich von ihm nicht so sehr blenden lassen, als daß ich die erwähnten drei Tatsachen übersehen hätte. Es gelingt mir also, mit meinem inneren Auge aus dem Nacheinander der verschiedenen Gestalten ein Miteinander zu machen und auch meinen Blick für deren Verschiedenheiten zu schärfen.

Das beiden Gemeinsame ist dies, daß sie in einem bestimmten Moment immer nur von einer Gestalt ganzheitlich fasziniert sind, und zwar so sehr, daß die Gestalt auf der Bühne, wegen des nicht zu überbietenden Lichtes, das sie umfängt, einer Selbst-Erfahrung gleichkommt. Das ist ein Bild für die gleichgeschlechtliche Wirklichkeitserfassung. Diese stellt kein ›Gruppenbild der Psyche‹ dar, in welchem gleichzeitig verschiedene Figuren zu einer ganzheitlichen Gestalt konstelliert sind. Sie bedeutet auch kein Bild der psychischen Ganzheit als Spannungsfeld zwischen einem männlichen und weiblichen Pol. Der Platz des Zuschauers ist nicht auf der Bühne. Er sitzt im Dunkel des Zuschauerraumes. Das ganze Licht wird in einer einzigen Gestalt gebündelt, die keine Beziehung zum Betrachter hat. Die Faszination (›fascis‹: das Bündel) gilt nicht einer innerpsychischen ›Gruppen-Konstellation‹, sondern dieser einen Gestalt als dem neuen Bilde der Selbst-Persönlichkeit – als einem Individuationssymbol.

In drei Schritten möchte ich den Leser in die Eigentümlichkeiten der *gleichgeschlechtlichen Wahrnehmung* einführen. Zunächst weise ich auf die Konsequenzen hin, wenn unter dem Eindruck der starken Faszination die Frau als Lichtquelle und Spiegel über-sehen wird. Hernach komme ich auf die Schwierigkeiten zu sprechen, die der an die lichtvolle eine Gestalt Fixierte zu bewältigen hat, um sich selber als mann-weibliche Ganzheit anzunehmen. In dem Zusammenhang beschäftigen wir uns mit der Figur des Hermaphroditen. Er ist zur Beantwortung der Frage nach der spezifischen gleichgeschlechtlichen Wahrnehmung von besonderer Bedeutung. Und schließlich zeige ich, wie aus der Wahrnehmung des Hermaphroditen die Fähigkeit auch zur zweiten, nämlich der gegengeschlechtlichen Wirklichkeitserfassung wachsen kann.

Die verbreitete *Promiskuität* bei fixierten Homosexuellen entspringt der Identifizierung mit dem Scheinwerfer, der von Gestalt zu Gestalt wandert. Sein Licht ist so faszinierend, daß weder seine Bewegung noch die Verschiedenheit der Gestalten wirklich registriert werden. Man geht ganz in die Bewegung des Scheinwerfers ein und erlebt sie als eine sich steigernde Intensität. Deshalb bewegt sich der innere Scheinwerfer immer rascher. Aber auch dies wird nicht registriert. Denn die ganze Aufmerksamkeit ist auf das Licht konzentriert, das man sich immer noch intensiver wünscht. Die Zwischenzeiten, in denen der Strahl des Scheinwerfers sich in der Leere der Bühne verliert, sind unerträglich. Die Befreiung kommt vom plötzlichen Aufblitzen der einen Gestalt aus dem Dunkel. Die Eigenart der einzelnen Verschiedenen wird zur störenden Banalität.

Wir treffen hier wieder die Identifizierung mit dem Spiegel, den ich durch das Bild des Scheinwerfers als Lichtquelle verdeutliche. Der Spiegel-Homosexuelle ist durch den Glanz fixiert, der von der Mutter auf den Sohn fällt. Er selber, der Ungespiegelte, wird zum mütterlichen Spiegel, zum Scheinwerfer, der einen jungen Mann anstrahlt. Weder kann er ihn vom Glanz des Spiegels – vom Lichte des Scheinwerfers – unterscheiden, noch sich zu ihm als eigenes Spiegelbild in Beziehung setzen.

Wie wirkt sich dies auf die Beziehung zwischen einem Spiegel-Homosexuellen und seinem meist jüngeren Freunde aus? Dieser fühlt sich zunächst, dank dem starken, warmen Glanz, der von seinem Freunde auf ihn fällt, in seiner zentralen Persönlichkeit bestätigt, gefördert, in seiner Männlichkeit gestärkt. Früher oder später jedoch merkt er, daß sein Partner ihn gar nicht wirklich sieht. Ich erinnere an Günther, dessen Heterosexualität von seinem Freunde M. einfach ausgeblendet wurde. Jetzt gerät der Jüngere in eine ambivalente Gefühlslage. Einesteils erlebt er sich immer noch von der ›Spiegelmächtigkeit‹ seines Freundes gehalten und in seiner männlichen Selbst-Persönlichkeit anerkannt und stimuliert. Andererseits wächst die Angst, der Partner meine einen ganz anderen Menschen;

die Aufdeckung des Mißverständnisses werde zum Abbruch der Freundschaft führen. Die anfänglichen noch vagen Erwartungen, ›zusammen mit dem Freund ein Mann zu werden‹, wandeln sich nach und nach in Frustration und Wut: »Der andere nimmt mich nicht ernst. Er setzt seine Wirklichkeit anstelle der meinen. Neben ihm komme ich als Mann gar nicht zum Zuge. Er sieht auf mir nur den Glanz des jungen Mannes; ich könnte irgendeiner sein. Werde ich älter, wird er mich verlassen. Eigentlich braucht er mich nur zu seiner Bestätigung.«

Die Beziehung hat sich unversehens, aber fundamental verändert. Es sieht aus, als habe der Spiegel-Homosexuelle die Anfangssituation – glanzvolle Spiegelung des jungen Freundes – aus taktischen Gründen geschaffen, um die zweite Situation – Ausnützung des Freundes zur eigenen männlichen Bestätigung – herzustellen. Dem ist natürlich nicht so. Was aber hat sich abgespielt? Meine Antwort auf diese Frage verweist auf die Punkte, die dem fixierten Homosexuellen nicht wahrnehmbar sind. Dessen Faszination gilt – wie jede homosexuelle Faszination – dem Spiegelbild der eigenen Selbst-Persönlichkeit. Auf diesem Stadium wird sie noch undifferenziert als »lichtvolle Gestalt«, eine Vermischung von weiblichem Spiegel und männlichem Gespiegelten, erlebt. In Fällen von integrierter Homosexualität folgt auf dieses *erotische Ausgangssignal*, das als *Integrationssignal* verstanden wird, die aktive Auseinandersetzung mit dem Partner, das heißt es beginnt die Spiegel-Kommunikation, dank welcher aus der ›Lichtgestalt‹ die Züge einer neuen Figur der Selbst-Persönlichkeit in immer deutlicherem Profil hervortreten.

In dem von mir geschilderten Fall von fixierter Homosexualität jedoch passiert *statt der aktiven Auseinandersetzung die passive Verschmelzung*. Statt mit dem Jüngeren als dynamischem Spiegelbild in Beziehung zu treten, sonnt sich der Ältere im Spiegelglanz des Freundes. Meist dauert es nicht lange, bis im Spiegel-Homosexuellen, von ihm selber unbemerkt, die Angst wächst, durch die Beziehung zum jüngeren ›einzigen Mann‹ die eigene Männlichkeit zu verlieren. In der Tat ist er der Wahrnehmbarkeit seiner männlichen Selbst-Persönlichkeit in dem Augenblick verlustig gegangen, als er mit seinem Freunde verschmolz. Auf dem Hintergrund dieser Angst ist sein neues Verhalten zu sehen: Hat er den Freund zu Beginn gespiegelt, will er jetzt von ihm gespiegelt werden. Erst in dieser Umkehrung wird es auch dem jüngeren Freunde bewußt, daß der Ältere zu ihm nicht in einer Spiegel-Kommunikation stand, in der jeder im anderen das dynamische Leitbild einer künftigen zentralen Persönlichkeit sieht, sondern in einer Verbindung, die der zwischen Mann und Frau ähnlich war, nämlich der zwischen Spiegel und Gespiegeltem, in dem jeder Partner im Spiegelglanz des anderen sich in seinem So-Sein anerkannt, bestätigt, geliebt fühlt. Der Jüngere hat zu Beginn der Beziehung die eigentümliche Faszination genossen, gleichzeitig ein männliches Leitbild und einen weiblichen Spiegel zu haben. Nun, da er nach und nach realisiert, daß er weder das eine noch das andere hat, sondern im Gegenteil das ›Größen-Selbst‹ seines älteren Freundes spiegeln, bewundern, bestätigen müßte, merkt er, daß er in der Falle sitzt. Als einer, der ein Leitbild suchte, fühlt er sich nicht stark genug, die Beziehung aufzulösen, hat er doch noch die lichtvolle Befreiung, die er am Anfang erlebte, in spürbarer Erinnerung, und – wider besseres Wissen – hofft er, der andere würde ihm eines Tages doch noch zum männlichen Leitbild werden.

Viele homosexuelle Beziehungen entwickeln sich nach diesem Muster. Allmählich kommt es zum *Machtkampf*. Jeder kämpft darum, daß der Freund ihn als Mann sieht, anerkennt, bewundert, spiegelt. Andererseits versucht jeder, sich der Spiegelrolle zu entziehen: der andere soll spüren, wie schwach er ist. Dann erst ist er ganz auf ihn, den ›stärkeren Mann‹, angewiesen. In einer solchen Beziehung können sich nie beide gleichzeitig wohl fühlen. Triumphiert der eine, fühlt sich der andere minderwertig, und umgekehrt.

In extremen Fällen kann es soweit kommen, daß jeder den anderen aggressiv als Tunte beschimpft. Um selber als Mann gespiegelt zu werden, enthält man dem anderen die Spiegelung seiner Männlichkeit vor. Und hat sich dieser endlich mit seiner psychischen Entmannung abgefunden, wirft ihm der Freund ›weibische Haltung‹ vor. Denn eigentlich wollte auch er im Freunde ein männliches Leitbild finden. Indem er den Partner tadelt, er sei kein Mann, kehrt er zum Ausgangspunkt der Beziehung zurück, nämlich zum ungestillten Bedürfnis, in Spiegel-Kommunikation mit einem anderen Mann zur Wahrnehmung seiner männlichen zentralen Persönlichkeit zu gelangen. An diesem Punkt lösen sich viele homosexuellen Beziehungen auf. Mit Sehnsucht wird darauf gewartet, daß vor dem Scheinwerfer der eigenen Spiegelmächtigkeit eine neue Gestalt aufleuchtet.

Es gibt in der *homosexuellen Selbst-Wahrnehmung* keine Polarität des Miteinander, sondern nur eine *Polarität des Nacheinander*. Die Erklärung ist einfach. Ihr Ziel ist die Wahrnehmung der Selbst-Persönlichkeit als ganzheitliche Gestalt. Im Blickfeld steht immer nur eine einzelne Figur: sie verkörpert den nächsten Schritt zu einer neuen Selbst-Persönlichkeit. Ihre Stärke liegt in der Faszination durch die Ganzheitlichkeit dieser einen Gestalt. So wie der Schamane im einen Spiegel die ganze Welt sieht,[83] erblickt der Mann in seinem Freund das Spiegelbild seiner ganzen Selbst-Persönlichkeit. Zwar lebt der Freund nur einzelne Aspekte davon, aber die Faszination kommt von deren Verbindung zur eigenen Ganzheit. Die Gefahr der homosexuellen Selbst-Wahrnehmung ist die Ungeschichtlichkeit. Wer allein auf sie angewiesen ist und nicht die heterosexuelle Selbsterfahrung zu Hilfe nehmen kann, dem bereitet das In-Beziehung-Setzen des Gestrigen und Heutigen Mühe. Denn gestern und heute erlebt er das gleiche, nämlich das Aufleuchten derselben männlichen Gestalt in sich wandelnden Erscheinungen. In der analytischen Tätigkeit fällt auf, wie oft Homosexuelle ihren neuen Freund mit ähnlichen Worten beschreiben, wie sie ihren letzten Freund zu Beginn jener Beziehung geschildert haben. Die Individuation bleibt so natürlich blockiert, denn es kommt in keinem Falle zu echter Spiegel-Kommunikation. Ein solcher Homosexueller verkörpert den Typus des *ewig Aufbrechenden*. Nicht nur in seinen Freundschaften, sondern auch auf der Suche nach dem eigenen Wege, zum Beispiel zu beruflicher Erfüllung, lebt er geschichtslos. Oder genauer gesagt: seine Geschichtlichkeit erschöpft sich in jenen kurzen Phasen, in denen er, plötzlich von einem Bild einer möglichen Entfaltung seiner zentralen Persönlichkeit gepackt, in Bewegung gerät und dann auch oft zu eindrucksvollen Leistungen fähig ist. Ich erinnere an die Gestalt des Lawrence of Arabia, wie er im gleichnamigen Film dargestellt wird. Auf den grandiosen, fulguranten Aufbruch folgt der Zusammenbruch. Denn die Aktivität stammt nicht aus einer integrierten Selbst-Persönlichkeit, sondern aus einer Art von Vision, die der Homosexuelle von dieser auf einmal erlebt. Sie kommt ihm wie von außen zugeflogen. Er hält sie im Fluge auf, und solange er sie zu halten vermag, steigt er im Aufwind seiner Begeisterung empor. Solange die Selbst-Persönlichkeit nicht im eigenen Zentrum wahrgenommen wird, kann keine geschichtliche Verbindung zwischen ihren verschiedenen Verkörperungen hergestellt werden. Alles spielt sich wie auf der Bühne ab: er ist Zuschauer und beobachtet fasziniert, wie eine Manifestation seiner Selbst-Persönlichkeit die andere ablöst. Seine Verbindung zu ihnen ist eine ästhetische, nicht eine existentielle. Erst die Spiegel-Kommunikation würde es ihm ermöglichen, die ungeschichtlich aus dem Nichts aufblitzenden Erscheinungen zu sich in einem verständlichen Zusammenhang ablösenden, plastisch profilierten Gestalten aus Fleisch und Blut zu wandeln. Erst dann würde das unbezogene Nacheinander zum geschichtlichen Prozeß, in dem Individuation stattfinden könnte.

In Poesie und Prosa homosexueller Autoren fiel mir die überdurchschnittliche Häufigkeit von Wörtern auf, die einen unvorbereiteten, nicht vorhersehbaren und nicht lenkbaren Einbruch von etwas ganz Neuem ausdrücken. Es wäre reizvoll, diesbezügliche Textanalysen anzustellen. Sie würden sicher das starke Überwiegen der homosexuellen Wirklichkeitserfassung bestätigen bzw. diese dadurch veranschaulichen. Wörter wie ›plötzlich‹, ›auf einmal‹, ›blitzartig‹ gehören zu dieser ganzheitlichen, aber unbezogenen Wirklichkeitserfassung, dann visuelle Wörter, wie ich sie in der Beschreibung der Spiegel-Kommunikation brauche. Es gibt auch heterosexuelle Autoren, bei denen die Häufigkeit solcher Wörter eine überdurchschnittliche ist. Doch immer sind es Menschen, die eine besondere Begabung oder Sehnsucht nach der gleichgeschlechtlichen Freundschaft haben und gleichzeitig durch das ästhetische Bild die Integration der Selbst-Persönlichkeit ersetzen. Ich werde dies am Beispiel *Rilkes* im 12. Kapitel über den Spiegel-Freund zeigen.

Viele Träume Homosexueller umkreisen das ›Identitätsproblem‹. Der Verlust der Identität, der sich zum Beispiel als Verlust des Passes, des Portemonnaies, eines wichtigen Koffers ausdrückt, wird als quälend erlebt. Solche Träume treten natürlich in der analytischen Situation besonders häufig auf. Aber ich weiß von Analysanden, daß sie ähnliche Träume bereits vor Beginn ihrer Analyse hatten. Das Nacheinander der vom Scheinwerfer angestrahlten Schauspieler auf der Bühne ersetzt die Selbst-Wahrnehmung nicht. Erst wenn die Schauspieler von der Bühne heruntersteigen und als Spiegelbilder der zentralen Persönlichkeit wahrnehmbar werden, bekommt der Analysand das Gespür für seine Geschichtlichkeit und damit auch für die Kontinuität seiner Existenz. Die Angst vor einer plötzlichen Bedrohung geht zurück und an ihre Stelle tritt lebendige innere Wahrnehmung der aktiven Kern-Persönlichkeit. Diese gewinnt bald an Farbigkeit, Flexibilität, Plastizität. Die im weiten Umkreis verstreuten Selbst-Bilder sammeln sich in einer einzigen ›Laterna magica‹, in der es zwar immer noch kein Miteinander verschiedener Gestalten gibt, aber der jetzt fließende Übergang von der letzten zu dieser und von dieser zur nächsten Gestalt vollzieht sich an ein und demselben Ort. So können die sich ablösenden Gestaltungen der Selbst-Persönlichkeit in Beziehung zueinander gesetzt werden, und das *Nacheinander* wird nach und nach auch als *Nebeneinander* und *Miteinander* erfahren.

Aus der Eigenart homosexueller Wirklichkeitserfassung wird klar, warum ein Mann, der sie nicht durch die heterosexuelle auspendeln kann, in ständiger Angst steht, eine weibliche Identität könnte in seiner Psyche die Führung übernehmen. Ich werde dieser Frage vor allem im nächsten Kapitel nachgehen. Hier beleuchte ich sie nur von der spezifischen Wirklichkeitserfassung her. Solange ich unfähig bin, mich gleichzeitig auf einem Bilde mit meiner weiblichen Anima zusammen zu sehen, bedroht jede aus der Seele auftauchende weibliche Gestalt meine männliche Identität: Entweder bin ich eine Frau oder ein Mann, aber beides in einem kann ich nicht wahrnehmen. Entsprechend der ganzheitlichen Art seiner Selbst-Erfassung erlebt sich der Homosexuelle entweder als männliche Persona oder als weibliche Anima: als Persona- oder Anima-Identität. Das Miteinander beider ist ihm unmöglich. Nachfolgend hermaphroditische Träume werden dies veranschaulichen. Die oft aggressive männliche Persona von Spiegel-Homosexuellen trägt den Kampf gegen die auf Integrierung drängende Anima nach außen. Ihre Aggressivität zeigt die große Anstrengung, die aufgebracht wird, um der männlichen Persona die Dominanz über die weibliche Anima zu sichern. In dieser Perspektive würde die Wahrnehmung der Anima die Anerkennung einer weiblichen Identität bedeuten. Nur gegen diese sträubt sich der Spiegel-Homosexuelle. Wir werden jedoch sehen, daß es auch für die homosexuelle Wirklichkeitserfassung möglich ist, das Weibliche wahrzunehmen, ohne der männlichen Identität verlustig zu gehen.

Die Ganzheit in einer einzigen Gestalt ist *hermaphroditisch*. Am Beispiel von zwei Gemälden, die ich miteinander vergleiche, illustriere ich den Unterschied zwischen dem Hermaphroditen als unbezogene, ungeschichtliche Licht-Gestalt, in welcher allein der Glanz wahrgenommen wird, und dem Hermaphroditen als geschichtliche, wirklichkeitsbezogene Gestalt, in der außer dem Glanz auch die Besonderheiten der Gestalt wahrgenommen werden. Im ersten Falle ersetzt das ästhetische Erlebnis die Integrierung der Selbst-Persönlichkeit. Der zweite beinhaltet die Wahrnehmung einer neuen Gestalt der Selbst-Persönlichkeit. In beiden Gemälden kommt das ›Ausgangssignal‹ von der zentralen Lichtquelle. Das erste Gemälde trägt den Namen »Glad Day« und stammt von *William Blake*. Der in allen Farben nach außen strahlende helle Knabe im Zentrum ist der beziehungslos über der Wirklichkeit, oder besser: in seiner subjektiven Wirklichkeit, schwebende *Ur-Hermaphrodit*. Seine weiche Gestalt ist männlich und weiblich zugleich. Der helle Glanz ersetzt seine individuellen Züge. Er ist der »zufriedene Tag«, von dem niemand sagen kann, wie er angefangen hat und enden wird. Wie durch ein Wunder herrscht totale Harmonie: ein Lichtblitz universalen Glücks. Die Faszination durch die ganzheitliche Gestalt läßt ganz vergessen, daß auch sie eine Geschichte hat – und Geschichte werden möchte. Solange wir den »zufriedenen Tag« wie von draußen angeflogen erleben, das Aufleuchten einer Sonne von irgendwoher, und die Richtung seiner Strahlen nicht umkehren, ihn also statt von außen nach innen von innen nach außen leuchten lassen und als Gestimmtheit der Selbst-Persönlichkeit wahrnehmen, kann er nicht zum ersten Tag einer Gestaltwerdung, nämlich zu einem Individuationssymbol werden.

Der »Auferstandene Christus« vom Isenheimer Altar *Matthias Grünewalds* ist das andere Bild einer ganzheitlichen männlichen Lichtgestalt mit mann-weiblichen Zügen. Auch er ist das Zentrum intensivster Strahlung. Auch er schwebt über der Wirklichkeit. Aber im Gegensatz zu *Blakes* »Glad Day« ist er das Zentrum eines strukturierten Bildes. Seine Strahlung hat sich in konzentrischen Ringen geordnet; sie zerfließt nicht einfach nach außen: die Energie bleibt der Figur im Verströmen erhalten. Sie ist als Eigenaktivität erfahrbar. Ihr Schweben bedeutet kein Entfliehen aus der äußeren Wirklichkeit, vielmehr das Ergebnis der von Erfolg gekrönten Auseinandersetzung mit dieser. Konkrete Einzelheiten im unteren Teil des Bildes weisen auf den konkreten Charakter dieser Auseinandersetzung: die Wächter und das Grab.

Er ist also nicht der *Ur-Hermaphrodit,* sondern der *Ziel-Herm-*

aphrodit, das Selbst als ganzheitliche Gestalt. Die Spiegel-Kommunikation mit ihm bedeutet Wahrnehmung einer neuen Selbst-Persönlichkeit. Weder der Ur-Hermaphrodit noch der Ziel-Hermaphrodit erscheinen als Zerrissenheit zweier gegensätzlicher Pole, des männlichen und des weiblichen. Der Ur-Hermaphrodit steht noch nicht in ihrem Spannungsfeld. Der Ziel-Hermaphrodit hat in seiner männlichen Ganzheit die Gegensätze vereinigt. Zwischen beiden aber erstreckt sich der lange Weg der Individuation. Für die heterosexuelle Dynamik bedeutet dieser Weg die Integrierung des Männlichen und Weiblichen in einer einzigen Selbst-Persönlichkeit. Für die homosexuelle Dynamik ist er ein Schreiten von Ganzheit zu Ganzheit. Der Hermaphrodit ist ihr Symbol, weil er die Ganzheit in einer einzigen Gestalt zeigt.

Durch die Besprechung von drei hermaphroditischen Träumen Z.s soll die Schwierigkeit deutlich werden, innerhalb der homosexuellen Dynamik das Weibliche wahrzunehmen. Im ersten Traum sieht Z. einen südländischen, etwas dicklichen jungen Mann mit schwarzen Locken, der mit seinem halb steifen Glied spielt. Der Träumer beobachtet ihn, wird aber von ihm nicht beachtet. Jetzt ist der junge Mann mit einem Mädchen zusammen, das ein männliches Genital hat. Der Träumer spielt ebenfalls mit seinem Glied, und der Hermaphrodit schaut ihm zu. Aber er befürchtet, der Hermaphrodit könne sein Onanieren als Einladung verstehen, mitzumachen. Er ist jedoch von diesem mann-weiblichen Wesen angeekelt. In der nächsten Sequenz steht der Träumer oben und schaut das Treppenhaus hinunter. Dort steht der dickliche junge Mann und breitet seine Krawatte aus. Z. denkt, er könnte ihn mit Speichel treffen, verzichtet aber darauf, hinunterzuspucken.

In der Analyse dieses komplexen Traumes beschränke ich mich auf einen einzigen Strang. Der dickliche junge Mann ist das Spiegelbild des Spiegel-Homosexuellen Z. Aber diese Verbindung nimmt Z. selber nicht wahr, lebt er doch seine Selbst-Persönlichkeit draußen in dem ihn faszinierenden Partner. Nur indem er mit ihm verschmilzt, spürt er seine eigene männliche Dynamik. Deshalb kann es zwischen den beiden nicht zur Spiegel-Kommunikation kommen. Deren Voraussetzung wäre ja die nicht nur äußere, sondern auch innere Wahrnehmung des Freundes, der so zum Mitspieler im geschichtlichen Drama einer Individuation würde. Da keine Spiegel-Kommunikation stattfindet, ist Z. nicht bereit, die Gestalt, die seine Selbst-Persönlichkeit verkörpert, wirklich zu sehen. Er sieht nicht, daß der weichlich wirkende Jüngling nicht nur der phallische Mann ist, an den sich Z. klammert, sondern auch weibliche Züge hat: er ist der Muttergeliebte, der auf der Schwelle zwischen Verschmelzung und Spiegelung stockt. Die Identität mit der Großen Mutter prägt seine Gestalt deutlich. Der Glanz des mütterlichen Spiegels sticht stärker ins Auge als die Gestalt des männlichen Spiegelbildes. Selbst sein Phallus ist ein mütterliches Attribut. Z., dessen männliche Persona ständig das Weibliche zurückstößt, weil er befürchtet, es könne ihm seine männliche Identität rauben, will im jungen Mann keinen heimlichen Hermaphroditen sehen. Doch der Traum drängt den Träumer zu dieser Wahrnehmung. Er läßt neben dem jungen Mann ein hermaphroditisches Mädchen erstehen. »Ich kann Zwitter nicht ausstehen«, assoziierte dazu Z. Aber eben dieser Hermaphrodit geht ihn etwas an, will er doch, im Gegensatz zum beziehungslosen Sehnsuchtsbild des jungen Mannes, mit ihm Kontakt aufnehmen. Er ist das reale Bild seiner jetzigen psychischen Wirklichkeit. Der fixierte Homosexuelle kann seine männliche Kern-Persönlichkeit nicht wahrnehmen, weil er durch seine Verschmelzung mit der Mutter-Imago ein psychischer Hermaphrodit ist. Die Begegnung mit diesem ist ihm verhaßt: der begehrte Freund soll ihn davor schützen. Aber eben diese Begegnung mit dem Hermaphroditen erweist sich als heilsam. Denn sie ›entmythologisiert‹ radikal das Sehnsuchtsbild des Freundes. Neben der ungeschichtlichen Lichtgestalt erscheint deren eigentliche, aber ausgeblendete Bedeutung: die Identität eines Sohnes mit der Mutter, eines Mannes mit der Frau. Der begehrte Freund und der verhaßte Hermaphrodit sind ein und derselbe. Der zweite zwingt zur Wahrnehmung des ersten. Aber Z. begreift den heilenden Sinn dieser Begegnung noch nicht. Er spürt nicht, daß die Gegensätze durch ihre Wahrnehmung auseinandertreten und zur männlichen Identifikation führen wollen. Befangen in der einen Wirklichkeitserfassung, nämlich der homosexuellen, sieht er im Aufscheinen ›zweier‹ Pole die Bedrohung der ›einen‹ männlichen Identität. Um dieser Bedrohung zu entkommen, blendet er schon im Traum den Hermaphroditen wieder aus und kehrt zum Ausgangspunkt zurück: zum männlichen Sehnsuchtsbild, das die Funktion hat, ihm die Frau vom Leibe zu halten. Eine genitale Beziehung wird angedeutet. Aber er kann darauf verzichten. Genügt ihm doch das ästhetische Bild mit seiner

Leuchtkraft, um ihn vor dem Hermaphroditen zu schützen. Der Traum führt so zu keiner Lysis, sondern an seinen Ausgangspunkt zurück bzw. an den Punkt, wo der Träumer vor dem Traum stand.

Die Träume fixierter Homosexueller haben oft ›uroborischen‹ Charakter: Das Ende krümmt sich wieder dem Anfang zu. Vielleicht ist dies bei allen narzißtisch Gestörten der Fall, wie überhaupt vieles, was ich von der sogenannten homosexuellen Wirklichkeitserfassung sage, allgemein für die ganzheitliche Wirklichkeitserfassung der Selbst-Persönlichkeit gilt, deren Störungen ja die des Narzißmus sind. Bei den Störungen der homosexuellen Fixierung wird die Selbst-Persönlichkeit besonders deutlich sichtbar, da sie im Bilde des begehrten Mannes die Aufmerksamkeit auf sich zieht. Bei anderen narzißtischen Störungen, die weiter zurückgehen als bis zur phallischen Stufe (drittes bis viertes Lebensjahr), ist das Selbst in seinem Persönlichkeitscharakter noch nicht wahrnehmbar. Sie sind viel schwieriger anzugehen, weil die Erfahrung des Selbst diffuser ist. Es fehlt ihnen die Konzentration in der einen ganzheitlichen Gestalt des begehrten Freundes. Mit den in der Entwicklung des Kindes früher anzusetzenden Störungen beschäftigt sich hauptsächlich *Heinz Kohut*. Auf dem Wege zur ›Heilung des Selbst‹ kann Leitbild-Homosexualität eine positive Rolle spielen, wie *Kohut* an einem Fallbeispiel zeigt. In Träumen narzißtisch gestörter Menschen beißt sich die Schlange immer wieder in den Schwanz: Dem Aufbruch zur Selbst-Wahrnehmung folgt die Rückkehr zur Ur-Verschmelzung. Auf die Begegnung mit dem Spiegelbild folgt die Verschmelzung mit diesem, das dadurch seine Spiegelbildfunktion einbüßt. Doch ist die narzißtische Wirklichkeitserfassung nur das Zerrbild einer jedem Individuum eigenen Möglichkeit, die Wirklichkeit wahrzunehmen, nämlich die Begegnung mit dem Spiegelbild der eigenen Selbst-Persönlichkeit als eine einzige Gestalt, wie überhaupt ›Narzißmus‹ immer ein ›Zerrbild der Selbst-Persönlichkeit‹ bedeutet und für deren Analyse eine unschätzbare Rolle spielt.

Diesen ersten hermaphroditischen Traum brachte Z. kurz nach Beginn der Analyse. Den nun folgenden zweiten hatte er ein Vierteljahr später, und zwischen dem zweiten und dritten lagen fünf Monate.

Im zweiten Traum befindet sich Z. in einem Kasperletheater. Von irgendwoher wird der Kasperle mit ›Miß Soundso‹ angerufen und zuckt zusammen. Dann erscheint der Innenminister. Der Kasperle-

Held bekennt: »Ich bin eine Frau.« Alle umarmen sich vor Freude. Der Innenminister spricht triumphierend mit jemandem zu seiner Rechten. Alle Personen sind nur in Brusthöhe sichtbar.

Der Träumer ist Zuschauer in einem Kasperletheater. Die Beziehung zwischen dem äußeren Drama und dem inneren Ort der Selbst-Persönlichkeit ist noch nicht hergestellt. Es fehlt also noch die Erfahrung einer starken, männlichen zentralen Persönlichkeit, von der aus Z. sein eigenes Weibliches als einen der beiden Pole seiner Psyche erkennen könnte. Die Alternative »entweder bin ich ein Mann oder eine Frau« ist für Z. noch gleichbedeutend mit der Abwehr oder Annahme einer weiblichen Identität. Aber die Wahrnehmung der eigenen Weiblichkeit läßt sich einfach nicht mehr ausblenden. Die analytischen Gespräche haben die Verschmelzung mit der Mutter-Imago zu deutlich gemacht. So bekennt sich denn der Kasperle – innerhalb der Logik der homosexuellen Wirklichkeitserfassung – als eine Frau. Da er Mann und Frau nicht miteinander als männliche Selbst-Persönlichkeit mit einer weiblichen Anima sehen kann, muß er, um dem Weiblichen endlich zum Durchbruch zu verhelfen, das undifferenzierte Bekenntnis aussprechen: »Ich bin eine Frau.« Weil ihm die Möglichkeit eines ›Miteinanders‹ nicht offen steht, wählt er das ›Nacheinander‹.

Z. situiert das schwierige Bekenntnis in einem Kasperletheater, in einem Raum, wo nicht alles für bare Münze gilt. Die Figuren sind hölzern. Ihr Leben kommt vom unsichtbaren Spielleiter, und wer weiß, was der alles im Hinterkopf hat. Z. behält sich einen Rückzieher vor. Außerdem sind seine Figuren nur bis Brusthöhe sichtbar: die untere, triebhafte Hälfte, wo man nichts vormachen kann, ist ausgeblendet. Trotz all diesen Vorbehalten und Distanz schaffenden Manövern will sich eine neue Selbst-Erfahrung durchsetzen: Der für die ›inneren Angelegenheiten‹ zuständige Innenminister spricht mit jemandem zu seiner Rechten.

Im Unterschied zum ersten Traum fällt auf, daß der zweite nicht mehr einen Hermaphroditismus des Miteinanders, sondern des Nacheinanders zeigt: Das männliche wird zu einem weiblichen Kasperle. Da Selbst-Wahrnehmung gleichbedeutend mit psychischer Wirklichkeit ist, scheint es mir legitim, das neue Bekenntnis des Kasperle zur Weiblichkeit so zu deuten. Es ist dies der erste Schritt, durch den sich die Selbst-Persönlichkeit in ihrem weiblichen Pol bejahen kann. Das Bekenntnis zur Weiblichkeit im zweiten Traum sticht von der Ablehnung des Hermaphroditen im ersten Traum ab: dieser wurde ausgeblendet.

Die archaische Wahrnehmung des Nacheinander geht der Wahrnehmung des Miteinander voraus. Bei Kindern beobachten wir oft das *Transvestitenspiel*: Ein Knabe spielt ein Mädchen, oder ein Mädchen spielt einen Knaben. Kinder verspüren eine starke Faszination, sich ganz und gar im Gegengeschlecht zu erleben. Menschen mit narzißtischen Störungen stoßen gar nie zum innerpsychischen Miteinander der beiden Geschlechter vor. Die Integration des gegengeschlechtlichen Seelenbildes ist ihnen von ihrer Erfassung der Wirklichkeit als ›einer Gestalt‹ her unmöglich. Sie identifizieren sich mit dem eigenen Geschlecht und wehren ihre Identität mit dem anderen ab. An Fastnacht spüren viele Menschen das Bedürfnis, das Gegengeschlecht wieder in der archaischen Wahrnehmung der ›einen‹ Gestalt in sich erstehen zu lassen. In *Virginia Woolfs* Roman »Orlando« begegnen wir dem gleichen Individuum zunächst als Mann und hernach als Frau. Ich betrachte das Buch als das Paradebeispiel, wie ein narzißtisch gestörtes Individuum doch noch zu einer ganzheitlichen Wahrnehmung seiner selbst gelangt, indem es das Nacheinander von Mann und Frau durchlebt.

Z. erzählte seinen dritten Traum wie folgt: »In einem mir bekannten Stadtviertel, das sich langsam zu einer mittelalterlichen Stadtanlage wandelt, spiele ich ein Gespenst. Ich bin bekleidet mit schwarz-grauen Höschen und einem Büstenhalter. Ich löse den Büstenhalter und schreie: ›Uuh, uuh…!‹ Die Kinder wissen nicht, was tun. Auch ältere Frauen stehen am Rande und verstehen den Auftritt nicht. Ich aber fühle mich ›befreit‹. Im Lichte einer Laterne sehe ich meinen Schatten auf dem Pflaster. Ich bin erstaunt zu bemerken, daß meine Brüste im Schritt wippen.«

Auch in diesem letzten Traum sehen wir ein Schauspiel. Aber seine Bedeutung ist verschieden. Z. will nicht mehr ein inneres Geschehen von sich weg auf eine Bühne abschieben und von einer hölzernen Figur ausagieren lassen. Hier ist Z. Spieler und Gespielter zugleich: Er spielt sich frei zu einer neuen Selbst-Wahrnehmung. Der Schauplatz ist nicht mehr eine Bühne, sondern ein Viertel, das zur mittelalterlichen Stadtanlage wird: Das In-Erscheinung-Treten der Anima von Z. entspricht einem archetypischen Individuationsmuster. Ich sehe darin nicht nur die Manifestation eines Mutter-Fixierten, sondern in erster Linie die archaische Selbsterfahrung im

Gegengeschlecht. Ich erinnere an Schamanen, die im aufnehmenden Kontakt mit einem Geist zur Frau werden. Es ist falsch, daraus die Homosexualität vieler Schamanen abzuleiten. Die gleichen Schamanen, die in Phasen der Begeisterung mit einem Mann genital verkehren, haben oft Frau und Kinder. Ihre Homosexualität ist das ganzheitliche Selbst-Erleben als Frau in einer bestimmten psychischen Phase, die zeitlich begrenzt ist. In primitiven Gesellschaften sind die Schamanen die einzigen, die auch das Gegengeschlecht in sich wahrnehmen können, im Nacheinander mit dem eigenen.

Diese Wahrnehmung bezieht auch den Körper mit ein: Z. sieht seinen Schatten mit wippenden Brüsten. Die Voraussetzung dafür ist die Laterne, die einen Schatten wirft. Wiederum die Lichtsymbolik im Zusammenhang einer ganzheitlichen Selbst-Wahrnehmung. Z. selber ist jetzt die Lichtgestalt: Endlich kann er auch seinen Schatten erkennen. Solange der glanzvoll Gespiegelte im geschichtslosen Raum der homosexuellen Faszination schwebte, konnte er keinen Schatten werfen: Der Weg zu seiner innerpsychischen Wahrnehmung war versperrt. Nun, da Z. selber im Lichte steht, erkennt er ganz und gar den hermaphroditischen Charakter seiner Selbst-Persönlichkeit, diesmal nicht mehr bloß im Nacheinander, sondern bereits in einem Miteinander. Ich vermute nämlich, daß Z.s Gestalt eine männliche geblieben ist, jedoch einen weiblichen Schatten wirft. Z.s Geschlecht ist ja in Wirklichkeit nicht verändert. Aber seine Selbst-Wahrnehmung ist um die weibliche Dimension erweitert. Dieser Prozeß fällt ihm alles andere als leicht. Unsere Gespräche über die Identität mit der Mutter-Imago und über seine Überwältigung durch die weibliche Anima hatten für ihn meist etwas Quälendes. Aber jetzt, da er sie vor älteren Frauen und Kindern – seiner bisherigen Anima-Welt – ausspielt, erlebt er die große Befreiung, obschon er den anderen zum Schreckgespenst geworden ist. Vor aller Augen – vor allem vor seinem eigenen inneren Auge – darf sich sein Weibliches endlich zeigen und darstellen.

Z. war sich zur Zeit dieses Traumes nicht bewußt, daß die Gestalt, die einen weiblichen Schatten warf, eine männliche war. Ich selber kam erst durch den weiteren Verlauf seiner Analyse auf diesen Einfall. Ich stellte nämlich fest, daß Z. von der Besprechung dieses Traumes an ein schärferes Gespür für die beiden Pole des Männlichen und Weiblichen entwickelte. Aus der homosexuellen Wirklichkeitserfassung wuchs so nach und nach die heterosexuelle, auch wenn die erste stärker als die zweite blieb. Aber er war nicht mehr so sehr dem Entweder-Oder von männlich und weiblich ausgeliefert. Es gelang ihm besser, in der Analyse seinen Gefühlen freien Lauf zu lassen, zunächst im Ausdruck lang zurückgehaltenen Schmerzes, ohne sich dabei als weibischen Mann zu verachten. Er konnte ein warmes herzliches Gefühl zeigen, ohne wie früher von seinen Emotionen weggeschwemmt zu werden oder hernach durch Kälte und Zynismus Distanz zu nehmen. Der Halt in einer männlichen Selbst-Persönlichkeit wuchs in dem Maße, als er das Weibliche leben konnte, ohne sich damit zu identifizieren. In der Definition dessen, was ich im Kontext von Z.s Träumen männlich und weiblich nenne, gehe ich einzig von der Rezeption des Analysanden aus. Dabei war nicht diese Rezeption ausschlaggebend, sondern einzig die Tatsache, daß Z. psychische Gegensätze, die sich für ihn bisher gegenseitig ausschlossen – wie aktiv und passiv, Intellekt und Gefühl, Norm und Kreativität, Beziehung zu einem Mann und einer Frau –, gleichzeitig und als sich ergänzende Pole einer einzigen Selbst-Gestalt wahrnehmen konnte. Die Voraussetzung für das Miteinander war die archaische Wahrnehmung des Nacheinanders. Denn nur die bewußte Verbindung zwischen dem Männlichen und Weiblichen des Nacheinanders führt zu deren Miteinander.

In der Spiegel-Symbolik, die meines Erachtens der Wahrnehmung der Selbst-Persönlichkeit am adäquatesten ist, zeigt sich ebenfalls die Schwierigkeit der gleichzeitigen Wahrnehmung des Männlichen und Weiblichen. Ich kann nämlich den Spiegel nicht zugleich aus zwei Perspektiven betrachten: Entweder sehe ich ihn als Spiegel oder als Spiegelbild. Das Spiegelbild ist mir näher als der Spiegel, betrachte ich doch den Spiegel bloß, um ein Spiegelbild zu erkennen. Ich nehme den Spiegel erst als Spiegel wahr, wenn ich mich selber als Gespiegelten identifiziere. Erst dann sage ich: Ich betrachte mich in einem Spiegel. Tiere oder kleine Kinder, die in einen Spiegel schauen, nehmen das Spiegelbild für bare Realität und übersehen somit den Spiegel, ebenso wie Narziß sich in sein Spiegelbild verlieben konnte, weil er ob seiner Faszination den Wasserspiegel vergaß und sein Spiegelbild nicht als solches identifizierte. Ich komme darauf zurück. Erst wenn sich ein Kind im Spiegelbild wiedererkennt, weiß es auch um die Existenz des Spiegels. Der homosexuell Fixierte ist wie das Kind, das dem Spiegelbild eine Eigenexistenz zuschreibt. Solange die Verbindung zwischen Spiegelbild und Gespiegeltem nicht besteht, hat er kein Auge für die Existenz des Spiegels, das heißt der Frau. Wenn ein Knabe sich von seiner Mutter in seiner Männlichkeit gespiegelt erlebt, erkennt er im gleichen Akt den Spiegel, also die Frau. Fehlt das erste, entfällt auch das zweite. Dann nimmt er den Spiegel nur indirekt als Spiegelglanz des Spiegelbildes wahr: als mütterlichen Glanz auf dem begehrten Freund, der so zum Hermaphroditen wird.

Zum Schluß erwähne ich eine besondere Art von hermaphroditischer Wahrnehmung, nämlich eine ›Verwechslung‹, von der Spiegel-Homosexuelle oft berichten: der Verwechslung eines Mädchens mit einem jungen Mann. Wie spielt sie sich ab? Wie von einem erotischen Magnet spontan angezogen, bleibt der Blick an einer Gestalt, die ihm zum Beispiel auf einer belebten Straße entgegenkommt, hängen. Solange sich die Anziehung noch keinen Weg zum Bewußtsein gebahnt hat, bleibt der Blick auf der faszinierenden Gestalt ruhen. Je stärker die Faszination ist, desto rascher setzt der Prozeß der Wahrnehmung ein. An einer bestimmten Schwelle angelangt, realisiert der von der Gestalt Angezogene, daß er keinen jungen Mann, sondern ein Mädchen vor sich hat. Was nun geschieht, ist auffällig und der Erklärung bedürftig. Die Faszination erlischt augenblicklich. Der Blick wird gleichgültig und wendet sich ab. Vielleicht bleibt ein Gefühl der Irritation und Enttäuschung zurück. Hat sich der Betroffene einfach getäuscht? Dagegen spricht die Häufigkeit solcher Vorkommnisse, die im Laufe der Analyse eines fixierten Homosexuellen noch zunimmt, wie auch die Tatsache, daß die umgekehrte Verwechslung, nämlich die eines jungen Mannes mit einem Mädchen, bei fixierten Homosexuellen praktisch nie vorkommt, dagegen bei Zwangs-Heterosexuellen häufig ist. Ein Mann, der die Wahrnehmung des Mannes mit gleicher Intensität ablehnte, wie der fixierte Homosexuelle die Wahrnehmung der Frau, erlebte diese umgekehrte Verwechslung im zweiten Halbjahr seiner Analyse fast jeden Tag. Nachts träumte ihm regelmäßig von einem jungen Mann, der ihm ein Zeichen macht, worauf ihm der Träumer den Rücken kehrt. Nein, diese Art von Anziehung meint immer auch das Geschlecht der faszinierenden Gestalt: Tiefenpsychologisch liegt keine Verwechslung vor.

Kehren wir zur typisch homosexuellen Verwechslung zurück. Die als Mädchen identifizierte Gestalt wird weiterhin gesehen. Aber sie wird nicht mehr wahrgenommen. Die Wahrnehmung als das Inne-Werden einer existentiellen Verbindung wird ausgeblendet. Das Mädchen, das von außen auf den fixierten Homosexuellen zutritt, will inneren Kontakt mit ihm aufnehmen. Er jedoch ist an das Vorstellungsbild eines jungen Mannes fixiert. Das Mädchen wird nicht gleichgültig übersehen – dagegen spricht die anfängliche Anziehung –, sondern aus angstvoller Abwehr ausgeblendet. Ein Anflug von narzißtischer Bedrohung wird oft registriert. Der Hermaphrodit war daran, in zwei Pole, den männlichen und weiblichen, auseinanderzubrechen. Dieser befreiende Vorgang aber wird verhindert. Bedeutungsvoll ist außerdem, daß es die qualitativ gleiche Anziehung war, die vom Mädchen ausging, wie die Anziehung, die der Homosexuelle täglich von einem jungen Mann aus erlebt. Ist in diesem für den wahrnehmenden Homosexuellen auch ein junges Mädchen versteckt? Wir müssen es annehmen. Es bestätigt unsere Beobachtungen, daß die homosexuelle Faszination durch das Spiegelbild auch vom Glanz des Spiegels herkommt, also die Faszination durch den nicht als Spiegelbild identifizierten Freund auch von der ihn spiegelnden Frau.

Sowohl im fixierten Homosexuellen selber wie in der Wahrnehmung seines Freundes dominiert weiterhin der Hermaphrodit. Der Grund dafür ist die Ausblendung des weiblichen Pols. Wie stark muß doch die Fixierung durch das Weibliche sein, daß es mit solcher Anstrengung und Hartnäckigkeit abgewehrt wird! Wie real muß ein Mann die Bedrohung seiner männlichen Identität durch das Weibliche erfahren, der so perfekt und glatt seine Anziehung durch die Frau immer wieder ausschalten kann! Diese Bedrohung ist eine alltägliche Erfahrung des fixierten Homosexuellen. Er kann seine männliche Selbst-Persönlichkeit nicht wahrnehmen, weil sie von der Mutter fixiert ist. Ich verstehe den Ausdruck ›Fixierung‹ wörtlich. Der Blick des Spiegel-Homosexuellen ist starr auf die Mutter gerichtet. Sein inneres Auge kann sich vom Bild der Mutter, von der Mutter-Imago, nicht abwenden. Er ist mit diesem seinem fixierten Blick, mit seinem auf die Mutter eingeschränkten Gesichtsfeld, identisch. Das Inne-Werden des Mannes, dem er im äußeren Bereich begegnet, ist ihm deswegen unmöglich. Sein ganzes Leben lang versucht er den Blick von der Mutter abzuwenden, doch ohne Erfolg. Er gleicht die innere Verschmelzung mit äußerer Distanz aus. Nur indem er die Frau aus seiner Wahrnehmung ausblendet, glaubt er, die unerträgliche Mutter-Fixierung vergessen zu können.

Seine männliche Ich-Persönlichkeit tut alles, um die Leerstelle seiner männlichen Selbst-Persönlichkeit zu vertuschen. *Im gleichen Maße, wie ihn die Mutter innen fixiert, fixiert er außen den Mann.* Im gleichen Maße, wie ihm die Mutter-Fixierung die innere Wahrnehmung seines Phallus, des Symbols seiner männlichen Persönlichkeit, raubt, wird sein Blick vom Phallus des begehrten Mannes fixiert. Wir befinden uns hier im zentralen Komplex der Spiegel-Homosexualität. Er hat denn auch dem ganzen zweiten Teil dieser Arbeit den Namen gegeben: Fixiert vom Muttervogel. Was ich unter Muttervogel verstehe und wie sich seine Bedeutung im Laufe einer Analyse wandeln kann, beschäftigt uns im nächsten Kapitel.

Der *Vogel* tritt in Träumen und Phantasien Homosexueller oft in der Bedeutung der *phallischen Mutter* auf. Ich sehe dafür vier Gründe: Der harte *Schnabel* des Vogels erinnert an den phallischen Charakter der Mutter-Imago beim Homosexuellen. Seine Männlichkeit konnte sich nie aus der Identität mit dieser lösen. Er erfährt sich wie ›auf die Mutter gepfropft‹. Der weibliche Vogel trägt ein Phallusattribut, den Schnabel, der ja auch im Volksmund den Penis bezeichnet und oft im Diminutiv den noch unentwickelten Penis des von der Mutter abhängigen Knaben. Der Sohn erlebt seine Männlichkeit als Männlichkeit der Mutter. Er ist die Inkarnation des Mutter-Animus. Er darf Mann sein, aber nur als ›Organ‹ einer Frau, nicht als eigene Selbst-Persönlichkeit. Ebenso erlebt die Mutter eines Homosexuellen den Phallus ihres Sohnes als ihren eigenen gestaltgewordenen Animus. In ihm kann sie ihr Leben als Mann leben. Bezeichnenderweise träumen Homosexuelle vor allem von Muttervögeln mit besonders ausgeprägten Schnäbeln, zum Beispiel von Adlern und Geiern.

Ein weiterer Grund für die Vogelsymbolik zur Darstellung der Mutter des Homosexuellen ist der *Schwanz* des Vogels. Auch das Wort Schwanz hat im Volksmund die Bedeutung des Penis. Daß es in einem Traum oft gerade der Schwanz des Vogels und nicht eines andern Tieres ist, mag mit der allgemeinen sexuellen Symbolik des Vogels zusammenhängen, wie zum Beispiel aus dem deutschen Verb ›vögeln‹ ersichtlich ist. Auf den Vogelschwanz als mütterliches Phallussymbol werde ich bei der Besprechung von Leonardos Geiertraum, den *Freud* berichtet, zurückkommen.

Vögel sind Tiere, die sich frei in der Luft bewegen. Der weibliche Animus ist das Geistprinzip der Frau. Animus bedeutet Wind: bewegte Luft; und Geist: bewegtes ›oberes Leben‹. Er zeichnet sich also durch seine freie Beweglichkeit aus – genau wie der Vogel. Auch die Geistigkeit des fixierten Homosexuellen ist in der Mutter gefangen; er neigt in ähnlicher Weise wie die animus-fixierte Frau zu unkontrollierten, sturen Meinungen, Gefühlsrationalisierungen und ›felsenfesten Überzeugungen‹, die er starr verteidigt. Es ist also nicht nur seine ›untere‹ triebhafte, sondern auch seine ›obere‹ geistige Männlichkeit, die im Mutter-Animus gefangen ist; die Unterscheidung stammt von *Erich Neumann*. Er ist mit dem Logos der Mutter verschmolzen.

Die Mutter-Imago ist die erste Gestalt, in welcher der Mann sein weibliches Seelenbild, die Anima, wahrnimmt. Sie trägt in sich die Dynamik zur reifen Anima. Der Muttervogel will zum Seelenvogel werden. Die Dynamik des Muttervogels zum Vogel als *Seelentier* ist der tiefste Grund für die so verbreitete Vogelsymbolik bei Homosexuellen. Das noch unerlöste, in der Mutter-Imago gefangene weibliche Seelentier will aus dem mütterlichen Gehäuse ausschlüpfen und vom Homosexuellen gesehen und anerkannt werden. Die Anima will in eine bewußte Beziehung zu ihm treten. In verschiedenen Kulturen ist der Vogel Symbol der unsterblichen Seele. Die bewußte Beziehung zum Seelenvogel, zur Anima, gibt dem Mann sein männliches Selbstwertgefühl. Solange er aber mit der Mutter verschmolzen ist, kann diese Beziehung nicht entstehen, und der Mann fühlt sich minderwertig. Dann fehlt ihm die tiefenpsychologische Erfahrung der ›Unsterblichkeit‹, das heißt seines unzerstörbaren zentralen Wertes. Erst die unterscheidende Wahrnehmung seiner Anima in einer Frau würde ihm die Möglichkeit geben, von ihr in seiner Persönlichkeit anerkannt, gespiegelt, geliebt zu werden.

Doch zurück zum Vogel als Symbol des Mutter-Animus. Durch drei Traumanalysen versuche ich, die in diesem Symbol verborgene Dynamik herauszuarbeiten. Ich brauche dabei nichts weiter zu tun, als die aufeinanderfolgenden Bilder des gleichen Traumes in kausale Verbindung zu setzen. Vielleicht stellt sich die Homosexualität in keinem Symbol so eindrucksvoll dar wie im Muttervogel und seinen Metamorphosen.

Der 48jährige Z., der uns bereits wertvolle Hilfen zur Deutung der homosexuellen Psychodynamik gegeben hat, erzählte folgenden Traum: »Ich bin in einer Heidelandschaft. Plötzlich taucht über mir ein Schatten auf: ein Riesenvogel kreist und setzt sich links ins hohe Gras am Wegrand. Ein Geier: braun, rötlich und weiß. Ich werfe einen Stein gegen den Vogel. Er hüpft nur einige Schritte vorwärts, öffnet wild seinen Schnabel und sträubt seine Halsfedern. Er bewegt seine Flügel. Ich habe ein wenig Angst und sage beschwichtigend: ›Du bist ein schöner Bub.‹ Da verwandelt er sich in einen Rocker in schwarzem Leder und metallbesetzten Knöpfen. Plötzlich klingelt ein Telefon. Wir eilen zur Holzhütte und ich nehme den Hörer ab. Ich spreche mit einem männlichen Anrufer, der offensichtlich den Rocker will. Ich treibe Unsinn: ›Hier ist Jonny Travolta.‹ Dann nimmt der Rocker den Hörer und sagt: ›Das war Z.‹ – Nun weiß ich, daß er mit X. in Y. spricht. Es erscheint nun ein Bild: eine süßliche Madonna. Ihre rechte Wange wandelt sich allmählich zu einer männlichen Hinterbacke.«

Wie erwähnt, ist der *Geier* in Ägypten ein »frühes Symbol der Muttergottheit«. Von ihm ging der Glaube, »es gäbe nur weibliche Tiere unter ihnen«,[84] während der Skarabäus nur als männliches Tier auftritt. *Freud* berichtet: »Diese geierköpfige mütterliche Gottheit wurde nun von den Ägyptern in den meisten Darstellungen phallisch gebildet; ihr durch Brüste als weiblich gekennzeichnender Körper trug auch ein männliches Glied im Zustand der Erektion.«[85]

Als phallische Muttergottheit ist der Geier ein archetypisches Bild des Mutter-Animus. Das erigierte Glied der Mutter ist eigentlich das des Sohnes. Die Mutter braucht den Phallus des Sohnes zur Verleiblichung ihres Animus. Damit aber bleibt dessen innere männliche Persönlichkeit ausgeblendet. Nur in seiner Persona kann er Mann sein. Seine zentrale männliche Persönlichkeit ist mit der Mutter verschmolzen. Der phallische Muttervogel ist der gewaltige Schatten über dem Leben des homosexuellen Sohnes. Dieser kann als Mann nicht ans Licht treten. Z. ist vom Geier bedroht. Er verharmlost zwar in seiner Erzählung die Bedrohung: Der Vogel »hüpft ›nur‹ einige Schritte vorwärts«, und Z. hat »›ein wenig‹ Angst«. Doch die Verniedlichung der furchtbaren Mutter hat beschwörenden Charakter: Er will sie damit abwehren, erreicht aber das Gegenteil: indem er sie als furchtbare Verschlingerin seiner Männlichkeit, als Phallusfresserin, nicht wahrnimmt, ist er ihr völlig ausgeliefert. Die Voraussetzung zum Drachenkopf fehlt: er verkleinert die Gefahr, die ihn bedroht, um nicht kämpfen zu müssen. Zwar scheint Z. zu Beginn die Gefahr ernst zu nehmen: er wirft einen Stein nach dem Vogel, versucht also aktiv, sich diesen vom Leibe zu halten. Aber seine Abwehr erlahmt zu bald. Er greift zu einem Trick, um nicht streiten zu müssen: er verkleinert die Gefahr.

Dadurch sind die Weichen für den weiteren Traumverlauf gestellt. Die homosexuelle Dynamik zur Integration der zentralen männlichen Persönlichkeit bleibt weiterhin blockiert. Wie im Wachen erfüllt sich auch in Z.s Traum die Finalität der homosexuellen

Fixierung. Alles spielt sich von nun an im Zeichen der beschwörenden Abwehr gegen die phallische Mutter ab. Die der fixierten Homosexualität immanente Finalität wird allein bestimmend. Wenn dagegen Z. den Geier in seiner realen Bedrohung ernstgenommen hätte und sich zum notwendigen Kampf mit ihm hätte anstacheln lassen, so hätte er sich in der aktiven Auseinandersetzung mit ihm als zentrale männliche Persönlichkeit wahrgenommen und verwirklicht. Er hätte die passive Lähmung des Muttergebundenen durchbrochen und die homosexuelle Dynamik auf die zentrale männliche Persönlichkeit hin entbunden.

Aber, wie schon so oft, schreckte Z. auch in diesem Traum vor der Auseinandersetzung mit der furchtbaren Mutter zurück. Er nimmt Zuflucht zu defensiven Manövern, um das Schicksal zu überlisten und doch noch auf Umwegen zur Erfahrung der eigenen Männlichkeit zu kommen, ohne als Mann aktiv werden zu müssen. Er sagt beschwichtigend zum Geier: »Du bist ein schöner Bub.« Er tut, was er seit seiner Jugend immer wieder getan hat: er macht die furchtbare, phallusfressende Mutter zu einem ›schönen Buben‹. Er bannt und verdrängt seine Verschmelzung mit der Mutter-Imago mit Hilfe des ästhetischen Bildes des Jünglings. Der ›äußere Mann‹ soll die ›innere Frau‹ ›neutralisieren‹. Doch gerade infolge dieser Taktik bleibt der Mann draußen und die Frau drinnen: Die Wahrnehmung der männlichen Kern-Persönlichkeit drinnen und der Frau als Partnerin draußen wird verunmöglicht. Dies ist der Sinn des apotropäisch gegen die Mutter heraufbeschworenen ›schönen Buben‹. Z. versucht, zwischen sich und den phallischen Muttervogel den ›schönen Buben‹, ein Bild aufkeimender Männlichkeit, zu stellen. Der Ungespiegelte tröstet sich mit dem Gespiegelten und erspart sich so den Kampf gegen den gefräßigen Muttervogel. Aber der *schöne Bub,* wie ich bereits erklärt habe, ist ein bloßes *Sehnsuchtsbild.* So wie ihn der Homosexuelle sieht, gibt es ihn in Wirklichkeit nicht. Er sieht nur den ästhetischen Glanz des Gespiegelten. Dessen Aktivität gegen die Verschmelzungsmutter ist in diesem Sehnsuchtsbild ausgeblendet. Der schöne Bub ist der Gespiegelte, aber ohne die realen Implikationen der Spiegelung. Er ist eine Mischform zwischen der passiven Verschmelzung Z. s mit der Mutter-Imago und dem durch die Spiegelung einer Mutter aktiv gewordenen jungen Manne. Mit diesem irrealen Sehnsuchtsbild betrügt sich Z. einmal mehr. Er will die Spiegelung – und will sie nicht. Er will sie als Bewunderung, Anerkennung, ästhetischen Glanz. Er will sie nicht als Aufforderung zu Verantwortung und Kampf.

Dieses irreale Sehnsuchtsbild suchte Z. in allen seinen jungen Freunden. Er liebte den Schimmer ihrer erwachenden Männlichkeit, eine Folge der mütterlichen Spiegelung. Aber ihre wirkliche Mannwerdung wollte er nicht. Er freute sich zwar, wenn er einen schönen jungen Mann in verliebter Umarmung mit einem Mädchen sah. Aber diese Freude war hauptsächlich ästhetischer Natur. Er hatte kein Sensorium für den schwierigen Prozeß, die mühsame Auseinandersetzung, in welcher der ›schöne Bub‹ stand, um seine Beziehungsfähigkeit zur Frau zu stärken und überhaupt, um in aktiver Offenheit sein Leben als Mann zu meistern und Versuchungen zu passiver Lähmung standzuhalten. Mit seinem Verstand nahm Z. zwar auch davon Notiz, aber sein Inneres blieb unbeteiligt. Deshalb konnte er für keinen seiner Freunde zum zuverlässigen, stabilen Mentor und Leitbild werden. Da die jungen Männer, mit denen er in Kontakt trat, in ihm nicht das männliche Leitbild fanden, das sie eigentlich – ihrer Entwicklungsstufe entsprechend – in einem älteren Mann suchten, verflachten die Beziehungen und lösten sich bald auf. Z. blieb einsam zurück. So wurde er immer wieder zum Opfer der Irrealität seines Sehnsuchtsbildes vom schönen Buben.

Nun aber tritt der schöne Bub in Z.s Traum gar nicht auf. Das Unbewußte reagiert gegen Z.s defensives Vernebelungsmanöver und zeigt, wer wirklich hinter der phallischen Mutter steckt: Der Geier verwandelt sich in einen Rocker. Die furchtbare Mutter wird zu einer primitiven und undifferenzierten männlichen Figur. Der Rocker löst sich als Mann aus der Mutter heraus. Er vollzieht also die Befreiung aus der mütterlichen Verschmelzung, die Z. noch nicht geleistet hat. Soviel phallische Aggressivität, wie der Rocker verkörpert, würde Z. brauchen, um seinen Blick aus der mütterlichen Fixierung zu lösen. Die primitive Triebhaftigkeit dieses archaischen Schattens wäre notwendig, um seinen Phallus gegen die phallussüchtige Mutter-Imago zu behaupten. Der schöne Bub mit seiner passiven Ästhetik ist dazu ganz und gar unfähig. In seiner brutalen Männlichkeit inkarniert der Rocker Z.s ausgeblendete zentrale Persönlichkeit. Gerade diese instinktive ›untere Männlichkeit‹ wurde von seiner Mutter ungenügend gespiegelt. Im Rocker wird Z. mit jener Figur konfrontiert, die er kompensatorisch in sich realisieren müßte, um zu seiner zentralen männlichen Identität zu finden.

Der Rocker ist es denn auch, der das schauspielerische Geplänkel Z.s, der sich in der plakativ männlichen Travolta-Persona gefällt, durchkreuzt, Z.s Namen, das heißt seine Identität, richtigstellt und Kontakt mit X. in Y. aufnimmt, einem Homosexuellen, der als solcher allgemein bekannt ist. Er holt also Z. auf den Boden seiner – homosexuellen – Realität zurück und will ihn mit ihr konfrontieren. Diese nun wird zum Schluß des Traums in einem deutlichen Bild bloßgestellt: eine süßliche Madonna, deren rechte Wange sich in eine männliche Hinterbacke verwandelt. Um welchen Hermaphroditen handelt es sich in diesem Bild? Um den Ur-Hermaphroditen, in dem Männliches und Weibliches sich noch in unbewußter Symbiose befinden, oder um den Ziel-Hermaphroditen der geglückten Vereinigung der vordem auseinandergebrochenen geschlechtlichen Gegensätze? Z.s Hermaphroditus ist einesteils dem Ur-Hermaphroditen ähnlich; denn was er an geschlechtlicher Ausdifferenzierung zeigt: eine kitschige Madonna und die Hälfte eines männlichen Hinterns als homosexuelles Locksignal, ist noch von der ursprünglichen Verschmelzung geprägt. Die unecht, unrealistischidealisierte Frau, die Madonna, ist eine apotropäische Deckfigur, hinter der die furchtbare Phallusmutter lauert, die All-Verschmelzerin – und das homosexuelle Locksignal soll ebenfalls über die Notwendigkeit, die eigene männliche Persönlichkeit zu realisieren, hinwegtäuschen.

Andererseits ähnelt Z.s Hermaphroditus auch dem Ziel-Hermaphroditen. Zwar mißlingt der Versuch zur realen Ausdifferenzierung der Geschlechter. Aber es ist doch ein Versuch, der Ur-Verschmelzung zu entkommen. Das für Z. äußerst peinliche Schlußbild des Traums zeigt, wie sehr er die Frau erhöht – so sehr, daß sie seinem triebhaften Begehren unerreichbar wird – und wie sehr er den männlichen Partner erniedrigt – so sehr, daß er ihn zum bloßen Ersatz für die Wahrnehmung seiner zentralen männlichen Persönlichkeit macht und zur Neutralisierung der inneren Bedrohung durch die Mutter mißbraucht, ihn also in seiner individuellen Eigenart unterdrückt, was im analen Unterwerfungsgestus der dargebotenen Hinterbacke angedeutet wird.

Weder die Idealisierung der Frau noch die Unterdrückung des Mannes entsprechen Z.s eigentlicher Sehnsucht nach einer ihn spiegelnden Frau und einer selbständigen und selbstbewußten eigenen männlichen Persönlichkeit. Die Besprechung dieses Traumes bewirkte, daß Z. seine Problematik nicht mehr als naturgegeben erlebte. Er bekam das Gespür für die dynamischen Zusammenhänge von Aspekten in seinem Leben, die er bisher noch nicht in Beziehung zueinander gesetzt hatte, wie die Verzauberung durch den ›schönen Buben‹, die ängstliche Faszination für den Rockertypen, die Unterdrückung des Partners in seiner Eigenart, die sein Gesichtsfeld einengende Fixierung durch die Mutter-Imago.

Wenige Worte zu *Freuds* Erklärung der *Geier-Symbolik* in »Eine Kindheitserinnerung des Leonardo da Vinci«. *Freud* gibt eine frühe Erinnerung Leonardos wieder: »Als ich noch in der Wiege lag, ist ein Geier zu mir herabgekommen, hat mir den Mund mit seinem Schwanz geöffnet und viele Male mit diesem seinen Schwanz gegen meine Lippen gestoßen.«[86]

Freud sieht im Schwanz des Geiers den Penis der Mutter, an dem der Junge möglichst lange festhalten will. Der Geierschwanz bedeutet: »Damals, als ich meine zärtliche Neugierde auf die Mutter richtete und ich ihr noch ein Genitale wie mein eigenes zuschrieb.«[87] Die Erinnerung an die Brustwarze der Mutter wird in der frühen Erinnerung Leonardos mit dem aus Angst vor Kastration festgehaltenen Mutterpenis verknüpft. Das Gestilltwerden des Kindes wird als passive homosexuelle Fellatio erlebt. Leonardo hat seine frühe Kindheit allein mit seiner unverheirateten Mutter verbracht. *Freud* schreibt: »Die Ersetzung der Mutter durch den Geier weist darauf hin, daß das Kind den Vater vermißt und sich mit der Mutter alleingefunden hat.«[88] Als Ersatz für den Vater brauchte er die phallische Mutter. Von nun an war ihm der Gedanke an eine Frau ohne Penis unerträglich. Er blieb fixiert »an das einst heißbegehrte Objekt, den Penis des Weibes«.[89]

Freud führt also, vereinfacht ausgedrückt, die Homosexualität auf eine fatale Täuschung des Knaben auf der phallischen Stufe zurück, die Täuschung nämlich, auch die Mutter besitze einen Penis wie er. Zu einer Fixierung in dieser Täuschung kommt es vor allem dann, wenn der Vater ausfällt oder hinter der Mutter verschwindet. Der Unterschied zwischen *Freuds* Auffassung und meiner in bezug auf die Genese einer in der Muttersymbiose blockierten Homosexualität liegt auf der Hand: Der Knabe unterliegt keiner Täuschung. Die Mutter hat tatsächlich einen Phallus, aber nicht ihren, sondern den des Knaben selber. Genauer ausgedrückt: es macht für den Knaben ursprünglich keinen Unterschied, ob er oder die Mutter oder beide einen Phallus haben. Denn er erlebt zunächst den Phallus, das Symbol der Männlichkeit, wie seine übrige Welt, in totaler Identität mit der Mutter. In einer normalen Entwicklung kann er seine männliche Identität nach und nach aus der Mutter herauslösen: Er wird dadurch zum Mann, und die Mutter zur Frau. Eine einsame, frustrierte Mutter wie die Leonardos steht in Gefahr, den Phallus des Buben für sich zu behalten – als Ersatz für die Beziehung zu einem Mann –, statt den Buben in seiner werdenden Männlichkeit zu spiegeln. Fällt außerdem die Stützung durch einen Vater als männliches Leitbild aus, können die bei jeder Mutter vorhandenen Ansätze zur Spiegelung ihres Sohnes von diesem nicht zielstrebig genug zur Entwicklung einer männlichen Selbst-Persönlichkeit genutzt werden: es fehlt ihm das dynamische männliche Leitbild als Individuationssymbol. Die Theorie einer Täuschung wird in dieser Sicht der Homosexualität überflüssig.

Ich berichte nun von zwei Vogelträumen M.s. Im ersten wandelt sich die phallische Mutter in eine geliebte Frau, im zweiten führt die Trennung von der realen Mutter zur Begegnung mit dem weiblichen Seelenvogel. So stehen sie im Gegensatz zu Z.s Geiertraum, in welchem der Träumer seiner homosexuellen Dynamik zur Befreiung der männlichen Selbst-Persönlichkeit ausweicht und statt dessen die Erfüllung der seiner Neurose immanenten Finalität anstrebt: den Ausgleich der inneren Verschmelzung mit der Mutter durch die äußere Verschmelzung mit dem Mann.

Den ersten Traum hatte M. ein halbes Jahr nach Beginn seiner Analyse. Er sieht, wie sein Bruder Mathias sich von zu Hause entfernt. Er hört die Stimme seines – unsichtbaren – Vaters, die Mathias nachruft: »Dort, wo die alten Steine sind.« Heimlich geht M. seinem Bruder nach. Nun verschwindet dieser aus dem Traum, und M. gelangt zu einer alten Mauer, in der die unregelmäßigen Steine genau ineinandergepaßt sind, wie bei den Mauern der Inkas. Hinter der Mauer beginnt ein Sakralbezirk. In einer in den Felsen gehauenen Nische steht eine verwitterte Steinplastik, die eine ›Adlermutter‹ mit ihrem Jungen darstellt. Beide sind ganz ineinandergeschmiegt und fast nicht voneinander zu unterscheiden, wie die ineinandergepaßten Steine der Mauer. Köpfe und Schnäbel beider ragen senkrecht nahe beieinander in die Höhe. Dieser Anblick fasziniert M. Nun beginnt sich der obere Teil der Plastik zu bewegen und wird lebendig. Das Junge verschwindet aus dem Blickfeld des Träumers, und er sieht mit Beunruhigung und Angst, wie die ›Adlerin‹ nun auch im Unterleib lebendig geworden ist, sich langsam vom Sockel weglöst und auf einmal neben M. einhergeht. Dessen Angst verliert sich nach und nach, und auf einmal, ohne zu wissen, was er tut, küßt er sie auf den Mund. Erst als er sie küßt, bemerkt er, daß sie keinen Schnabel mehr, sondern einen Mund hat. Die Adlerin hat sich in eine Frau verwandelt. Sie ist nicht mehr wie der steinerne Vogel kalt und furchteinflößend, sondern warm und vor Güte strahlend. M. ist noch nach dem Erwachen von großer Liebe zu ihr erfüllt.

Seine ganze Kindheit und Jugend durch hatte sich M. mit seiner Mutter gegen den Vater verbündet. Alles, was M. damals begeisterte und Orientierung gab, stammte von der Mutter. Von ihr übernahm er die Liebe zur Literatur und Musik, zu Innerlichkeit und Mystik. Ihr allein versuchte er zu gefallen. Mit dem Vater kam es ganz selten zu Auseinandersetzungen; er war für ihn wie Luft. Er teilte die Ablehnung seiner Mutter gegen den Vater als Mann, eine Ablehnung, die erst im dritten oder vierten Lebensjahr eingesetzt hatte. Demzufolge nahm er auch seine eigene Männlichkeit nicht wahr, sie war ein Teil der Mutter, jener Teil, mit dem sie den Vater ablehnte, nämlich ihr Animus. Dieser war überheblich und auftrumpfend. Er konnte den Vater zu Tränen oder in unbeherrschte Wut bringen. Die Selbstherrlichkeit des Mutter-Animus gegenüber dem Vater war für M. die nachdrücklichste Erfahrung der Männlichkeit in seiner Kindheit. Mit ihr war er ganz und gar identisch.

Der von M. als Kind wie Luft behandelte Vater wird im Traum zur Leit-Figur. M. folgt seiner Weisung, dorthin zu gehen, wo die alten Steine sind. Die Weisung richtet sich eigentlich an seinen Bruder Mathias, der eine zugkräftigere Beziehung zum Vater hatte als M. Durch Identifizierung mit dem Bruder kann M. jetzt der Weisung des Vaters gemäß zu jenem inneren Bezirk vorstoßen, wo sein zentraler Komplex: die Fixierung seiner Männlichkeit im Mutter-Animus, offenbar wird. Der Vater kennt diesen gefährlichen inneren Bezirk, kämpfte er doch ein Leben lang vergeblich, sich als Mann gegen den Animus seiner Frau zu behaupten. Der Adler ist ein Symbol der männlichen Geistigkeit, die sich zu stolzen Höhenflügen emporschwingt. Mit ihr ist die Mutter von M. identisch. Als

Adlerin wird sie vom männlichen Animus – von ihrem ›Logos‹ – beherrscht. Aber weil sie ihre zentrale weibliche Persönlichkeit nicht leben läßt, ist sie wie versteinert, in ihrer Individuation blockiert. In diese ihre Versteinerung hinein ist ihr Junges einbezogen. Zwischen beiden ist nicht die geringste Spalte zu sehen. Spiegelung setzt Distanznehmen voraus. Aber zwischen M. und seiner im Animus versteinerten Mutter-Imago gibt es keine Distanz, nur totale Verschmelzung. Die Köpfe und Schnäbel beider richten sich senkrecht nach oben: zum ›Himmel‹ der männlichen Geistigkeit. Aber diese ist starr. Der Logos als ›logos spermatikós‹, als befruchtendes Samenwort, kann in der mit dem Mutter-Animus verzahnten Männlichkeit M.s nicht zum Leben erwachen.

Doch M., unter der späten Führung seines Leitbildes, das vermutlich mit dem ›zweiten Vater‹, dem Analytiker, zu tun hat, kann sich als Beobachtender von dem steinernen Bild, das bisher für ihn nur Kultbild und nicht Abbild war, abspalten und sich ihm zum ersten Mal von außen her nähern. Dies bedeutet den Anfang zur Lösung seiner Fixierung. Er beginnt wahrzunehmen, wie total seine *Männlichkeit in der Mutter-Imago einversteinert* ist. Dieser Wahrnehmung ist er in seinem bisherigen Leben aus dem Wege gegangen. Es brauchte die Stimme des Leit-Selbst, um ihn auf den Weg zu seinem Schicksals-Komplex zu führen. Diese Stimme rief in seiner Kindheit und Jugend zu leise. In der Therapie der homosexuellen Fixierung, als Korrektur ihrer Genese, spielt das richtige Verhältnis von ›mütterlicher‹ Spiegelung und ›väterlichem‹ Leitbild die entscheidende Rolle. Ich setze die Adjektive ›mütterlich‹ und ›väterlich‹ in Anführungszeichen, weil in einem gewissen Maße auch ein Mann Mutter und eine Frau Vater sein kann.

Dank der Konfrontation mit seinem hermaphroditischen Schicksals-Komplex wandelt sich das steinerne Denkmal in ein Wesen von Fleisch und Blut, zuerst in der oberen, geistigen, dann der unteren, triebhaften Hälfte. Vor dieser fürchtet sich M. besonders. So war es auch zu Beginn seiner Beziehung zu Katharina. Aber von der Bejahung der triebhaften Hälfte hängt die entscheidende Wandlung des mütterlichen ›Stand‹-bildes, in dem M. fixiert war, in eine lebendige Frau, mit der zusammen er sich auf den ›Weg‹ machen kann, ab. Ist diese Angstschwelle einmal überwunden, geht alles sehr rasch: ohne zu wissen, was er tut, küßt M. die Frau, und in dieser ersten männlichen Initiative nimmt er wahr, daß sie einen menschlichen Mund hat – daß also auch ihr ›Animus-Schnabel‹, das heißt die Ablehnung des Weiblichen, aus der Versteinerung erlöst ist. Der erste aktive Schritt auf die Frau zu als – innere und äußere – Partnerin ist gleichzeitig der erste Schritt weg von der Identität mit der Mutter-Imago. Daß dieser im Traum vor-gebildete Prozeß zum Zeitpunkt des Traums noch nicht Alltagswirklichkeit war, brauche ich wohl nicht eigens zu erwähnen.

Den zweiten Vogeltraum bezeichnet M. als jenen Traum, der ihn am nachhaltigsten beeindruckt habe. M. befindet sich zu Beginn des Traumes in seinem Elternhaus. Die Mutter ist abwesend. Er packt seine Koffer und läßt die schmutzige Wäsche zurück. Er will zum Bahnhof. Ein Freund nimmt ihn ein Stuck weit im Auto mit und läßt ihn in einer Straße mit großen Bäumen – dem früheren Schulweg von M. – aussteigen. In dem Augenblick beginnt ein warmer Platzregen. M. ist barfuß. Auf einem verborgenen schmalen Weg steigt er die Straßenböschung in dichtes Gebüsch hinab. Nun erblickt er mitten in einem Baum einen Vogel mit wundervollem, farbigem Gefieder. Seine Augen sind dunkle Menschenaugen. Sein Schnabel gleicht einer menschlichen Nase. Der Vogel ist eine Frau. M. ist von ihr hingerissen und spürt brennende Liebessehnsucht. Er wagt nicht, den weiblichen Menschen-Vogel anzusprechen. Auf einmal befinden sich viele Menschen beim Vogel. Sie stellen Fragen, und der Vogel gibt Antwort. Jemand fragt auf französisch. Der Vogel wehrt ab: »Je n'aime pas le français. C'est une langue hystérique.« Nun wagt sich M. ins Gebüsch hinein und ist auf einmal allein mit dem Vogel. Die Liebe raubt ihm die Sinne. Er sagt zum Vogel: »Ich mag dich. Du bist schön.« Der Vogel antwortet: »Ich mag dich auch.« Und sie reiben ihre Wangen zart aneinander. Dabei sticht der Schnabel M. ein wenig. Dann sagt er zum Vogel: »Ich fahre nach Italien. Dort ist es warm.« Der Vogel antwortet: »Es kann dort auch kühl sein.« M. wird unruhig und sieht zurück. Die Menschen sind verschwunden, sein Koffer ebenfalls. Er hat den schrecklichen Verdacht, die Vogelfrau könne mit dem Diebstahl des Koffers zu tun haben.

Was M. mehr als alles andere an dem Traum erstaunte, war das außerordentlich intensive Liebesgefühl für die ihm in der Gestalt des Vogels begegnende Frau. Der Vogel ist sein Seelentier, seine Anima, zu der er jetzt, da sich die Mutter-Identität auflöst, in Beziehung treten kann. Die lebensfeindliche Verschmelzung mit der

Mutter macht der Sehnsucht nach lebendiger Verbindung mit der Frau – innen und außen – Platz. Die Liebe zur Frau wird möglich. In dieser Liebe fühlt sich M. als Mann gespiegelt, angenommen, glücklich.

Das Seelentier verkörpert die Weisheit. Eine der vielen Gestalten der Anima ist die ›Sophía‹, die personifizierte Weisheit. Durch die bewußte Verbindung mit seiner Anima wird der Mann von innen heraus weise. Aus dem ›Alten Weisen‹ spricht die Anima in ihrer reifsten Gestalt. M. begegnet seinem ›Weisen Vogel‹, einem Orakeltier, das lebenswichtige Fragen beantwortet. Nur auf französische Fragen antwortet er nicht. Aufgrund von Assoziationen aus seiner Biographie verband M. das Französische mit der homosexuellen Extraversion, die eine Flucht vor der Introversion zur männlichen zentralen Persönlichkeit bedeutet. Homosexualität war für ihn extravertiertes Suchen nach dem Mann, als Ersatz für die introvertierte männliche Selbst-Wahrnehmung und Selbst-Verwirklichung. Auf diese ›Ersatz-Extraversion‹ werde ich noch näher zu sprechen kommen. Die Flucht in die Extraversion bezeichnet der Vogel als Hysterie. Fixierte Homosexualität wirkt oft wie das, was die Umgangssprache pejorativ als ›Hysterie‹ bezeichnet und ablehnt. Der ›Weise Vogel‹ beantwortet keine Fragen, die nur innerhalb der Logik einer homosexuellen ›Ersatz-Extraversion‹ beantwortet werden können. Denn diese stört die Beziehung zum Weiblichen. Das hat M. auch noch nach diesem Traum erlebt. Die ›innere‹ Wahrnehmung des Mannes macht die Beziehung auch zur Frau möglich. Homosexuelle Fixierung ist mit heterosexueller Liebesfähigkeit unvereinbar. In der integrierten Homosexualität dagegen liegt der Hauptakzent auf der Wahrnehmung der eigenen zentralen Männlichkeit, die durch das Spiegelbild eines anderen Mannes gestärkt wird. Nun kann er sich als Mann auch in der Differenz zu einer Frau erleben und die polar geschlechtliche Wahrnehmung der Welt öffnet sich ihm.

Mir scheint, die Hauptdynamik des Traums verbirgt sich in einem unscheinbaren Detail der Liebesbegegnung zwischen M. und seinem Seelenvogel. Während sich die beiden die Wangen zärtlich reiben, sticht der Vogelschnabel M. ein wenig. Der Schnabel hatte ihn schon zu Beginn der Begegnung irritiert. Beschwichtigend verglich er ihn mit einer Menschennase. Jetzt aber wird er vom Schnabel gestochen, zwar nur leicht, aber immerhin so stark, daß sich an

diesem Punkt die Atmosphäre des Traums schlagartig ändert. Da
M. im Seelenvogel noch einen Rest seiner alten Identität mit dem
›Schnabel‹ der phallischen Mutter entdeckt, überkommen ihn
plötzlich Fluchtgedanken. Er sagt, daß er nach Italien fahre, wo es
warm sei. Es ist anzunehmen, daß sich in der Zielrichtung gerade in
dieses Land – Italien – eine Verschiebung des umgangssprachlichen
›gen Italien‹ verbirgt, wo es warm (schwül) ist. Die geplante Flucht
vor der phallischen Mutter ins warme ›Genitalien‹ zeigt die Richtung der Flucht zurück in die fixierte Homosexualität. Deshalb
drückt der Vogel deutlich eine Kritik an der Vorstellung des ›warmen‹ Italien aus, wo es in der Tat auch kühl sein kann, weil nämlich
die Wärme der soeben erlebten Beziehung dort fehlen wird.

Die Liebesfaszination ist durch die Berührung mit dem Mutter-
Animus von M. gewichen. Er vergißt, daß ihn der Schnabel nur ›ein
wenig‹ gestochen hat und daß sein Seelentier es eigentlich gut mit
ihm meint, ihn ebenso liebt wie er es liebt. Er übertreibt panisch die
reale Tragweite des ›Schnabels‹ bei der Frau. Ab und zu ein wenig
gestochen zu werden, ist ja keineswegs unangenehm. Aber M. verknüpft dieses harmlose Erlebnis mit seinen Erinnerungen an die pe-
netrante Mutter, die seine Männlichkeit durchlöchert hat. Dieser
Komplex ist noch nicht endgültig bearbeitet und wird es wohl nie
sein. Der Hermaphrodit bleibt sein Schicksalsarchetyp und Individuationssymbol. Die Auseinandersetzung mit ihm bildet die zentrale Achse seiner seelischen Entwicklung. Die Vogel-Frau hat den
Koffer nicht gestohlen, sondern legitim an sich genommen, denn
M.s Ort ist bei ihr. Insofern der mitgenommene Koffer ein weibliches Symbol darstellt, will der Seelenvogel M. möglicherweise auch
auf seine Männlichkeit hinweisen. Daß M. jedoch den Koffer als
ihm ›gestohlen‹ betrachtet, weil zu sich gehörend, betont noch einmal die Problematik, um die es hier geht: Die Anima erscheint als
Seelenvogel mit männlichen Attributen (Schnabel und Menschennase sind Penis-Symbole), während M. den Koffer als weibliches
Symbol als sein Eigentum betrachtet. M. braucht noch Zeit, bis er
dies alles mit den Augen seines Seelenvogels sehen kann. Dann erst
wird sich sein Blick ganz aus der Fixierung durch den Muttervogel
lösen.

Die todbringende Krankheit AIDS bringt an den Tag, wie brüchig die Toleranz der heterosexuellen Gesellschaft für die Homosexuellen in Wirklichkeit noch ist. Für die Abwehr der Vielen müssen die Wenigen herhalten. Um welche Abwehr geht es? AIDS stellt die morbide Versuchung dar, die immer noch verbreitete Triade ›Weib, Sünde und Tod‹ entweder durch Delegation aus der Welt zu schaffen – das ist die Versuchung vieler Heterosexueller im Blick auf die Homosexuellen –, oder stellvertretend für alle auf sich zu nehmen – das ist die Versuchung vieler Homosexueller im Blick auf die Heterosexuellen. Ich versuche, diese zunächst abstrakte Aussage in vier Abschnitten zu veranschaulichen: erstens für die Heterosexuellen, dann für die nicht angesteckten Homosexuellen, darauf für die mit dem AIDS-Virus infizierten, also HIV-positiven Homosexuellen, und schließlich für die an AIDS erkrankten Homosexuellen.

Die *Homophobie,* das heißt die Abwehrangst vor der Homosexualität, hat bei Heterosexuellen einen unbewußten Hintergrund, dessen Tragweite erst durch die Krankheit AIDS offenbar wurde. Daß sie mit der Abwehr des Weiblichen zu tun hat, ist bekannt. Mit der gleichen verächtlichen Faszination sprechen Zwangsheterosexuelle von Frauen und Homosexuellen. Weil Homosexuelle andere Männer begehren, bezeichnen sie Männer, die ihrer Heterosexualität unsicher sind, als weibisch. Dabei hatte schon *Hans Blüher* in seinem Buch »Die Rolle der Erotik in der männlichen Gesellschaft« vor sechzig Jahren nachgewiesen, daß – in meine Worte übertragen – gesunde Homosexualität ihren Impuls dem sich Wiedererkennen des gleichen Männlichen in zwei Männern verdankt, und der Eros in der männlichen Gesellschaft zu einer Steigerung männlicher Qualitäten ohne Abwehr der weiblichen führt. Daß in der deutschen Sprache nur das Adjektiv ›weibisch‹, nicht aber das Adjektiv ›männisch‹ existiert, zeigt die Angst der Zwangsheterosexuellen vor dem Verlust ihrer Männlichkeit: das kastrierende Weibliche wird durch den apotropäischen Wortzauber der Abwertung entmachtet.

Das entwertete Weibliche bedeutet also für den zwangsheterosexuellen Mann das Verschlingende Todbringende. Da er seine Identität ganz von seiner bedrohten Männlichkeit her erlebt, ist jede

›Kontamination mit dem Weiblichen‹ eine Berührung mit dem ›Tod‹. Er läßt die Einsicht nicht zu, daß sein männliches Ich nur durch die Hingabe an das Weibliche, also durch sein eigenes Sterben neu ersteht und erstarkt. So verharrt er mit angehaltenem Atem vor dem Faszinosum des Weiblichen, starrt auf die Frau und starrt auf den Homosexuellen, und ist eben in dieser Starrheit unlebendig und tot.

Primitiv demonstriert er auf diese Weise den männlichen ›Syllogismus des biblischen Sündenfalls‹: Der Tod kommt durch das Weibische in die Welt. ›Atqui‹ Frauen und Homosexuelle sind weibisch. ›Ergo‹ der Tod kommt durch Frauen und Homosexuelle in die Welt. Diese atavistische unbewußte Logik des Zwangsheterosexuellen, die seine Todesangst vor der Hingabe spiegelt, bekommt im Zeitalter von AIDS in bezug auf Homosexuelle eine neue Relevanz. Wie Eva Adam die Frucht gereicht hat, deren Verzehr, wie geschrieben steht, den Tod in die Welt brachte, so ist der Homosexuelle Träger und Überbringer des AIDS-Todes. In diesem Zusammenhang kommt ein weiteres wichtiges Element des biblischen Berichtes über den Sündenfall ins Spiel: jenes das ihm den Namen gab: ›die Sünde‹. Wer sich auf das Weib einläßt – in der eigenen Seele und in einer Begegnung – gibt sich der Sünde hin. Sexualität und Sünde sind weniger theologisch als psychologisch im Juden- und Christentum gekoppelt. Eva ist Überträgerin der Sünde. Der Tod kam durch das Weib in die Welt, denn das Weib ist Sünde. Kein aufgeklärter Mann würde heute diese Auffassung rational vertreten, und doch bestimmt sie irrational Empfinden und Verhalten Unzähliger.

Im Zeitalter von AIDS eignet sich der Homosexuelle vorzüglich zum Projektionsträger der Identität von Weib, Sünde und Tod. Verkörpert er nicht in seiner Existenz diese unheilige Dreifaltigkeit? Sind sein promiskes Sexualverhalten, seine Beziehungslosigkeit, seine unnatürlichen Sexualpraktiken, und insgesamt seine minderwertige Persönlichkeit nicht ein einziger Ausdruck von Verworfenheit und Sünde? Und benimmt er sich in alledem nicht wie ein Weib, unmännlich sich mit dem Mann in Wollust wälzend? Und steckt er sich nicht eben dadurch mit dem AIDS-Virus an, und bringt die hygienisch verpackte heterosexuelle Gesellschaft in Lebensgefahr? Er ist tatsächlich die Inkarnation der bösen Triade von Weib, Sünde und Tod. So jedenfalls meint der blind Projizierende.

So können wir den unbewußten Syllogismus des Zwangsheterosexuellen neu formulieren: Der AIDS-Tod kommt durch die Sünde in die Welt. ›Atqui‹ Homosexuelle sind die dafür verantwortlichen Sünder. ›Ergo‹ kommt der AIDS-Tod durch die Homosexuellen in die Welt. Im Unbewußten der zwangsheterosexuellen Gesellschaft spielen noch die gleichen Verdrängungsmechanismen wie zu Pestzeiten im Mittelalter. Damals wurden vor allem Frauen und Juden für die Seuche verantwortlich gemacht. Hexen kamen dafür auf den Scheiterhaufen, und Juden wurden als Brunnenvergifter zu Tode verurteilt, oder prophylaktisch kollektiv aus Städten und Ländern verbannt.

Doch was wurde und wird dabei letztlich verdrängt? Ich habe es erwähnt. Es ist der Tod als Tatsache des Lebens. Hinter der neu aufflackernden, durch den Firnis angelernter Toleranz nur mühsam im Zaum gehaltenen Aggression gegen Homosexuelle lauert die *Thanatophobie*. Ich habe sie in meinem Buch »Abschied von der Selbstzerstörung« untersucht und kann mich hier kurz fassen. Thanatophobie ist die in Abwehrmechanismen verfestigte Angst vor dem natürlichen Sterben im Fluß des Lebens von Tag zu Tag. Sie äußert sich in unzähligen Lebenshemmungen vor allem in den Bereichen von Eros, Sexualität und Aggression.

Es ist also die ›Thanatophobie‹, die sich hinter der ›Homophobie‹ verbirgt. Das phobische Verhalten vieler Heterosexueller gegen Homosexuelle angesichts von AIDS zeigt den Zusammenhang zwischen beiden. Die unbewußte Logik, die nun ins Spiel kommt, ist eine Weiterführung meiner Syllogismen: Da Homosexuelle potentielle oder bereits reale Träger des Todes sind, müssen sie aus der Gesellschaft ausgeschlossen und prophylaktisch unter Quarantäne gestellt werden. Wie damals Juden gehören sie heute ins Ghetto. Wenn dies gelingt, ist der Tod gebannt. Wir müssen uns nicht mehr mit unserer Lebensangst konfrontieren. Wir werden nicht mehr daran erinnert, daß Leben eigentlich ein ins Leben Hineinsterben bedeutet. Wir können verdrängen, daß der Tod eine Tatsache des Lebens ist. Fast hätte uns AIDS wieder mit der Naturtatsache des Todes konfrontiert, wir, die wir doch seit langem die Sterbenden in die Krankenhäuser und die Toten in immer einsamere Friedhöfe außerhalb der Städte verbannen. Doch haben wir es gerade noch geschafft, den Tod nicht ins eigene Haus nehmen zu müssen. Wir haben ihn auf dem Buckel der Homosexuellen in die Wüste geschickt.

Es könnte anachronistisch scheinen, solche Überlegungen ins

Zentrum dieses Kapitels zu stellen. Zeigt die Gesellschaft nicht eine erstaunliche Disziplin und Toleranz im Umgang mit AIDS und den davon stark betroffenen Homosexuellen und Drogensüchtigen? Ohne Zweifel. Es ist unter anderem die verbreitete Zurkenntnisnahme psychologischer Zusammenhänge, die zu dieser erfreulich positiven Einstellung führen. Dies sei an die Adresse jener gesagt, die mit der Überheblichkeit der Abwehr den Psycho-Zeitgeist als Mangel an gesellschaftlichem Bewußtsein bedauern. Und doch: Eine tiefenpsychologische Studie muß aufzeigen, daß diese erfreuliche Entwicklung bei den meisten noch keinen die ganze Person umfassenden Gesinnungswandel bedeutet. Im Unbewußten ist nach wie vor die alte Vermeidung der Todesdimension virulent. Und diese entwickelt eine eigene irrationale Logik, die der bewußten Einstellung diametral entgegengesetzt ist. AIDS bietet die Chance zum entscheidenden Bewußtseinssprung der ›Entteufelung von Sexualität, Frau und Tod‹. Nutznießer davon sind gleichermaßen Hetero- und Homosexuelle. Die Überwindung der morbiden Versuchung, den Tod zu verdrängen und auf den Homosexuellen zu projizieren, entmythologisiert und läßt AIDS zu einer gewöhnlichen Krankheit werden, die aufgrund ihrer spezifischen Übertragungswege bei uns bestimmte Bevölkerungsgruppen stärker trifft als andere. Ihre Fürchterlichkeit und mortale Gefährlichkeit verleiten nicht mehr zum thanatophobischen kollektiven Bedeutungswahn, denn der Tod ist zu einer Dimension der Hingabe ans Leben geworden.

Wie äußert sich die morbide Versuchung AIDS in *nicht infizierten Homosexuellen*? Der Kollektivdruck, die Sündenbockrolle zu übernehmen und auf diesem masochistischen Weg doch noch zur heterosexuellen Gesellschaft zu gehören, ist enorm groß. Ich kenne keinen Homosexuellen, der sich ihr ganz entziehen kann. Um so wichtiger ist es, die tiefenpsychologischen Zusammenhänge immer wieder durchzudenken und durchzufühlen, um eine starke Identität jenseits der kollektiven Schuldzuweisung zu gewinnen. Der *Thanatophobie* bei Heterosexuellen entspricht bei Homosexuellen die *Thanatophilie*. Thanatophilie bedeutet die morbide Versuchung nicht zur Vermeidung des Todes, sondern zur ›Verschmelzung mit dem Tod‹. Kaum eine psychologische Tatsache hat mich in den letzten sieben Jahren so sehr beeindruckt wie diese. Sie bildet den Hintergrund der bekannten psychischen Folgen der AIDS-Seuche bei Homosexuellen: Verminderung der ohnehin labilen Selbstachtung,

Schuldgefühle, Sexualhemmung und Verdrängung der sexuellen Begierde, die zu sexueller Interesselosigkeit, Impotenz oder plötzlich ausbrechendem süchtigen Sexualhunger führt, ohnmächtige Wut auf Eltern und Gesellschaft.

All diese Folgen der AIDS-Seuche werden durch eine unterschwellige Thanatophilie bewirkt. Da in der Erfahrungswelt heutiger Homosexueller der Tod ebenso omnipräsent wie das Bedürfnis nach Leben ist, gehen beide eine verhängnisvolle Allianz ein. Der natürliche ›kleine Tod‹ des Orgasmus wandelt sich in das Gefühl der Verschmelzung mit der todbringenden Krankheit, auch wenn alle Vorsichtsmaßnahmen des ›Safer-Sex‹ respektiert werden. Dieses psychische Amalgam ist dem Betroffenen meist unbewußt. In der irrationalen Angst, bereits angesteckt zu sein, selbst wenn keinerlei Risiken eingegangen wurden, kommt die Verschmelzung von Sexualität und Tod zum Ausdruck. In erstaunlich vielen Träumen verbinden Homosexuelle sexuelle Lust mit Tod. So träumte zum Beispiel ein Mann zunächst von einer wundervollen sexuellen Begegnung mit seinem Partner und darauf von einer Frau, die ihn dazu bewog, eine tödliche Dosis eines Medikaments einzunehmen. Die Fixierung durch die Mutter, Thema des zweiten Teils dieses Buches, wird zur ›Fixierung durch die Todesmutter‹.

Das Auffällige im Nacheinander von ›Sexualität und Tod‹ in diesem Traum war das ›Lustempfinden in beiden‹ als Kennzeichen der Thanatophilie, die im Zeitalter von AIDS unter anderem bei fixierten Homosexuellen anzutreffen ist. Thanatophilie ist nicht das gleiche wie Nekrophilie, die *Erich Fromm* beschreibt. Während diese im Leben das Tote (nekro-) liebt und sucht, also das Zerstören von lebendigen Zusammenhängen, liebt und sucht jene im Tode (thanatos) das Leben, also die Lust am Lebendigen auf der Folie des Todes. Bei Menschen, die tatsächlich an einer lebensgefährlichen Krankheit leiden oder sich in Todesgefahr befinden, bedeutet dieses Gefühl des Lebens selbst im Sterben den adäquaten Ausdruck von konsequenter Lebensbejahung. Die morbide Versuchung für Homosexuelle aber besteht darin, diese Extremsituation vorwegzunehmen, sich also bereits so zu fühlen, wie sich ein dem Tode Geweihter im besten Falle fühlt. Die Lust der sexuellen und erotischen Verschmelzung verbindet sich so mit der Halluzination des Todes und wird zur Todeslust.

Im fortgeschrittenen Stadium äußert sich Thanatophilie als psychologische Tatsache, die Intensität des Lebens ausschließlich im Zusammenhang mit Sterben und Tod erfahren zu können. Menschen, die regelmäßig mit einem oder mehreren AIDS-Kranken in Berührung kommen, sei es im Freundeskreis oder sogar in der Partnerschaft, sei es durch die freiwillige Betreuung von AIDS-Kranken im Rahmen homosexueller Selbsthilfeorganisationen, sei es in der beruflichen Tätigkeit, stehen besonders in Gefahr, dieser Versuchung zu erliegen. Es ist notwendig, daß sie ein emotionales Leben auch außerhalb der Todesaura von AIDS führen können. So eindrücklich die endlich dank AIDS erreichte Solidarisierung und Gemeinschaftsbildung vieler Homosexueller auch ist, so gefährlich ist es, seinen Lebenssinn nur noch von AIDS her zu sehen.

Der Umgang mit den meist jungen AIDS-Kranken übt eine besondere Faszination aus. Menschen sterben, die noch voller Lebensdurst und Hoffnungen sind. Oder in umgekehrter Formulierung: Menschen leben oft intensiver, als sie je gelebt haben, weil sie die Perspektive des nahen Todes aufgeweckt hat. Betreuer von AIDS-Kranken erzählen mir von intensivsten, ergreifendsten Lebensäußerungen, wie sie bei Gesunden nur selten anzutreffen sind. An dieser Lebensintensität der Todkranken partizipieren die gesunden Betreuer und riskieren, das Leben nur noch durch den Anreiz des Todes empfinden zu können. Bei solchen Menschen treten meist beunruhigende Träume auf: Ein Mann wurde im Traum beim Schwimmen im Meer von einem riesigen Fisch verschlungen und empfand in seinem Untergang süße Lust wie nie zuvor. Ein anderer träumte von einer Frau, die ihm in einem Krankenhaus, das eigentlich ein wunderschöner luxuriöser Palast war, eine Spritze anbot, von der er wußte, daß sie ihm den goldenen Schuß bringen würde. Er ließ sich von der Frau stechen und war überglücklich. Der Träumer des letzten Traumes hatte sich übrigens noch nie Drogen injiziert. Zwar enthalten diese Träume Wiedergeburtsmotive. Doch die Emotionen von Lust oder Glück zu Beginn passen nicht dazu. Die entsprechende Emotion wäre natürliche »Angst vor furchtbarer Neuerung« (Hesse). Hier aber wird nicht die seelische Wandlung, sondern die in der Zerstörung empfundene morbide Lust angestrebt. Thanatophilie bei Homosexuellen kann sich auch in der Sehnsucht nach lebensgefährlichen Situationen äußern, beispielsweise im plötzlich einschießenden Wunsch, beim Sexualverkehr alle Vorsichtsmaßnahmen über Bord zu werfen und im anarchistischen

Rausch die totale Freiheit zu erleben. Auffällig oft kommt es auch vor, daß Homosexuelle auf der Suche nach anonymen Sexualkontakten gerade für solche Männer eine unwiderstehliche Faszination empfinden, von denen es sich später erweist, daß sie nicht nur mit dem AIDS-Virus infiziert, sondern bereits krank waren.

Für thanatophile Homosexuelle ist es lebensrettend, die unbewußten Verstrickungen mit der im ersten Abschnitt analysierten thanatophoben Gesellschaft aufzulösen und zu lernen, im banalen Leben von Tag zu Tag eine Lust zu erfahren, deren Preis nicht der Tod ist, sondern die gesunde Lust der Hingabe: nicht in den Tod, sondern ins Leben hineinzusterben.

Noch stärker als nicht Infizierte empfinden *mit dem AIDS-Virus infizierte Homosexuelle,* also HIV-positive Homosexuelle die morbide Versuchung, die moralische Schuld für AIDS auf sich zu nehmen und sich zur Sühne so innig mit der noch nicht ausgebrochenen todbringenden Krankheit zu identifizieren, daß sie jede Lebenslust als Hingabe an den Tod erfahren, der zum ständigen heimlichen Liebhaber wird. Diesen unbewußten tiefenpsychologischen Zusammenhang lese ich aus Träumen mit der Struktur der beiden obenerwähnten ab. Da gilt es sich zu erinnern, daß Infizierung noch nicht Krankheit bedeutet, und die Perspektive der mortalen Krankheit, die vielleicht erst in vielen Jahren ausbrechen wird, der allen Menschen gemeinsamen Perspektive des eintretenden Todes verwandt ist, mit dem einzigen Unterschied, daß der Tod bei jungen Menschen von der Statistik der Lebenserwartung her gesehen früher als beim Durchschnitt der Gleichaltrigen eintreten wird. Auch hier bewirkt die Übernahme der Sündenbockrolle die morbide unrealistische Vorwegnahme des noch Bevorstehenden.

Eben diese Vorwegnahme kann fatale Folgen zeitigen. Mediziner sind sich immer mehr einig darüber, daß der Einfluß der psychischen Befindlichkeit auf die körperliche Immunabwehr nicht hoch genug eingeschätzt werden kann. Mir ist aufgefallen, daß überdurchschnittlich viele Homosexuelle nach Mitteilung des positiven Testresultats binnen kurzem erkrankt sind. Es ist zu vermuten, daß die Mitteilung, verbunden mit unbewußter Schuldübernahme und thanatophiler Einstellung zumindest in einigen dieser Fälle zu einem raschen Absinken der Immunabwehr geführt hat, so daß die Krankheit früher ausgebrochen ist, als sie ohne die Mitteilung ausgebrochen wäre. Natürlich läßt sich diese Vermutung im Einzelfall nicht beweisen. Sie spricht nicht gegen den HIV-Test, wohl aber für die Notwendigkeit, daß sich angesteckte Homosexuelle und auch andere Betroffene mit ihrer psychischen Gesamtsituation gründlich auseinandersetzen. Ich habe von einigen homosexuellen Männern gehört, die zum Zeitpunkt, als sie das positive Testresultat erhielten, bereits in Therapie waren, die sie jedoch im Anschluß an die schicksalshafte Information abbrachen, als wären sie bereits jetzt hoffnungslos krank und betrachteten die Psychotherapie nur für Gesunde mit Zukunft als sinnvoll. Einer sagte mir: »Ich habe die Therapie begonnen, um besser mit meinem Leben zurechtzukommen. Als ich erfuhr, daß ich keine Überlebenschance mehr habe, brach ich die Therapie ab.« Aus der Äußerung dieses homosexuellen Mannes wird die vorwegnehmende Identifizierung mit dem Tod deutlich. Er sieht sein Leben nur noch ›sub specie mortis‹, das heißt als Akt des Sterbens, statt den Tod ›sub specie vitae‹ als Dimension des Lebens von Tag zu Tag wahrzunehmen.

Viele infizierte Homosexuelle jedoch, vor allem solche, die ihre Homosexualität integriert haben und über ein stabiles männliches Selbstbewußtsein und genügend Selbstachtung verfügen, leben in jeder Hinsicht ein normales gesundes Leben. Nach der unausbleiblichen, nur allzu einfühlbaren ersten Krise sind sie seelisch, geistig und körperlich wacher geworden als je zuvor. Viele finden zu einer Tiefe und Echtheit der Persönlichkeit, die sie ohne die Perspektive von AIDS vielleicht erst im Alter erreicht hätten, wenn überhaupt. Sie ziehen sich nicht von ihrer gewohnten Umgebung zurück, und falls sich einige Menschen von ihnen zurückziehen, pflegen sie andere Beziehungen entsprechend intensiver.

Letzteres ist auch für ›an AIDS erkrankte Menschen‹ von erster Wichtigkeit. Sie sind krank, doch leiden sie nicht an einer besonderen, heiligen, religiös-moralisch begründbaren Krankheit, durch die sie eine vermeintliche Schuld wegen etwaiger homosexueller Ausschweifungen sühnen. Als Schwerkranke befinden sie sich zwar in einer Sondersituation, doch sind sie durch diese noch keine besonderen Menschen. Ihr Lebenssinn erschöpft sich nicht im Erleben der Krankheit. Sie leben ›mit‹ ihrer Krankheit aber nicht ›für‹ ihre Krankheit. Falls sie dies trotzdem tun, erliegen sie einer der für AIDS-Kranke spezifischen morbiden Versuchungen.

Eine andere hängt mit dieser zusammen. Viele Erkrankte neigen dazu, die AIDS-Krankheit allgemein als Metapher für eine Gesellschaft ohne moralische Ordnung und verbindliche Werte, für eine sich auflösende Gesellschaft ohne innere Widerstandskraft zu sehen, und darüber hinaus für eine aus dem ökologischen Gleichgewicht geratene Erde mit einer fatalen Abwehrschwäche des ›globalen Immunsystems‹. Sie betrachten ihr Lebensschicksal als Verkörperung und Konkretisierung dieser gesellschaftlichen und globalen Immunschwäche und interpretieren alle Einzelheiten aus ihrem vergangenen Leben magisch-moralisch unter diesem Gesichtswinkel. Sie erleben sich also als punktuelle Inkarnation des sich heute ankündigenden und zum Teil bereits ereignenden großen Sterbens.

Was ihnen jedoch fehlt, ist einerseits die notwendige Unterscheidung zwischen der meines Erachtens tatsächlichen Berechtigung zur AIDS-Metapher für gesellschaftliche und ökologische Auflösungserscheinungen, also der Berechtigung, diese Erkrankung des menschlichen Immunsystems in Entsprechung zu der trotz äußerer Organisation gefährdeten inneren Selbstregulierung unserer Gesellschaft und Erde zu sehen, und andererseits der Tatsache dieser bestimmten einmaligen individuellen Erkrankung, die nicht zwangsläufig die Befindlichkeit einer psychischen Abwehrschwäche abbilden muß. Das Denken in Metaphern und Entsprechungen entartet leicht zu einem konkretisierenden Bedeutungswahn und folgenschweren Schuldzuweisungen. Es darf das Geheimnis und die Freiheit eines Einzelschicksals nie in Frage stellen. Eine allgemeine Metapher muß für eine spezifische individuelle Situation nicht zwangsläufig zutreffen. Auch viele Krebskranke leiden an solchen Übergriffen einer manipulatorisch mißbrauchten Psychosomatik.

Für den AIDS-Kranken ist diese Unterscheidung auch insofern von Wichtigkeit, als der bevorstehende Tod sein eigener individueller ist, ohne jede stellvertretende Funktion oder metaphorische Bedeutsamkeit. Bis zum Schluß hat er sein individuelles Leben zu leben. Seine Krankheit ist keine Lustseuche, selbst wenn sie auf ihn durch Geschlechtsverkehr übertragen wurde. Dieser ist nur einer der drei wichtigsten Wege der Infektion. Die anderen beiden sind die Verwendung von gebrauchten Spritzen durch Drogensüchtige und die Transfusion von infiziertem Blut an Bluter, frisch Operierte und andere. Die Art der Übertragung besagt nichts über die psychische Bedeutung der Krankheit, die von einzelnen Kranken völlig verschieden erlebt wird.

Die morbide Versuchung zu Thanatophobie und Thanatophilie, also zu phobischer Abwehr des Todes durch das Aufspüren von Sündenböcken einerseits und zu Todesverliebtheit als nunmehr einziger Quelle von Leben und Lust andererseits, ist älter als AIDS. Sie ist um so virulenter, je mehr eine Gesellschaft den Tod verdrängt.

Deutlicher als jede Krankheit zuvor zeigt jedoch AIDS den psychologischen Zusammenhang von Verdrängung des Todes, Lebensangst in bezug auf Frau und Sexualität, und Schuldprojektionen auf. Nicht gesellschaftlich, wohl aber psychologisch wird der Homosexuelle von vielen Heterosexuellen als Projektionsfigur für das lustspendende und todbringende Weibliche im Manne in der Rolle des Sündenbocks für den AIDS-Tod schweigend ausgesondert. So wird es heute unumgänglich, daß wir uns dem ›modernen Elend mit dem Tod‹ aufmerksam und ausdauernd zuwenden.

Dritter Teil:
Spiegel-Kommunikation

Ich erinnere daran, daß ich immer die *fixierte* Homosexualität im Auge habe, wenn ich von Spiegel- oder Leitbild-Homosexualität spreche. Die Unterscheidung zwischen den beiden löst sich nämlich in der integrierten Homosexualität weitgehend auf, indem der befreite Homosexuelle nicht mehr unbedingt und jederzeit auf einen äußeren Spiegel und ein äußeres Leitbild angewiesen ist. Spiegel und Leitbild sind jetzt in ihm selbst, auch wenn er, wie jeder Mensch, spiegelnde Förderung und richtungsweisende Leitbilder von außen zur Verstärkung braucht.

Während im zweiten Teil dieses Buches die Spiegel-Homosexualität im Vordergrund stand, wenden wir uns nun der *Leitbild-Homosexualität* zu. Bis jetzt haben wir das Bild der Selbst-Persönlichkeit, das uns aus dem mütterlichen Spiegel entgegentritt, als ›Spiegel‹-bild gesehen, als ein Bild, dessen erste Eigenschaft sein Ursprung im Spiegel ist. Wir haben noch nicht im einzelnen beobachtet, wie dieses Bild aussieht. Wichtig war uns vor allem sein Aufscheinen, sein Glanz und Licht, sein strahlendes Hervortreten aus dem mütterlichen Spiegel. So sucht der Spiegel-Homosexuelle im Freund zunächst das Aufstrahlen des Spiegelbildes, die männliche Er-scheinung und Erleuchtung. Denn seine Problematik liegt im glanzlosen und trüben Spiegel der Mutter. Er sehnt sich nicht nach dem so oder anders Gespiegelten, sondern einfach danach, gespiegelt zu werden. Die Spiegelung seines Mann-Seins durch die Mutter ist noch immer bloßes archetypisches Potential und harrt der Verwirklichung. So kann der Spiegel-Homosexuelle die in seinem Individuationsmuster vorgesehene Spiegelung nur in einem anderen Manne wahrnehmen, der dadurch für ihn zum Symbol des höchsten Wertes wird, mit dem sich zu vereinigen lebensnotwendig ist. Doch erst, wenn er den begehrten Mann als Spiegelbild seiner eigenen zentralen Persönlichkeit zu identifizieren vermag, wird er auf seine individuellen Züge aufmerksam. Das Spiegelbild wird zum Leitbild.

Die Mutter spiegelt das Kind nicht einfach, weil es ›schön‹ ist, sondern um es zum eigenen individuellen Leben zu wecken. Das spiegelnde Auge der Mutter hat etwas Lockendes und Aufmunterndes an sich. Es ist nicht nur Glanz und Licht, sondern aktiviert das

Entwicklungspotential des Kindes. Wie erwähnt, lockt es zum Beispiel das Kind zu den ersten selbständigen Schritten, bevor das Kind je bei sich selber die Erfahrung des Gehens gemacht hat. Die Mutter spiegelt dem Kind ein Leitbild. Wenn der Spiegel-Homosexuelle im Laufe einer Therapie den begehrten Mann nach und nach auch als sein eigenes Spiegelbild zu sehen vermag, beginnt er sich für seine konkreten und unverwechselbaren Züge zu interessieren. Seine Freunde sind immer weniger bloße Inkarnationen des ›reinen Glanzes‹ und immer mehr Männer mit ausgeprägten Persönlichkeiten. Im Kontakt mit ihnen entwickelt er seine zentrale Persönlichkeit vom ›lichtvollen Kind‹, das von der Mutter angestrahlt wird, zum Mann mit einer persönlichen, eigenen Individualität. Seine Fixierung in der Spiegel-Homosexualität hat sich gelöst, und an ihre Stelle ist eine fruchtbare, integrierte Leitbild-Homosexualität getreten.

Dieser Prozeß aber ist so schwierig, weil dem Knaben nicht nur der weibliche Spiegel, sondern auch das männliche Leitbild gefehlt hat. Spiegel- und Leitbild-Homosexualität wirken immer zusammen, wenn auch eine der beiden Formen jeweils stärker in Erscheinung tritt.

Beide hängen also eng zusammen. Denn in einem glanzlosen und trüben Spiegel sind die Konturen des Spiegelbildes so verwischt, daß es kein konkretes Leitbild abgeben kann. Dazu kommt ein weiteres, das ich nur andeute: Die Tatsache, daß die Mutter den Knaben als werdenden Mann nicht spiegeln kann, hat oft ihre Ursache in der Beziehung der Mutter zum Vater. Aus welchem Grund immer lehnt die Mutter den Vater als Mann ab. Sie selber hat also nicht das Bild eines Mannes ›vor‹ sich, das sie liebend bejaht. Wenn sie es hätte, könnte sie auch den Sohn ›vor‹ sich als werdenden Mann spiegeln. So aber hat sie den Sohn ›in‹ sich, wie sie auch mit ihrem Animus identisch ist. Wäre sie mit ihrem Mann in Liebe verbunden, könnte sie dem Sohn das Bild ihres Mannes als ›Vorbild‹ spiegeln. In der Spiegelung würde sie dem Sohn ihren Mann als männliches ›Leitbild‹ anbieten. Damit würde sie den Buben spontan zum Vater hinlenken. Der werdende Mann würde im Vater das Spiegelbild seiner Selbst-Persönlichkeit als dynamisches Leitbild mit bestimmten Zügen und Eigenschaften, Zielen und Idealen sehen, an denen er sich orientieren könnte.

Dieser Zusammenhang zeigt, daß es keine fixierte Spiegel-Homosexualität ohne ebenfalls fixierte Leitbild-Homosexualität gibt.

Die Integrierung der Spiegel-Homosexualität kann also nur über die Integrierung der Leitbild-Homosexualität gehen. Diese hat als Thema die Beziehung zum Vater und später allgemein zum Mann. Jede Form von Homosexualität, ob sich diese noch im fixierten Stadium der Sucht nach dem Mann und der Flucht vor der Frau befindet oder sich zur authentischen Männerliebe befreit hat, die den Partner in seiner jeweiligen Besonderheit wahrnimmt und eine gewisse Öffnung zur Heterosexualität einschließt, jede Form von Homosexualität also meint die Auseinandersetzung mit dem anderen Mann als Leitbild einer noch schlummernden aber zur Entfaltung angelegten Männlichkeit.

In der »Accademia Carrara« von Bergamo hängt ein Brustbild des heiligen Sebastian, gemalt von *Raffaello Sanzio*, eine von unzähligen, vor allem Renaissancedarstellungen dieses Heiligen, der jedoch häufiger an einen Marterpfahl gefesselt, bis auf den Lendenschurz unbekleidet und mit im blutigen Fleisch steckenden Pfeilen abgebildet ist. Auch von letzterem Motiv gibt es in der gleichen Akademie mehrere Darstellungen; die deutlichste ist die, welche dem *Antonella da Messina* zugeschrieben wird. Zur tiefenpsychologischen Annäherung des heiligen Sebastian nehme ich das seltenere Motiv des Brustbildes, weil in ihm der auffällige Kontrast zwischen dem grausamen Märtyrertod des jugendlichen Heiligen und seiner Idealisierung in der Apotheose deutlicher zum Ausdruck kommt. Warum wähle ich für meine Untersuchung gerade das Bild *Raffaels*? Der Zufall wollte es, daß ich mitten in den Vorbereitungen der ersten Fassung dieser Studie das Museum von Bergamo betrat und von diesem künstlerisch vollendeten und gleichzeitig sehr typischen Bild angetan war.

Die Frage, warum die Renaissance für dieses Motiv so empfänglich war, muß ich hier unbeantwortet lassen. Jedenfalls scheint die Situation des Renaissancekünstlers eine ähnliche wie die eines Mannes von heute mit dem unbewältigten Konflikt einer homosexuellen Fixierung zu sein. Das Gemeinsame ist wohl eine fundamentale Krise des Leitbildes, was in einer Zeit globaler Umwertung – der (männliche!) Mensch wird zum Zentrum des Universums – nicht verwunderlich ist. Was in der Renaissance kultureller und künstlerischer Ausdruck wurde, geschieht in jedem Leitbild-Homosexuellen individuell von neuem. Es wäre reizvoll, diese Parallele weiter zu verfolgen. Sie könnte uns sicher auch über heutige Homosexuelle Wichtiges sagen. Ich muß es jedoch bei der Vermutung belassen, daß Leitbild-Homosexualität immer dann zum Kernproblem einer Zeit oder eines Individuums wird, wenn ein besonders schwieriger Aufbruch, der eine qualitativ neue männliche Aktivität erfordert, konstelliert ist. Leitbild-Homosexualität beschränkt sich nicht auf die eigentlichen Homosexuellen sondern durchdringt und prägt auch Heterosexuelle.

Die Erscheinung des Jünglings wirkt so, wie *Neumann* den Übergang von der narzißtischen zur phallischen Stufe beschreibt: der blumenhaft weibliche Jüngling, der gerade auf der Schwelle zur »erregten und begehrenden Männlichkeit«[90] steht, dieser bevorstehenden phallischen Stufe aber noch ganz unbewußt ist. Der Jüngling ist bereits ein als Mann Gespiegelter. Kraft dieser Spiegelung ist er »auf dem Sprung« zur Mannwerdung. Doch das Stadium des Heldenkampfes zur Befreiung aus der Großen Mutter ist noch nicht erreicht.

Die zum Durchbruch drängende zentrale Männlichkeit wird jedoch im Sehnsuchtsbild des weiblich weichen heiligen Sebastian verschleiert. Dessen künstlerische Idealisierung hat eine tiefenpsychologische Ursache: Der fixierte Homosexuelle begehrt die phallische Männlichkeit, ohne jedoch die männliche zentrale Persönlichkeit realisieren zu wollen, weil diese von ihm Eigenaktivität, Eigenverantwortung, Individuationsschritte fordern würde.

In homosexuellen Fotorevues wird dieses Sehnsuchtsbild in vielen Variationen dargestellt: sich im Glanze der Großen Mutter sonnende junge Männer mit weichen, blumenhaften, undifferenzierten Gesichtern und Körpern wie die des heiligen Sebastian, aber ausgestattet mit einem Riesenphallus, der auch beim Jünglingsheiligen, wenn auch in masochistischer Form, deutlich sichtbar ist, wie ich gleich zeigen werde. Der Phallus, Symbol der männlichen Selbst-Persönlichkeit, wird zu deren Ersatz pervertiert.

Der sanft zur linken Seite geneigte Kopf Sebastians sticht von einem irrealen, durchsichtig blau-gold leuchtenden Himmel ab, wie er zur frühen Abendstunde in der Toskana zu sehen ist. Das Gold des Himmels zentriert sich zu einem dünnen Goldreifen, der hinter dem Haupt des wundersam aus dem Licht tretenden Heiligen schwebt. Es ist wirklich der von der göttlichen Gnade Gespiegelte und Geliebte. Wir sind versucht, dieses unwirklich schöne Bild in seiner Harmonie als letztes Wort zu sich selber stehen zu lassen. Doch je länger wir es betrachten, desto mehr zwingt es das Auge, auch gewisse Unstimmigkeiten wahrzunehmen. Und wenn das Auge diese einmal gesehen hat, folgt der Verstand ihm nach und versucht, das ganze Bild, in Umkehrung des unmittelbaren ästhetischen Eindruckes, von diesen verräterischen Störenfrieden her zu begreifen.

Doch welche sind diese? Wir sehen einen stattlichen jungen

Mann vor uns, mit weit ausladenden Schultern, breitem Brustkorb, kräftigem Nacken, aber mit dem Gesicht eines verletzlichen Mädchens, unfähig, sich durchzusetzen, empfindsam, zum Leiden bereit, als wäre dieses, seiner Schwäche wegen, die einzige Form der Beziehung zu anderen Menschen. Einen noch größeren Kontrast zur sonstigen Gestalt als das Gesicht bildet die rechte Hand. Ein so kräftiger Arm hat keine solche Hand. Der Arm oder die Hand, aber nicht beide zusammen: eine zierliche, mollige Hand, zum Gestreicheltwerden, aber nicht zum Zupacken. Der kleine Finger ist maniert abgespreizt. Und als wäre es ein kostbares Geschenk, hält sie zart zwischen Daumen und Zeigefinger einen Pfeil, so lang wie Sebastians ganze sichtbare Gestalt.

Nun beginnt das Unpassende wieder zu passen. Auf Schleichwegen hat Sebastians phallische Männlichkeit, die zunächst in so seltsamem Gegensatz zu seiner männlichen Erscheinung abwesend schien, doch noch einen Weg ins Bild gefunden. Bedeutet der abgespreizte kleine Finger Sebastians abgespaltene, phallische Männlichkeit? Wir möchten es ihm wünschen. Der Wunsch verdichtet sich zur Gewißheit, wenn wir den kleinen Finger, ein verbreitetes Phallussymbol, zusammen mit dem Pfeil sehen. Nun verstehen wir, wohin der Phallus als Symbol seiner zentralen Männlichkeit verschwunden ist: nach außen in die Abspaltung, und hat sich dort in einen phallisch männlichen Verfolger gewandelt. Er ›mußte‹ sich in diesen verwandeln, denn wie könnte er sonst den Weg zurück zu Sebastian finden und ihn daran erinnern, daß er zu ihm gehört?

Vor unserem Auge beginnt sich das Bild ins Tragische zu wandeln. Es ist, wie wenn auf einer alten Ikone die noch ältere untere Schicht durchzuschimmern beginnt. Neugierig geworden, kratzen wir so lange, bis das ursprüngliche Bild offen daliegt. Der Gespiegelte und Geliebte der Großen Mutter, der göttlichen Gnade, ist verschwunden, und es erscheint ein junger Mann mit starker männlicher Potenz. Seine Männlichkeit ist zur Penetration erregt. Der Pfeil ist lang und kräftig. Doch nun wird seine Tragik offenbar: sein Phallus steckt in seinem eigenen blutigen Fleisch. Die meisten Maler, die Sebastian am Marterpfahl darstellen, stecken ihm den grausamsten Pfeil in seinen Oberschenkel, ganz nahe dem Lendenschurz, hinter dem die Geschlechtsteile zu vermuten sind. Sebastian, zu aktiver, zupackender Männlichkeit geschaffen, nimmt seinen eigenen Phallus als Verfolgerphallus eines anderen

Mannes wahr. Die Lust, die er bei der Verletzung durch diesen erlebt, ist echt, und keine Idealisierung des erschreckten Malers: es ist die Lust, auf diesem Wege doch noch zur Penetration zu gelangen. Aber gerade dies stimmt den Betrachter traurig: dieser Mann auf der Schwelle zu wechselvollen, farbig lebendigen Gestaltungen seiner zentralen männlichen Persönlichkeit, zur Reife in kraftvoller männlicher Selbsterfahrung gerufen, dieser Mann erlebt seine Männlichkeit in monotoner Wiederkehr als ›Stachel im eigenen Fleisch‹. Statt die vielfältige Welt zu erobern, läßt Sebastian, in Angst vor seinem eigenen Phallus, die Welt zu einem einzigen Pfeil verarmen, der sich gegen ihn richtet. Statt als Mann in fruchtbarer Aktivität nach außen zu treten, läßt er sich von seiner eigenen, ihm unbewußten Männlichkeit zerstören. So kommt es zum Paradox, das sein Lebensschicksal ausmacht: das ihn Zerstörende ist sein höchster Besitz. Nicht der priapische Phallus, Symbol der männlichen Selbst-Persönlichkeit in ihrer ununterbrochenen Kreativität, sondern der Pfeil, Symbol des zur Selbstzerstörung pervertierten Phallus, ist sein Attribut.

Sebastian ist der verkörperte ›Leitbild-Homosexuelle‹. Er wird zwar von der Großen Mutter gespiegelt, aber sein Spiegelbild ist nur Glanz und Schönheit, harmonische unpersönliche Umrisse, kein männliches Leitbild, das aus dieser unbewußten Harmonie wie eine Insel mit deutlich erkennbarer eigener Topographie aus dem Meer steigen könnte. Seine männliche Selbst-Persönlichkeit ist die noch nie an die Oberfläche des Bewußtseins gestiegene Sehnsuchtsinsel Atlantis, mit eigener Kultur und regem Leben, von denen der sich selbst unbewußte Mann bloß eine ferne Ahnung hat. *Sebastian ist der ›Vaterlose‹*, der in keiner väterlichen Gestalt sein Leitbild entdeckt hat. Er ist der Sohn einer Mutter, die ihm keinen geliebten Mann als Leitbild spiegeln kann.

Wir haben bis jetzt außer acht gelassen, daß Sebastian das Werk eines Mannes, eines Künstlers, ist. Erst wenn wir den jugendlichen Heiligen in Beziehung zu diesem setzen, offenbart sich uns das Geheimnis des Gemäldes, soweit es das tun will. Versetzen wir uns also in die Perspektive des Malers und lassen, nachdem wir es bereits abgekratzt haben, sein Bild in der ganzen sehnsuchtsvollen Patina wieder neu vor uns erstehen. Warum wünscht sich der Künstler einen Sebastian, der mit seiner phallischen Männlichkeit nicht umgehen kann? Der, statt mit dieser zu ›handeln‹, den phallischen Marterpfeil als steril ewiges Emblem in der rechten Hand trägt, die er eigentlich zum Handeln frei halten müßte? Der Künstler ist darauf angewiesen, daß Sebastians starke phallische Männlichkeit so ausgeblendet bleibt, wie er sie malt. Er beschwört und bannt die Unbewußtheit von Sebastians Männlichkeit mit der Kraft seines Pinsels, seiner künstlerischen Begabung. Denn wäre Sebastians Phallus diesem nicht unbewußt, könnte der Künstler ihn nicht für sich usurpieren. Er ist der Mann, der Sebastians Phallus als seinen eigenen ausgibt, und, um dies zu beweisen, Sebastian mit dessen Phallus – den Pfeilen – aktiv bedrängt. Er braucht das Sehnsuchtsbild des von der Mutter gespiegelten, aber vaterlosen jungen Mannes, den Jüngling mit dem großen, ihm selber ganz unbewußten Phallus. Er braucht ihn, um ihm und sich zu beweisen: »Ich bin der bessere Mann.«

Doch weiß der Künstler nichts von alledem. In seinem Bewußtsein hält er am engelgleichen, asexuellen Jüngling fest und an seiner eigenen Männlichkeit: Dieser, der so Unmännliche, gibt sich ihm, dem Manne, dank seiner Kunst hin.

Aber nicht einmal dies ist ihm richtig bewußt. Er fühlt sich einfach beim Malen des engelgleichen Jünglings in seiner eigenen Männlichkeit seltsam gestärkt. Was er nicht weiß ist dies: Seine schöpferische Kraft beim Malen des Gemäldes stammt von Sebastians und nicht seinem, des Malers, Phallus.

Aber Sebastian ist ja ein Werk des Malers selbst. Also ist doch seine eigene zentrale Männlichkeit an der Arbeit. Und dies ist der letzte Schritt auf unserem Weg zum Verständnis des heiligen Sebastian: Der Maler selber, dieser so aktiv männlich Schaffende, ist zutiefst der seiner zentralen Männlichkeit beraubte Sebastian. Er braucht Sebastians Phallus, weil er seinen eigenen nicht wahrnimmt, genau wie Sebastian den seinen nicht wahrzunehmen vermag. In Sebastian stellt der Künstler die verborgenste Dimension seiner fixierten Homosexualität dar: die Leerstelle am Ort der eigenen männlichen Selbst-Persönlichkeit, deren Raub durch den anderen, einzig wirklichen Mann und die Qual, weil dessen Phallus sich als Waffe gegen ihn richtet. Eigentlich bedeutet jede noch so angriffige, zupackende Spiegel-Homosexualität die Leitbild-Homosexualität des bedrängten, verfolgten, übermannten Sebastian.

In der gleichen »Accademia Carrara« von Bergamo, wo *Raffaels* heiliger Sebastian hängt, ist ein Kuriosum zu sehen, das den Schlüssel zu unserer Deutung liefert: Von *Vittorio Ghislandi*, genannt *Fra Galgario*, ist ein Selbstbildnis zu sehen. Was die Aufmerksamkeit an diesem Bild erregt: Der Maler malt sich selber zusammen mit einem fertig gemalten Bildnis eines in der Patina dem Sebastian ähnlichen Jünglings und stellt mit einer Bewegung seines Pinsels die Beziehung zwischen sich und dem Jünglingsbild her. Da er das Ganze Selbstbildnis nennt, können wir mit Fug und Recht in dem von ihm gemalten Jünglingsbildnis, das übrigens als eigenes Gemälde unter dem Namen »giovane pittore« (»junger Maler«) im gleichen Saal zu sehen ist, eine ähnliche männliche Selbsterfahrung annehmen, wie ich sie am Beispiel Sebastians beschrieben habe. Der Pinsel des Malers hat die gleiche Bedeutung wie der Pfeil in Sebastians rechter Hand, wie ja auch die Kraft von *Raffaels* Pinsel aus der Kraft von Sebastians Phallus stammt.

In seinem Werk »Märchen, Mythen, Träume« erzählt *Erich Fromm* den Traum eines homosexuellen Mannes, in welchem »das Sexualorgan durch eine Waffe dargestellt wird.« *Fromm* kommentiert: »Dies sinnbildliche Gleichnis sagt etwas Wichtiges über die Seelenkräfte, die den homosexuellen Wünschen des Träumers zugrunde liegen. Für ihn ist die Sexualität nicht ein Ausdruck für Liebe, sondern für den Wunsch zu herrschen und zu zerstören.« Der Träumer hatte »immer Angst, als Mann nicht vollwertig zu sein«. Er hatte die Befürchtung, »sein Penis sei kleiner als der anderer Knaben«. In genitalen homosexuellen Beziehungen wollte »er seine Überlegenheit zeigen und seine Sexualorgane als wirksame Waffe gebrauchen«.[91]

Der Pfeil in Sebastians Fleisch erscheint in Träumen Homosexueller in der Tat häufig als Waffe, meist als Pistole. Die herrschsüchtige, zerstörerische Bedrohung des Partners, von der *Fromm* spricht, ist eben jene Bedrohung, die mancher Homosexuelle von seinem Partner befürchtet. Männer, die als aggressive Homosexuelle in Erscheinung treten, haben häufiger Träume von passivem Bedroht-Werden als Träume von aktiver Bedrohung, wie der von *Fromm* erzählte: »Ich sehe mich mit einer Pistole in der Hand. Der Lauf ist merkwürdig verlängert.«[92] In den vielen mir bekannten Träumen Homosexueller gab es nur vier oder fünf, die diesem Modell aktiver Bedrohung entsprachen. Wie *Raffael* in Sebastian den verfolgten, bedrohten, mit einem Pfeil verletzten Mann malt, träumt sich auch der fixierte Homosexuelle seltener in seiner potenten, aggressiv männlichen Persönlichkeit: als übermannter Sebastian. Die irrationale Befürchtung, der eigene Penis sei zu klein, drückt anschaulich den subjektiv empfundenen Phallusraub aus.

In ihrer aggressiven Persona agieren viele Homosexuelle den sie bedrängenden inneren Verfolger aus. In diesem aber verbirgt sich, wie ich gezeigt habe, die zentrale männliche Persönlichkeit. Sie will sich mit Gewalt die ihr verwehrte Integration erzwingen. In ihrer zerstörerischen Aggressivität gegen den Partner bilden also solche Homosexuelle ihre tiefe Sehnsucht ab, eine männliche Selbst-Persönlichkeit zu werden, so paradox diese Behauptung zunächst klingt. Das ist die positive Dynamik, die in Unterdrückung und destruktiver Aggression in pervertierter Form zum Ausdruck kommt. Letztere sind bekanntlich in homosexuellen Beziehungen besonders häufig. Der sadistische Pfeilschütze im Maler des heiligen Sebastian bedeutet die männliche Selbst-Persönlichkeit, die endlich wahrgenommen und zum zentralen Individuationssymbol gemacht werden will.

Der Ingenieur U. erzählte in der Analyse einen Traum, welcher die im homosexuellen Verfolger versteckte Dynamik zur Wahrnehmung der männlichen Selbst-Persönlichkeit zeigt. U.s Vater war ein unberechenbarer Alkoholiker, so daß das Bedürfnis des Sohnes nach einem stabilen männlichen Leitbild ungestillt blieb, bis er schließlich einen Priester als Mentor fand, dessen eigene unbewußte phallische Männlichkeit jedoch eine echte Leitbild-Beziehung bei U. unmöglich machte.

U. träumte, ein triebhaft wirkender Mann, eine Mr.-Hyde-Figur, schieße auf ihn mit einer Pistole, aus der eine weißgelbliche Flüssigkeit spritzt. U. weiß, daß sie außerordentlich giftig ist. Sie trifft ihn oberhalb der Nasenwurzel genau zwischen die Augen.

U. ist es noch nicht gelungen, die Dynamik seiner Leitbild-Homosexualität zu befreien. Noch erlebt er seine männliche Persönlichkeit ›draußen‹. Sie ist noch nicht sein inneres Zentrum geworden. Aber die Aggressivität des archaischen Schattens, seines noch abgespaltenen Leit-Selbst, zeigt, wie stark die innere Dynamik U.s ist, endlich zu einer zentralen Männlichkeit durchzustoßen und seinem männlichen Leit-Selbst zu der in seinem Individuationsmuster vorgesehenen Verwirklichung zu verhelfen. Die Sperma-Pistole, ein Bild homosexueller Aggression, zielt zwischen die beiden Augen, an jene Stelle, wo die Buddhisten das dritte Auge imaginieren, das im Gegensatz zu den beiden sichtbaren Augen nach innen schaut. U. ist ein guter Kenner des Buddhismus. Seine erste Assoziation war eben dieses dritte Auge, das die Dynamik zu radikaler Introspektion und Introversion versinnbildet: sehen, was innen ist; mehr noch: was das innere Zentrum ist. Da der Verfolger auf U. mit einer Pistole, die zudem noch mit Sperma geladen ist, schießt, bedeutet das innere Zentrum, das U. wahrzunehmen hat, die Selbst-Persönlichkeit, insofern sie männlich ist. Der Verfolger will nicht mehr draußen abgewehrt, sondern innen angenommen werden, damit sich seine destruktive zu konstruktiver Energie im Dienste der zentralen männlichen Persönlichkeit wandeln kann.

Der so vom Verfolger in einen hilfreichen ›Daimon‹ Verwandelte wird seinen Persönlichkeitscharakter nicht verlieren. Aber aus der feindseligen Beziehung ist ein dialogisches Verhältnis zwischen der Ich-Persönlichkeit und der Selbst-Persönlichkeit geworden. Durch die Bewältigung der erwähnten Problematik werden der Maler und sein heiliger Sebastian nicht deckungsgleich werden. Aber aus dem gegenseitigen monotonen Unterdrückungs-Unterwerfungs-Spiel, aus dem ›Mit-dem-Phallus-Pfeil-Verwunden‹ und ‹Verwundet-Werden‹ wird ein Gespräch zwischen einem Ich und einem Du, wie *Martin Buber* es beschreibt, ein Dialog, durch den sich beide verändern: die Ich-Persönlichkeit und die Selbst-Persönlichkeit, der Maler und sein heiliger Sebastian.

Der Spiegel-Homosexuelle erlebt seinen Phallus, das zentrale Symbol seiner Männlichkeit, im Animus der Mutter-Imago, der Leitbild-Homosexuelle dagegen im Phallus der Vater-Imago. Spiegel- und Leitbild-Homosexualität spielen zusammen: Der Phallus ist mit dem Animus der Mutter-Imago verschmolzen und wird in einem abgespaltenen männlichen Leitbild wahrgenommen. Wir wollen nun tiefenpsychologisch genauer untersuchen, von welcher Vater-Sohn-Beziehung her die ›Leitbild-Homosexualität‹ konstelliert ist. Die ›Entstehung der Leitbild-Homosexualität‹, die ich als Abspaltung des männlichen Leitbildes definiere, ebenso wie die Entstehung der Spiegel-Homosexualität, die auf die Abspaltung der spiegelnden Mutter zurückgeht, die Entstehung also der beiden Formen fixierter, zwanghafter Homosexualität, die immer, gleichzeitig, wenn auch mit verschiedenen Schwerpunkten auftreten, sind nur auf dem natürlichen Hintergrund einer anlagemäßigen Homosexualität, mit welcher Dominanz auch immer zu verstehen. Der konstitutionelle Faktor zeichnet sich unter anderem durch ein angeborenes komplexeres Potential der männlichen Selbst-Persönlichkeit aus, die nach erotischer Stimulierung und Spiegelung durch männliche Leitbilder verlangt.

Wenn sich der homosexuelle Knabe zunächst an den Vater (in der ödipalen Phase) und später an Freunde so sehr fixiert, daß er sich selbst und sein eigenes Mannsein aus dem Gespür verliert, wenn also der andere zum süchtig angestrebten Ersatz für die zentrale männliche Persönlichkeit wird, an deren Ort er nur Leere empfindet, dann entsteht eine ›Fixierung in der Leitbild-Homosexualität‹. Bleibt die Fixierung, erlebt der homosexuelle Knabe im Zusammensein mit dem Vater und später mit Freunden eine belebende Spannung, in der sein eigenes männliches Selbstbewußtsein gestärkt wird: In der Begegnung mit dem anderen Mann oder Knaben sieht und spürt er gleichzeitig diesen und sich selbst. Dadurch wird er in seiner gesamten Entwicklung gefördert. In diesem Fall haben wir es mit ›befreiter integrierter Homosexualität‹ zu tun, die später zu einer homosexuellen Partnerschaft befähigt.

Befreite integrierte Homosexualität verbindet das unbewußte

Anliegen der fixierten Spiegel-Homosexualität, nämlich nicht nur im Freund, sondern auch in sich selbst, den von der Frau Gespiegelten und Geliebten wahrnehmen zu können, mit dem unbewußten Anliegen der fixierten Leitbild-Homosexualität, nämlich sich im Zusammensein mit einem geliebten Mann ins Auge und Gespür zu bekommen, wodurch dieser zum inneren Leitbild einer angezeigten seelischen Entwicklung wird. Daher spreche ich im Kontext dieser gesunden belebenden Homosexualität, nicht mehr von Spiegel- und Leitbild-Homosexualität, obwohl in jeder Begegnung mit einem Manne der eine oder andere Aspekt überwiegt.

Die Unterscheidung zwischen fixierter und befreiter Homosexualität ist in ihrer theoretischen Absolutheit künstlich. In Wirklichkeit gibt es die nur fixierte oder nur befreite Homosexualität nicht, doch geht die gesunde Dynamik in jedem Manne von der ersten zur zweiten. Daher ist die theoretische Unterscheidung zwischen beiden notwendig. Es gilt aber nicht zu vergessen, daß in jedem Menschen, sei er hetero- oder homosexuell, ein labiles, mit Störungen verbundenes seelisches Gleichgewicht und eine Neigung zu Fixierungen zur existentiellen Grundbefindlichkeit gehören. Das Lebewesen Mensch, ausgespannt zwischen Geburt und Tod steht nicht, sondern geht. Reibungslose Gesundheit ist eine paradiesische Illusion.

Symbolische Träume, die den Verlust der eigenen Männlichkeit zugunsten eines andern Mannes darstellen, gehören zu den häufigsten Traummotiven Homosexueller. Der Analytiker muß sich bewußt bleiben, daß er in der Übertragung seines Analysanden oft als der ›bessere Mann‹ erlebt wird, als Bedroher und Verfolger der eigenen Männlichkeit. Aus dem Traummaterial, das mir dazu zur Verfügung steht, greife ich einen Traum heraus.

Z. betritt in seinem Traum ein Juweliergeschäft, in der Hand einen Hirschen mit abgebrochenem linken Horn, um diesen reparieren zu lassen. Eine Frau nimmt die etruskische Figur entgegen und will sie ihm nicht mehr zurückgeben. Ein Mann tritt auf, der die Frau darin unterstützt. Z. vermutet, die Frau werde diesem den Hirschen geben. Aus Assoziationen des Träumers, die ich hier nicht wiedergeben kann, ging hervor, daß ich der Mann war, von dem er vermutete, die Frau werde ihm den Hirschen geben. Z. erlebte mich als den Mann mit seinem Phallushorn. Dieses aber ist ihm das Allerwichtigste: es bedeutet die verborgene Kostbarkeit, die in ein Juweliergeschäft gehört. Es vertritt seine ganze Selbst-Persönlichkeit. Um der ›Reparatur‹ des kostbaren Phallus willen ist er eigentlich in die Analyse gekommen. Die Arbeit besteht darin, das linke, das heißt ausgeblendete, seinem Auge unsichtbare Phallushorn ›seines‹ Hirschen, also ›seiner‹ männlichen Selbst-Persönlichkeit, wieder dort wahrzunehmen, wo es hingehört, nämlich als ›seinen‹ Phallus wieder sichtbar werden zu lassen. Es besteht offensichtlich ein diametraler Widerspruch zwischen dem, was Z. von der Analyse erwartet, und dem, was er in ihr erlebt. Eben dieses negative Erleben jedoch – der Phallusraub durch den Analytiker – muß nun an der Realität der Analyse geprüft werden. Es ist manchmal einfacher, auch diese Realitätsprüfung durch die Traumanalyse auszuführen, denn im Traum bekommen die Widersprüche zwischen der äußeren Wirklichkeit und deren innerem Erleben durch den Analysanden oft klareres Profil. In unserem Traum bringt Z. den beschädigten Hirschen zur Reparatur. Es ist normal, ihn zu diesem Zweck für einige Tage dort zu belassen. Die Frau will den Hirschen gar nicht definitiv, sondern bloß für die Frist der Reparatur zurückhalten. Z. interpretiert ihre Absicht falsch. In plötzlicher panischer Anknüpfung der Situation im Juwelierladen an frühere Erfahrungen mit Männern, allen voran seinem Vater, tritt das beobachtende, mit dem Analytiker verbündete Ich zurück, und der Komplex des Blender-Vaters, der in diesem Kapitel zu erklären ist, fixiert gegen alle äußere Evidenz die Wahrnehmung. Z. will sein Phallushorn vom Analytiker reparieren lassen; ein Ausdruck der progressiven homosexuellen Dynamik. Dann aber, von plötzlichem Schrecken gepackt, befürchtet er den Raub des Phallushorns und verhindert seine Reparatur, also die Analyse.

Warum bringt Z. seinen reparaturbedürftigen Hirschen, tiefenpsychologisch gesehen, der ›Frau des Analytikers‹? Er sträubt sich gegen die Wahrnehmung des ›Analytikers, der eine Frau hat‹ und heterosexuell beziehungsfähig ist. Solange er durch diesen Widerstand beherrscht wird, das heißt solange er seine eigene heterosexuelle Beziehungsfähigkeit, die ein Aspekt seiner männlichen Selbst-Persönlichkeit ist, ausblendet, dauert die regressive Übertragung des phallusraubenden Analytikers an. Doch bereits in diesem Traum kündigt sich die neue progressive Übertragung des ›Analytikers und seiner Frau‹ an, die etwa ein Jahr nach dem besprochenen Traum zum Durchbruch gelangte. In Klammern sei daran erinnert, daß ich, entsprechend meinen Definitionen von Homosexualität und Heterosexualität, unter heterosexueller Beziehungsfähigkeit nicht den isolierten sexuellen Aspekt, sondern ein ganzheitliches, Sich-auf-die-Frau-Einlassen verstehe. Ich habe die unglücklichen Begriffe Homosexualität und Heterosexualität nicht geschaffen. Sie setzen eine bloße Triebpsychologie voraus und suggerieren, daß Homosexualität und Heterosexualität einzig oder an erster Stelle die Sexualität meinen. Sie betreffen aber den ganzen Menschen. Daher sagen wir von einem Mann, der ein ganzes Leben lang nur mit Frauen geschlafen hat, obschon sein homosexuelles Empfinden stärker als sein heterosexuelles ist, er sei homosexuell.

Doch zurück zu Z. Wie kommt es zu einer psychischen Störung wie der bei ihm beschriebenen? Ich ziehe es vor, diese Frage aus der Lebensgeschichte M.s zu beantworten, wo die Zusammenhänge am deutlichsten sind.

Den Ausgangspunkt zur Bearbeitung des ›Phallusverlustes‹ bei M. lieferte ein Traum, den er ganz zu Beginn seiner dreijährigen Analyse hatte: M. befindet sich mit einem sehr männlichen Schwarzen zusammen in einem Hotelzimmer. Auf einmal kommt ihm die Eichel seines Penis abhanden. Er liegt verstümmelt neben dem Schwarzen, dessen Glied erigiert ist. Der Neger streichelt M. und beruhigt ihn, man könne die Eichel ohne weiteres mit Leim wieder auf den Penisstumpf aufkleben. Dies besorgt denn auch der Hotelportier. M. fragt ängstlich, ob die Eichel seines Penis nun nicht beim Geschlechtsverkehr mit der Frau in deren Vagina zurückbleibe. Doch der Begleiter beruhigt ihn, es sei alles gut. Dann wandelt sich der Schwarze in eine Frau. Der Geschlechtsverkehr M.s mit ihr wird durch zwei Kinder verhindert – einen Buben und ein Mädchen –, die am Fußende des Bettes sitzen.

Das Kernproblem des Traums ist das mysteriöse plötzliche Verschwinden der Eichel von M.s Penis. Das merkwürdig abstrakte Erleben, das gar nicht zum dramatischen Ereignis paßt, verbirgt eine traumatische Kindheitserfahrung, die zu einem Kristallisationspunkt in M.s Lebensschicksal wurde. Von ihr hängt im Traum alles weitere ab: Die noch infantile, in den Kinderschuhen steckende Heterosexualität – die beiden Kinder am Fußende des Bettes –, das Gefühl einer nur ›aufgeklebten‹ Persona-Männlichkeit und der verbundenen Angst, diese könne bei einem so zentralen Geschehen wie dem heterosexuellen Geschlechtsverkehr, ›wo man nichts vormachen kann‹, wieder abfallen. Ich übergehe hier alle andern Gesichtspunkte des Traums und wende mich ausschließlich dem traumatischen Verlust der Eichel des Penis zu. Es ist dies die überaus deutliche Veranschaulichung der Genese einer Fixierung in der Leitbild-Homosexualität, oder genauer gesagt: im Leitbild-Aspekt der homosexuellen Grundeinstellung. Selbst-Erleben und Erscheinungsbild M.s waren ja stärker von der Spiegel-Homosexualität bestimmt.

Der Traum ließ in M. eine vergessene Erinnerung aus der frühen Kindheit aufsteigen. M. muß etwa drei Jahre alt gewesen sein, als von den Eltern beschlossen wurde, der Bub gehe nun zum Pinkeln nicht mehr auf den Topf, sondern wie ein richtiger Bub aufs Klo. Der Vater begleitete ihn dorthin, schloß die Tür, entblößte sein Glied, um zu zeigen, wie dies der kleine M. zum Pinkeln tun müsse. M. erblickte zum ersten Mal in seinem Leben die ihm riesengroß erscheinende violett glänzende Eichel des Penis eines Mannes. Er sah nur diese Eichel, die bei ihm hinter der Vorhaut verborgen war. Sie löste in ihm Schrecken und Faszination aus. In diesem Augenblick wurde diese Eichel zum Symbol des Mannes schlechthin, zu einem Symbol, ›das er nicht besaß‹. Die erste Wahrnehmung der phallischen Männlichkeit war für M. mit der Vorspiegelung der falschen Tatsache verbunden, nur der andere Mann besitze diese. Eine unüberbrückbare Distanz tat sich zwischen ihm und dem Vater – zwischen ihm und dem Manne – auf. Nur dieser hatte das Attribut der zentralen Männlichkeit, er selber aber nicht. Die Möglichkeit, im Vater ein Leitbild der eigenen werdenden Männlichkeit zu sehen, wurde ihm genommen. Der *Vater* bot sich ihm – in M.s subjektivem Erleben – *nicht* als männliches *Leitbild, sondern* als männliches *Gegenbild* an. Mit der Eichel seines Penis sagte ihm der Vater: »Das bist nicht du. Das bin nur ich.«

Die Eichel des Penis des Negers im Traum war die gleiche wie die seines Vaters. M. erinnerte sich jetzt, daß ihm seine eigene Eichel in dem Moment abhanden kam, als er jene des Negers erblickte. Dies löste dann die Assoziation des genannten frühkindlichen Erlebnisses aus. M. realisierte nun, daß er später bei Schulkameraden und Freunden nur dies eine suchte, nämlich die Eichel des Penis seines Vaters. Seine erste homosexuelle Erregung erlebte er in der ersten Klasse des Gymnasiums, als ihm gegenüber ein Bub saß, durch dessen linke kurze Hosenröhre er die gleiche violett glänzende Eichel wiedersah. Daß seine eigene Eichel, außer im Zustand der Erektion, nach wie vor hinter der Vorhaut verborgen lag, interpretierte er dem frühkindlichen Trauma entsprechend als Beweis, daß er kein Mann war. Die violett glänzende Eichel des Vaters blieb für ihn das Symbol einer zentralen Männlichkeit, die er selber nicht besaß. Die Funktion seiner fixierten Homosexualität tritt klar zutage: Das homosexuelle Begehren der nicht durch die Vorhaut verdeckten Peniseichel des andern Mannes bildete für ihn die einzige Möglichkeit, mit seiner eigenen zentralen Männlichkeit in Beziehung zu treten. Leitbild-Homosexualität ist ein Umweg zur lebensnotwendigen Wahrnehmung der männlichen Selbst-Persönlichkeit. Der in ihr Fixierte nimmt den andern Mann nicht als Leitbild wahr. Die Integrierung der Leitbild-Homosexualität besteht gerade in dieser Wahrnehmung.

Ich vermute, daß es in der Biographie jedes Leitbild-Homosexuellen eine geheime Schaltstelle gibt, wo der zum Leitbild bestimmte Mann zum männlichen Gegenbild wurde. Ich vermute außerdem, daß an dieser verkehrten Schaltung immer die Unfähigkeit der Vaterfigur, ein Leitbild abzugeben, beteiligt ist. Dadurch wird auch die Bedeutung eines einzelnen, im nachhinein als traumatisch erinnerten Ereignisses relativiert: Die Ablehnung, für den Knaben ein männliches Leitbild abzugeben, kommt in allen Lebensäußerungen des Vater zum Ausdruck. Ein bestimmtes traumatisch empfundenes Erlebnis muß eher als symbolische Verdichtung der väterlichen Grundhaltung in einer Kernsituation gedeutet werden. Es ist denn auch keineswegs so, daß in jedem Falle von Leitbild-Homosexualität die Analyse auf eine solche Kernsituation stößt.

Eigentlich erblickte M. in der ihn faszinierenden Peniseichel das Spiegelbild dessen, was für ihn zum Symbol der zentralen männlichen Persönlichkeit wurde. Als konkretes Spiegelbild wurde sie zu seinem männlichen Leitbild, dessen innere Leitbildbedeutung er jedoch ausblendete. Ich habe bereits erklärt, daß das Spiegelbild insofern ein Leitbild ist, als es eine konkrete männliche Gestalt zeigt, die zunächst meist Aspekte des eigenen Vaters beinhaltet und dynamische Selbst-Verwirklichung meint. In einer gesunden Entwicklung wird das männliche Leitbild ständig durch neue Zielvorstellungen, Ideale usw. angereichert. Die männliche Genitalität ist nur ein Aspekt dieses immer umfassenderen Leitbildes. In einer fixierten Leitbild-Homosexualität jedoch bleibt das Leitbild auf jenen

Aspekt der Männlichkeit begrenzt, in welchem sich die Ausblendung der eigenen zentralen Männlichkeit wie in einem Symbol kristallisierte. Die Fixierung vieler Homosexueller auf den Penis des Partners hat wohl hier ihren Ursprung. Bei ihnen ist es der Penis des ›andern Mannes‹, meist des Vaters, dessen exhibitionistische Darbietung die traumatische Gewißheit zusammenfaßt: »Nur der andere ist der richtige Mann.« Vermutlich hat der andere Mann – im Falle M.s der Vater – dies unbewußt selber bezweckt. Wir stoßen hier wieder auf den ›Sebastian-Komplex‹. Ein solcher Vater ist eben selber ein ›Zu-kurz-Gekommener‹, einer, der nur in seiner sich nach außen darstellenden Persona, nicht aber in seiner zentralen Persönlichkeit ein Mann ist. Sein exhibitionistischer Phallus blieb als Pfeil im Fleisch des kleinen M. stecken. In seinem aggressiven Exhibitionismus bildete die männliche Persona von M.s Vater die starke Dynamik ab, durch die seine männliche zentrale Persönlichkeit endlich durch Introspektion wahrgenommen werden wollte.

Für den Homosexuellen wird nun der *Phallus* zum *Fetisch*, durch dessen Berührung beim andern und bei sich selber die Persona sich immer wieder ihrer Männlichkeit zu vergewissern sucht. Eigentlich war er das ja auch für die Vaterfigur, die ihre männliche Selbstdarstellung auf die Exhibition des Phallischen eingeengt hat. Insofern wird der Vater also doch zum ›Leitbild‹ – wenn auch zu einem narzißtischen – seines homosexuellen Sohnes.

Die phallische Zurschaustellung muß sich nicht in jedem Falle so konkret wie im Erlebnis des kleinen M. äußern. Es ist ja auch da nicht sicher, daß sie vom Vater wirklich gemeint war, wenngleich einiges dafür spricht: so die beim sonst prüden Vater ungewohnte Demonstration des Pinkelns, vielleicht auch das Schließen der Türe (vor der Mutter!), vor allem seine männliche Gesamtpersönlichkeit, die sich gegenüber der Mutter nicht zu behaupten wußte. Die phallische Exhibition äußert sich allgemeiner in allen Akten von männlicher Kraftmeierei, die die Vernichtung des Sohnes als Mann unbewußt zum Ziel haben. Der Phallus als Symbol der männlichen Vitalität wird dann zum Fetisch des homosexuellen Sohnes, auch wenn es in seiner Geschichte keinen Akt grobsinnlichen Exhibitionismus' von seiten einer Vaterfigur gibt.

Bei M. läßt sich der Zusammenhang zwischen der väterlichen Grundhaltung und der Leitbild-Homosexualität des Sohnes deshalb so beweiskräftig aufzeigen, weil seine spätere Homosexualität immer wieder durch die Faszination der als symbolisch für die gesamte Männlichkeit empfundenen Eichel des Penis des Partners neu belebt wurde. Die Deckungsgleichheit zwischen der von der Vorhaut unbedeckten violett glänzenden Peniseichel des Vaters und der genau gleichen, und gerade wegen dieser Gleichheit faszinierenden Peniseichel des Partners, ist offensichtlich. Der Nachweis gelingt in diesem Falle einfacher als da, wo nur eine allgemeine Faszination durch den Penis oder die männliche Gestalt besteht.

Ich habe bereits ab und zu das Wort ›Abspaltung‹ gebraucht, um den Sachverhalt des subjektiven Verlustes des Phallus als Symbol der männlichen zentralen Persönlichkeit zu charakterisieren. Doch ist der Ausdruck ›Abspaltung‹ in diesem Zusammenhang ungenau. Vor dem traumatischen Schlüsselerlebnis als dreijähriger Bub hatte M. seine eigene phallische Männlichkeit noch nie richtig wahrgenommen. Sie war also, topographisch ausgedrückt, weder bei ihm noch beim Vater. Es bestand eine unbewußte Identität zwischen seiner und des Vaters Männlichkeit. Eine Abspaltung konnte gar nicht stattfinden, denn diese hätte vorausgesetzt, daß der kleine M. zunächst seine phallische Männlichkeit als seine eigene wahrgenommen hätte und hernach, infolge traumatischer Übermannung, zu dieser Wahrnehmung nicht mehr imstande gewesen wäre. Nur in diesem Falle könnte von Abspaltung gesprochen werden. Für M. aber war der Anblick der Peniseichel des Vaters die erste Wahrnehmung der phallischen Männlichkeit überhaupt. Es gab für ihn keine Vergleichsmöglichkeit zu früherer oder gleichzeitiger phallischer Selbst-Wahrnehmung.

Das ist keine terminologische Haarspalterei. Gerade für die Therapie ist es wichtig zu sehen, was sich in der Genese der Störung genau abgespielt hat. In unserm Falle kann die Therapie nicht auf eine verschüttete männliche Selbst-Wahrnehmung zurückgreifen. Die Möglichkeit, etwas Verdrängtes wieder bewußt zu machen, ist hier nicht gegeben. Gibt es eine andere therapeutische Möglichkeit, um die Selbst-Wahrnehmung als männliche zentrale Persönlichkeit doch noch, mit Verspätung, nachzuholen? Um diese Frage zu beantworten, haben wir uns noch einmal dem Schlüsselerlebnis des dreijährigen M. zuzuwenden. Was hat sich eigentlich abgespielt? Und was hätte sich auf der Schwelle zur phallischen Stufe abspielen sollen?

Die letzte Frage habe ich bereits zu beantworten versucht: Der

Vater hätte sich als männliches Leitbild M. nur soweit anbieten sollen, als dieser noch die Brücke zu seiner damaligen Persönlichkeit schlagen konnte. Das Fremde durfte nicht so stark überwiegen, daß dem Knaben der Weg zu ihm abgeschnitten wurde. Das väterliche Leitbild durfte dem Knaben nur so weit voran sein, daß dieser es noch als Spiegelbild eigener Entwicklungsmöglichkeiten identifizieren konnte. Kurz: Das väterliche Leitbild mußte für den Knaben noch als dynamisches Spiegelbild erkennbar sein, statt als lähmendes Gegenbild seine Entwicklung zu hemmen.

Wie kam es, daß der Vater für den kleinen M. zum Gegenbild wurde? M. erzählte von der violett glänzenden Eichel des Vaters. Und er fügte hinzu: »Ich war wie geblendet.« Diese spontan vorgebrachte Beschreibung des subjektiven Erlebnisses trifft den Vorfall ganz genau: M. war von der phallischen Männlichkeit so *geblendet,* daß er mit *Blindheit* in bezug auf die Tatsache geschlagen wurde, daß das, was er sah, das Spiegelbild seines eigenen, phallischen Potentials war. Das Exhibitionistische, ihn Blendende, am väterlichen Tun war zu aufdringlich, als daß er darin sein Spiegelbild hätte entdecken können. Statt im Spiegel ein Leitbild zu sehen, wurde er geblendet. Homosexuelle werden manchmal als ›Blender‹ mit hochstaplerischen Zügen beschrieben. Dies trifft immer dann zu, wenn sie mit ihrer männlichen Persona zu blenden versuchen, damit ihr Gegenüber die Leerstelle am Ort der zentralen Persönlichkeit nicht bemerkt. Etwas Ähnliches findet sich bei Zwangs-Heterosexuellen mit abgewehrter Leitbild-Homosexualität.

Freud betrachtete die Blendung als Verschiebungsersatz für die Kastration. Daß beide miteinander zu tun haben, geht aus dem Gesagten hervor. Doch bedeutet das vor allem in der griechischen Mythologie häufige Motiv der Blendung nichts anderes als das, was es sagt. Geblendet werden heißt: um die Gabe der Wahrnehmung gebracht werden, weil das Bild, dem das Auge ausgesetzt ist, zu grell ist. *Teiresias* wurde blind, nachdem er die Brust und den Schoß der Athene gesehen hatte oder – nach einer andern Geschichte – nachdem er zwei Schlangen bei der Paarung sah.[93] *Ödipus* blendete sich, weil er die Wahrnehmung seines Mutterinzestes nicht ertrug: er blendete ihn aus, indem er sich blendete. Die Blendung bedeutet nicht Kastration als Strafe für den Mutterinzest, sondern dessen Abspaltung, also genau das, was den Ödipuskomplex zum Komplex macht. Durch die Ausblendung des Mutterinzestes wird dessen inneres Bild so dominant, daß es die männliche Selbst-Persönlichkeit gleichsam absorbiert und in sich verschwinden läßt.

Was spielte sich zwischen dem kleinen M. und seinem Vater ab? Dieser, statt ein Leitbild anzubieten, setzte seinen Sohn dem übermächtigen Glanz der eigenen, narzißtischen Männlichkeit aus, der so hell und grell war, daß M. geblendet als Blinder zurückblieb. Er wurde für jenen Bereich blind, den ihm sein ›Vater‹ ausblendete: für seine männliche zentrale Persönlichkeit. Dies bedeutet *symbolische Kastration* sowohl der oberen, geistigen, wie auch der unteren, triebhaften Männlichkeit. Aber es ist keine äußere, ›chirurgische‹ Kastration. Die griechische Mythologie ist nicht zimperlich, auch diese beim Namen zu nennen. Mit Blindheit meint sie etwas anderes, dem Bilde der Blendung genau Entsprechendes: die Nicht-Wahrnehmbarkeit der männlichen Selbst-Persönlichkeit. Der violette Glanz der Eichel des Vaters war so überwältigend, daß sich dieses Bild der phallischen Männlichkeit in M. einprägte und fixierte und sich in Zukunft immer zwischen ihn und den als Leitbild wahrzunehmenden Mann stellte. Die traumatische optische Fixierung verunmöglichte fürderhin die lebendige auch innere Wahrnehmung. Der im äußern Mann gebannte Blick konnte die Verbindung zwischen diesem und der männlichen Persönlichkeit nicht mehr herstellen.

Der Leser mag sich im Laufe seiner Lektüre ab und zu gewundert haben, wie oft ich das Wort *Wahrnehmung* brauche, wo andere zum Beispiel von Bewußtwerdung oder Aufarbeitung des Verdrängten sprechen. Wie ich an anderer Stelle bereits begründet habe, ist in einer Psychologie der Selbst-Persönlichkeit die ›Wahrnehmung‹ jene Kategorie, welche die der Selbst-Persönlichkeit eigentümliche Form der Kommunikation, nämlich die Spiegelung, am adäquatesten wiedergibt. Während die Ich-Persönlichkeit durch neue Informationen und Erkenntnisse erweitert und verändert werden kann, bekommt die Selbst-Persönlichkeit, indem sie gespiegelt wird, eine für das Ich neue Wahrnehmbarkeit. Es ist auch ungenau zu sagen, daß sie bewußt wird, denn die tiefsten – geistigen und triebhaften – Wurzeln der Selbst-Persönlichkeit können vom Ich höchstens zur Kenntnis genommen werden, und auch dies bloß bis zu einem bestimmten Grad. Wir dürfen in dem Zusammenhang nur von Bewußtsein sprechen, wenn wir dieses auf seine rezeptive Funktion einschränken. Es gibt kein reflexives Bewußtsein der

Selbst-Persönlichkeit. Die Genese der Leitbild-Homosexualität kann nur im Spannungsfeld zwischen Spiegelung und Blendung, also in der Kategorie der Wahrnehmbarkeit, angemessen beschrieben werden. Der fixierte Homosexuelle ist kein Kastrat, sondern ein in seinem ›dritten Auge‹ – das der inneren Wahrnehmung dient – Geblendeter, im Gegensatz zum ›blinden Seher‹, der gerade dank seiner äußeren Blindheit zu radikaler Introspektion fähig wird.

Indem wir die ›*Spiegelung*‹ *in Gegensatz zur* ›*Blendung*‹ setzen, wird vollends deutlich, daß sowohl Spiegelung als auch Blendung die Selbst-Persönlichkeit betreffen, das heißt die von der Erfahrung des Selbst her je neu wahrgenommene innere Persönlichkeit. Denn beide Sprachbilder gehören zur *Symbolsprache des Lichtes*, die sich immer auf die Kern-Persönlichkeit bezieht, wie der mystische Begriff ›Erleuchtung‹ am klarsten zeigt. Die Symbolsprache des Lichtes bezeichnet nie periphere Schichten der Persönlichkeit, wie das Ich oder die Persona. Auch ›Bewußtseinserhellung‹ meint eine ganzheitliche neue Wahrnehmung, nämlich einen Akt des rezeptiven Bewußtseins.

Auf dem Wege nach Damaskus wurde Saulus von einer leuchtenden ›Erscheinung‹ des von ihm verfolgten Christus geblendet. »Er konnte sich selber als Christen nicht sehen.«[94] Tiefenpsychologisch ging es darum, im Leitbild des Christus die Selbst-Persönlichkeit wahrzunehmen. Doch war der Unterschied zwischen dem Leitbild des Christus und der abwehrenden (verfolgenden) Ich-Persönlichkeit des Saulus noch so groß, daß der künftige Apostel vom erscheinenden Christus nicht erleuchtet, sondern geblendet wurde. In den nun folgenden Tagen seiner Blindheit begann er den Christus als zentrales Leitbild zu identifizieren, und er wurde ein ›neu Sehender‹. Der Christuskomplex, von dem *Jung* im Zusammenhang des paulinischen Bekehrungserlebnisses spricht, ist eine Manifestation des zentralen Komplexes der Selbst-Persönlichkeit. Paulus schwankt ein Leben lang zwischen dem Sehenden und dem Geblendeten, das heißt zwischen der innen wahrgenommenen Christus-Selbst-Persönlichkeit und dem durch den phallusgehörnten Satan – durch den Stachel in seinem Fleisch! – Verfolgten und Geblendeten.

Christus ist in unserem Zusammenhang nicht als Archetypus des ›Anthropos‹, das heißt als der alles Menschliche in seinem Mikrokosmos umgreifende Urmensch gemeint. Sondern Paulus nimmt seinen ›Christus‹ als individuelles Leitbild wahr, der zwar mit dem überirdischen ›Anthropos-Christus‹ verbunden, aber gleichzeitig durch die eigene Ausgestaltung deutlich unterschieden ist. Man spricht denn auch vom paulinischen oder johannäischen ›Christus‹ und meint damit die jedem Individuum je eigene Rezeption des zentralen Archetyps, eben das, was ich als Selbst-Persönlichkeit bezeichne.

Das Selbst ist nicht nur von Individuum zu Individuum anders ausgeformt, sondern wandelt sich auch im Laufe der Individuation eines Menschen. *Nikos Kaztanzakis* beschreibt dies in seinem Roman »Griechische Passion« aufs anschaulichste. Der junge Held des Buches, Manolios, von der Dorfgemeinschaft dazu bestimmt, in den Passionsspielen den Christus darzustellen, wird zur Begegnung mit seiner Selbst-Persönlichkeit geführt. Er beginnt an einem Christuskopf zu schnitzen. Die Wandlung seiner Selbst-Persönlichkeit bildet sich in den Gesichtszügen des Christus ab, die sich unter seinem Schnitzmesser nach und nach präzisieren und verändern: aus dem Dulder wird ein Revolutionär. Er wird von dieser sich zunächst noch unbewußt abbildenden neuen Selbst-Persönlichkeit dialogisch angesprochen und stellt seine bewußte Ich-Persönlichkeit immer eindeutiger in ihren Dienst. Schnitzend nimmt er sein Leitbild ins wahrnehmende Bewußtsein auf.

Es gibt außer der dynamisierenden Spiegelung und der Blendung noch eine dritte Form der Beziehung des Individuums zu seinem männlichen Leitbild, nämlich die Beziehung zu einem so schwächlichen Bild des Mannes, daß der Name Leitbild nicht mehr gerechtfertigt ist. Wenn ein Individuum kein Leitbild vor und in sich hat, sinkt es in Entmutigung und Passivität ab. Daraus ergibt sich eine eigene Form von ›Leitbild-Homosexualität‹, die sich auch bei Individuen mit bewußter heterosexueller Einstellung sehr störend bemerkbar machen kann. Zur Veranschaulichung dieser Sonderform fasse ich zwei ausgesprochene ›Spiegelträume‹ zusammen.

Ein 20jähriger Mann bringt folgenden ersten Traum in die Analyse: Er sieht sich in einem Spiegel wie auf einem Röntgenbild als ein in sich zusammengesunkenes Skelett. Sein ›Leitbild‹ ist nicht ausgeblendet wie in Fällen von fixierter Leitbild-Homosexualität, in denen das Leitbild nicht in bewußte Beziehung zur eigenen Selbst-Persönlichkeit gesetzt wird. Es scheint einfach nicht vorhanden zu sein. An seine Stelle tritt ein Bild der eigenen, nicht aktivierten, kraftlosen und lebensunfähigen männlichen Persönlichkeit. Der junge Mann behauptete, nie eine lebendige Beziehung zu einem männlichen Leitbild gehabt zu haben. Er habe sich von seinem Vater, seit er sich erinnern könne, zurückgezogen. Er freue sich über diesen Traum, weil er ihm zeige, wo er stehe. Fruchtbar an diesem Spiegeltraum war vor allem, daß er ihn dem Analytiker erzählte und vielleicht schon für diesen geträumt hatte. Es erwies sich bald, daß der Traum ein unbewußter Appell an mich war, ihm ein Leitbild abzugeben, das sich von diesem zusammengesunkenen Skelett unterscheide.

Der 40jährige U. träumte, er gehe an einem Schaufenster vorbei, das nur aus einem großen Spiegel besteht. In diesem sieht er sich müder und älter, als er in Wirklichkeit ist, und mit einer Glatze, die er nicht hat. Zerschlagen und in seiner Vitalität geschwächt – sein Haarausfall! – erwachte er aus diesem Traum.

Im Leben U.s gab es nie ein männliches Leitbild. Sein Vater überließ Frau und Kinder die meiste Zeit ihrem Schicksal. Die spätere Idealisierung eines Priesters und mehrerer Lehrer führte nie zu einer fruchtbaren Leitbild-Beziehung. Es scheint also, daß wir neben der integrierten und der abgespaltenen Leitbild-Beziehung noch eine dritte Form postulieren müssen, die durch die relative Abwesenheit einer Leitbild-Beziehung charakterisiert wäre. Doch tiefenpsychologisch ist dies fraglich. Denn hinter dem ›abwesenden Vater‹ verbirgt sich im Unbewußten oft der ›furchtbare Vater‹, der seine Söhne blendet, statt sie zu spiegeln. U.s Vater war, wie erwähnt, Alkoholiker, der im Rausch gewalttätig wurde.

In seinem Buch »Die Heilung des Selbst« beschreibt *Kohut* einen Fall von Leitbild-Homosexualität. Der junge Mann hatte einen »scheinbar schwachen und schattenhaften Vater«.[95] Im Verlauf der Analyse jedoch wurden entscheidende Erinnerungen zutage gefördert, die zeigten, wie dieser Vater sich dem Sohn als Leitbild entzog, ihn ›blendete‹ statt zu spiegeln. Ich vermute, daß das schwache, gar abwesende Leitbild immer das Bild eines tyrannischen Vaters überdeckt. *Der schwächliche Vater hat einen destruktiven Schatten.* Dieser prägt die Vater-Imago des Sohnes. Der schattenhafte Vater wird im Unbewußten des Sohnes zum Verfolgerschatten, der Ausgeblendete zum ›Blender‹.

Die Ambivalenz zwischen dem Bedürfnis, von einer männlichen Figur geleitet, und der stets lauernden Angst, von ihr homosexuell verfolgt, das heißt der eigenen Männlichkeit beraubt zu werden, bestimmt den zentralen Konflikt in der fixierten Leitbild-Homosexualität. Der Analysand sieht den Analytiker einmal als idealisierten Guru, dem er blind folgen möchte, dann wieder als heimtückischen Manipulator, der ihn nach seinem eigenen Bild ummodeln, ihn gar homosexuell unterwerfen und symbolisch entmannen möchte. Einmal erlebt er ihn als großen Frauenliebhaber, mit dem er sich mystisch in der Hoffnung verbindet, ebenfalls zu angriffiger Männlichkeit fähig zu werden. Dann wieder argwöhnt er in ihm den Homosexuellen, der auch ihn auf die ›andere Seite‹ lotsen will. Diese Ambivalenz bestimmt die Übertragung in Fällen von fixierter Leitbild-Homosexualität sowohl bei Homo- als auch bei Heterosexuellen.

H., ein 23jähriger Student, dessen Vater bei einem Autounfall ums Leben kam, als er drei Jahre alt war, und der vaterlos aufwuchs, litt sehr unter dieser Ambivalenz. Seine Grundeinstellung war heterosexuell, aber er träumte oft von starken jungen Männern, die ihn anzogen und die er um ihres ›Know-how‹ mit Mädchen beneidete. Einmal träumte ihm, sein Bruder verwandle sich in der unteren Körperhälfte in ein Mädchen, das er zu vergewaltigen sucht.

Die ambivalente Übertragungsbeziehung zwischen kritikloser, schwärmerischer Idealisierung und mißtrauischem Argwohn zeige ich am anschaulichsten an zwei Traummotiven, die nur wenige Wochen auseinanderliegen. Im ersten sieht er im Wald einen Riesen-Elch mit ›kapitalem Geweih‹ auf sich zukommen. Willig läßt er sich auf die Hörner nehmen, schwebt nun hoch oben wie in einem Schaukelbett, fühlt sich wohl und glücklich. Ein Arzt in weißem Kittel nähert sich mit einem Schreibblock, um Notizen über das Geweih des Elches zu machen. Dabei stört ihn der Träumer, und er möchte, daß dieser auf den Boden zurückkommt.

Wie schon in Z.s Traum bedeutet das Geweih die Männlichkeit des Analysanden, die dieser aber nicht als seine eigene wahrnimmt. H. assoziiert, er fühle sich in jeder Analysestunde wie berauscht, genauso wie auf den Hörnern des Elches. Aber er merke schon, daß ich ihn auf dem Boden der Wirklichkeit zurückhaben wolle. Sonst könne ich ja nicht mit ihm analytisch arbeiten. Etwas später assoziiert er weiter zum Elch, dieser sei ein viel potenteres Tier als er selber. Er fühle sich mir gegenüber minderwertig; ich habe wohl Freundinnen ›en masse‹. Er glaube aber, daß das schließlich auch auf ihn einen guten Einfluß ausüben werde, denn irgendwie färbe das wohl ab. Die Tendenz H.s zur passiven Partizipation am ›anderen‹ Mann ist unübersehbar. Die eigene männliche Persönlichkeit nimmt er noch nicht wahr.

Im zweiten Traum sitzt er einem ihm unbekannten Analytiker gegenüber, der ihn wie Luft behandelt und in einer homosexuellen Revue blättert. H. ist erschrocken, daß der Analytiker homosexuell sein soll. Dann fragt er ihn, ob er sich mit ihm langweile. Der Analytiker bejaht lächelnd, worauf H. enttäuscht ist.

H. ist dem homosexuellen Analytiker gleichgültig und ist darüber enttäuscht. Der Heterosexuelle mit fixierter Leitbild-Homosexualität, ein Mann also, der eher als zwanghafter Heterosexueller in Erscheinung tritt, erlebt den andern Mann als Homosexuellen, der ihm an seine Männlichkeit will. In seiner Persona also ist er der Zwangs-Heterosexuelle, der überall den bedrängenden Homosexuellen wittert. In der Tiefe seines Unbewußten aber wünscht er vom andern übermannt zu werden, als Ersatz dafür, daß er seine männliche Selbst-Persönlichkeit nicht genügend intensiv wahrnehmen kann. Die ›eine‹ homosexuelle Dynamik zur selbst-bewußten phallischen Männlichkeit fällt in zwei gegensätzliche Pole auseinander, die sich ständig blockieren und die Progression des Individuums verhindern: in die Verschmelzung mit der phallischen Männlichkeit des andern Mannes und in die Ablehnung jeglicher Beziehung zu ihm, die sich bis zur Flucht steigert. Zwischen beiden Polen läge die Wahrnehmung des Leitbildes, insofern es die eigene zentrale männliche Persönlichkeit in ihrer Entwicklungsdynamik spiegelt. Dank solcher Spiegelung würde der sich nach Verschmelzung Sehnende die Kommunikation mit dem Leitbild als dynamischem Spiegelbild und der nach Selbständigkeit Verlangende einen festen Halt in einer eigenen zentralen Persönlichkeit finden. Was jeder der beiden Pole für sich anstrebt, fände sich so im Leitbild erfüllt: Spiegelung als Kommunikation mit dem andern und Spiegelung als Selbst-Wahrnehmung.

Selbst-Wahrnehmung im Leitbild statt Verschmelzung oder Abspaltung: dies ist dem Mann mit fixierter Leitbild-Homosexualität zunächst ganz unvorstellbar. Denn mit den beiden sich gegenseitig immer neu bedingenden und aufhebenden Fehlhaltungen – Partizipation und Flucht – ist er älter geworden. In ihnen hat er seine einzigen Erfahrungen von Lebendigsein gemacht. Schon in frühester Kindheit war es ein eigentümlich befriedigendes Gefühl, sich unter dem blendenden Phallus-Vater auszulöschen. Dem andern Manne auf Leben und Tod ausgeliefert zu sein, gibt das archaische Gefühl unsterblicher Männlichkeit. Der einzelne Mann mag untergehen, aber einen ›Horden-Vater‹ wird es immer geben. Es ist kein sinnloses Opfer, sich als Mann nur im andern wahrzunehmen, denn dadurch sammelt sich im ›einen‹ die männliche Potenz ›unzähliger‹, wie bei den Azteken die männliche Sonne mit den Herzen Tausender männlicher Gefangener genährt und gestärkt wurde. Auch das andere, gegenteilige Erlebnismuster war so oft Quelle trotziger Lust: Die Türe hinter sich verriegeln können, und der Raum hinter der Tür ist nur mein. Der andere war für eine Spanne Zeit der Partner, aber die Perspektive einer Tür, die ich hinter mir und vor ihm schließen kann, verschwand auch in den Augenblicken erniedrigendster Verschmelzung nicht aus meinem Bewußtsein: sie gab mir überlegene Selbstachtung. Ich erlebe eine Art tragischer Männlichkeit, wenn ich dem andern sage: »Ich bin auf dich als Mann nicht angewiesen« – und trotzdem total auf ihn angewiesen bin. Indem ich den andern Mann abweise, vor ihm flüchte, bleibt er, als Ursprung meiner Bewegung, ein Teil meiner selbst, und trotzdem bin ich ›frei‹.

Doch jeder Homosexuelle hat im Schatze seiner Lebenserfahrung auch schwache, von ihm meist übersehene Ansätze eines dritten Erlebnismusters. Diese Ansätze können in der Analyse an den Tag gebracht und ›amplifiziert‹ werden. Es geht um das *Standhalten* in der Auseinandersetzung mit einem andern Mann. Vielleicht war es nur ein kurzes Anhalten im monotonen Hin und Her von Unterdrückung und Unterwerfung, von Geblendet-Werden und Blenden, von Verschmelzung und panischer Flucht; das Augenblickserlebnis des eigenen Widerstands – oder Angriffs? – als kräftemäßige Entsprechung zum Angriff – oder Widerstand? – des andern Mannes; das erfreuliche Gefühl: Wir sind beide ungefähr gleich stark, Gott sei Dank!

Ich habe bisher in allen Fällen von Leitbild-Homosexualität solche vom Bewußtsein vernachlässigte Erfahrungen des Standhaltens gefunden. An diese Erfahrungen anknüpfend, kann der Analytiker seine eigene ›standfeste‹ Haltung dem Analysanden gegenüber erklären. Wenn der Analytiker sensibel auf seinen Analysanden konzentriert bleibt, kann er mit ihm manche Verschmelzungs- oder Fluchtklippe umschiffen, bis sich die kleinen Ansätze von aktivem Standhalten durch ähnliche Erfahrungen in den Sitzungen zu einem realen dritten Erlebnismuster ausweiten und dieses sich durchsetzt.

M. erinnerte sich an eine drei Jahre dauernde Tennisfreundschaft in seiner Adoleszenz, wo er in einem ausgewogenen Gleichgewicht der Kräfte und der Geschicklichkeit beider Partner ausschließlich Erfahrungen des Standhaltens machte, ohne die Versuchung, den andern zu übertrumpfen; auch ohne Entmutigung, wenn er einmal im Spiel besiegt wurde. Diese Erfahrung der Standfestigkeit, die er in anderen männlichen Freundschaften nicht machte, war nur möglich, weil sich diese Freundschaft auf den abgegrenzten Bezirk des Tennisplatzes beschränkte und eine ihm selber nicht erklärbare Scheu es M. verbot, die tief empfundene Freundschaft auch in andere Lebensräume hineinzutragen. Es war, als habe er sich diese Erfahrung seiner Fähigkeit zu einer gesunden gleichgeschlechtlichen Beziehung durch Beschränkung auf das ihr gerade noch Mögliche rein erhalten wollen. Ein wertvolles Beispiel, wie auch in einer gestörten Entwicklung die gesunde Psychodynamik sich da und dort einen Weg zu bahnen weiß.

Ich skizziere nun die letzten sieben Jahre in der Entwicklung eines heute 25jährigen französischen Vertreters: B., der von extremer masochistisch homosexueller Unterwerfung zu einer relativ stabilen Haltung des Standhaltens gefunden hat. Drei Jahre lang war er der Freund des Soziologen D., der neben seinen promisken, anonymen Eintagsbeziehungen immer einen Mann um sich wünschte, den er ›bilden‹ konnte, wie er sagte. B.s Vater war Arzt. Soweit er sich zurückerinnert, fühlte er sich von ihm ›ausgestochen‹. Er setzte seinem Sohn eine kompakte, undurchsichtige, abgeschirmte Männlichkeit ohne Breschen und Lücken entgegen, in denen der Sohn sich in ihm als Leitbild hätte einhaken können. Die Entfernung zwischen Vater und Sohn war für eine fruchtbare Leitbild-Beziehung zu groß. In der Folge erlebte sich B. nicht als eigenständige männliche Persönlichkeit. Sein Verhalten wurde schon früh launisch, ›hysterisch‹, wie man ihm vorwarf; er wurde oft von unkontrollierten Wut- oder Weinanfällen überwältigt. Zu einer sehr weiblichen Mutter hatte er eine intensive Gefühlsbeziehung, was beide wußten und bejahten. Es lag bei ihm keine Spiegel-Homosexualität vor, bei der die Verschmelzung mit dem Mutter-Animus dominiert und ausgeblendet wird. Ähnlich schwärmerische, gefühlsbetonte Beziehungen hatte er ab und zu auch zu gleichaltrigen Mädchen. Schon in der Adoleszenz führten sie, wenn auch selten, zu Geschlechtsverkehr. In der Schule wurde er von seinen Kameraden nur geplagt und gequält. Er erinnert sich an eine schreckliche Situation: Von Klassenkameraden wird er im winterlichen Wald nackt ausgezogen und mit gefrorenen Tannenzweigen bis aufs Blut gepeitscht. Sein Schicksal war dem Basinis vergleichbar in *Robert Musils* eindrucksvoller Pubertätsnovelle.[96] Ein wichtiger Unterschied jedoch bestand: Während Basini von seinen Kameraden auch offen sexuell gequält wurde, was schließlich zum Selbstmord durch Erhängen führte, kam es zwischen den Kameraden und B. nie zu genitalem Sadomasochismus. Dagegen lebte er als 17jähriger seine Leitbild-Homosexualität genital mit einem Lehrer aus, der ihm kraft seiner Autorität und Männlichkeit die von den Kameraden getretene Selbstachtung zurückgab. Wegen ungenügender Leistungen aus dem Gymnasium entlassen, verlor er bald die Beziehung zum Lehrer. Mit angstvoller Sehnsucht suchte er eine neue homosexuelle Leitbild-Beziehung. Nach einigen bösen Erfahrungen stieß er endlich auf D., mit dessen starker männlicher Persona er vom ersten Tag an ganz und gar verschmolz. Die Beziehung dauerte ohne offene Krisen ein Jahr. Dann bekam B. immer öfter scheinbar unmotivierte Anfälle von Wut, Haß, Verzweiflung, wie als Kind seinem Vater gegenüber. Er hielt seinen Freund Tag und Nacht in Atem, machte einen demonstrativen Selbstmordversuch. Die Schwankungen zwischen totaler Verschmelzung und haßvoller Ablehnung wurden noch extremer. Nach einem zweiten Selbstmordversuch wurde er von seinem Freund zum Psychotherapeuten geschickt. Es gelang in mühseliger vierjähriger Arbeit, B.s Fähigkeit zum Standhalten zu stärken, B. versuchte immer entschiedener, mit D. in eine partnerschaftliche Beziehung ohne Verschmelzung oder Abwehr zu gelangen. Da D. sich dazu als unfähig erwies, wurde die Beziehung aufgelöst. B. ist seit zwei Jahren verheiratet und hat einen kleinen Sohn.

Wenden wir uns nun dem Verhaltensmuster des Standhaltens zu, das für das Verständnis der Psychodynamik der Homosexualität so wichtig ist. Ich gehe dabei von einem kurzen Traum aus, den M. schon im zweiten Monat seiner Analyse hatte.

M. befindet sich in einem Hotel. Oben auf der Balustrade einer weitausladenden Freitreppe mit beidseitigem Aufgang kämpfen nahe beim Geländer zwei junge Männer. Der eine ist schwarzhaarig und geschmeidig, der andere blond, sehnig und größer. Die beiden kämpfen lange Zeit mit gleicher Geschicklichkeit. Es sieht so aus, als müßte aus diesem Kampf gar kein Sieger hervorgehen und als würde er nie aufhören. M. ist im Traum in einem Zustand höchster emotionaler Erregung. Er geht auf den Dunklen zu, nimmt ihn beim Arm und sagt: »Bevor ihr gekämpft habt, habe ich euch beide schon kämpfen sehen.«

M. erlebte den im Traum geschauten *männlichen Zweikampf* wie die Offenbarung eines für ihn neuen, archetypischen Erlebnismusters der mann-männlichen Beziehung. Vor diesem Traum war in seiner Analyse noch nie die Rede vom ernsten und gleichzeitig spielerischen Wettkampf als Charakterisierung einer gleichgeschlechtlichen Beziehung. Nun rückt er ins Zentrum seines Fragens und Suchens.

Was bedeutet dieses archetypische Kampfbild? Es ist offenbar wichtig, daß kein Gegner den andern überwältigt. Es geht um ein gemeinsames Messen und Steigern der Kräfte, wobei jeder darauf angewiesen ist, daß der andere nicht aus dem Kampf ausscheidet. Zwei Elemente müssen sich also in der Auseinandersetzung die Waage halten: maximaler Einsatz aller eigenen Kräfte und: dem andern gestatten, ebenfalls seine Kräfte ganz zu entfalten. Wenn junge Hunde, Katzen – oder auch gesunde Kinder – miteinander balgen, bezwingt der eine den andern Partner nur so weit, als die Umkehrung des Kräfteverhältnisses in einer nächsten Phase möglich wird. In diesem Wechselspiel von oben und unten lernt jeder den andern und sich selber genau kennen. Aus solchen Kämpfen geht kein Partner ohnmächtig zerbrochen und keiner mächtig triumphierend hervor. Es kann zwar beim Streiten Trotz, Wut, Tränen, ›Bocken‹ geben, aber es besteht eine Art versteckter ›Regulierung‹ der Auseinandersetzung. ›Bocken‹ ist der adäquate phallische Widerstand des Schwächeren, den ›Sebastian‹ als erstes lernen müßte, bevor er nach und nach ›den Spieß umdrehen‹ und in der Waffe des Gegners den eigenen Phallus wahrnehmen könnte.

Ein feiner Instinkt sagt dem gesunden Kind, daß es – wenn es heute gesiegt hat – morgen das andere Siegen lassen muß. Dies geschieht aber ohne bewußte Absicht, sondern weil die zentrale Dynamik dieses Kampfes in beiden wirksam ist, nämlich Selbst-Wahrnehmung, Stärkung und Entfaltung der Persönlichkeit. Jeder Partner realisiert spontan, daß es nicht um die Alternative zwischen Unterdrückung des andern und Unterwerfung unter den andern, sondern um das kraftvolle Hervortreten der eigenen zentralen Persönlichkeit geht. Kinder und Jugendliche, die so streiten können, werden sich nie in der Leitbild-Homosexualität fixieren. Dagegen werden sie fähig zur Freundschaft, wie Gilgamesch und Enkidu dadurch zu Freunden wurden, daß keiner im Kampf den andern zu überwinden vermochte.

Der körperliche Zweikampf ist ein Bild dafür, wie Männer, die ihre gleichgeschlechtliche Dynamik ausleben, auch in allen anderen Belangen des Lebens miteinander umgehen. Der männliche Zweikampf ist das klarste Bild einer gegenseitigen, integrierten Leitbild-Beziehung zwischen zwei Männern. Wir kommen damit zur wichtigsten Analyse der Psychodynamik in einer gleichgeschlechtlichen Beziehung, nämlich zur *Analyse der ›Spiegel-Kommunikation‹*. Die Kämpfenden spiegeln sich in folgender Weise: Jeder nimmt sich gleichzeitig in sich und spiegelverkehrt im andern wahr. Mein Griff und sein Gegengriff vereinen sich in einer einzigen Wahrnehmung. Wie ich ihn fasse, fasse und erfasse ich meine durch ihn gespiegelte innere Persönlichkeit, und der mich Angreifende ist in meinem Spiegelbild der Angegriffene. Der Gegner ist mein Leitbild: Er führt mich zum nächsten Kampfgriff, nicht indem ich ihn nachahme, sondern auf ihn angemessen reagiere.

Aber wie, wenn mich mein Gegner zu Boden zwingt? Wie kann er da noch mein Leitbild sein? Eben das ist die entscheidende Bewährungsprobe in der Auseinandersetzung zweier Männer. Gerade in dieser mißlichen Lage darf ich nicht passiv werden, mich nicht lähmen lassen und mit meinem Gegner unbewußt – in Unterwerfung unter den ›besseren Mann‹ – verschmelzen. Gerade jetzt habe ich hellwach zu bleiben, den fatalen Griff als eine auch mir mögliche

Kampfgebärde wahrzunehmen, also sogar den mich bezwingenden Gegner ganz bejahend in mich aufzunehmen. So wird er, indem er mich bezwingt, potentiell von mir bezwungen. Der mich Besiegende wird zu meinem Leitbild, indem ich weniger mein Besiegtwerden als den Siegenden in mir wahrnehme. Der mich Besiegende ist das Leitbild, in welchem ich mich als den ihn Besiegenden erfahre. Daher das gleiche Gefühl von Potenz und Vitalität, wenn er oder ich einen momentanen Sieg erringen. Wenn ›er‹ siegt, ist er ›mein‹ siegendes Leitbild. Wenn ›ich‹ siege, bin ich ›sein‹ siegendes Leitbild. Im Spiegel des Gegners nehme ich mich seitenverkehrt wahr: Siege ich, bin ich als gespiegeltes Leitbild der Besiegte. Werde ich besiegt, bin ich als gespiegeltes Leitbild der Sieger. Indem ich mich also gleichzeitig als Siegender und im Leitbild Besiegter oder als Besiegter und im Leitbild Siegender erlebe, packt mich die fundamentale Faszination der Freundschaft: Da ich in der Gestalt des Freundes meine eigene innere Persönlichkeit erblicke, tue ich alles, was ich ihm tue, ihr an. Besiege ich ihn, bin ich ebenso Besiegter wie Siegender, und ich weiß nicht, was lustvoller ist: Besiegter und Siegender oder Siegender und Besiegter zu sein. Lustvoll ist allein, daß er in meinem Gesicht sein inneres Antlitz erkennt und ich in seinem Gesicht mein inneres Antlitz erkenne – daß ich seine und er meine verborgene Zukunft spiegelt.

Der Kampf wie er im archetypischen Traummuster M.s erscheint, ist Spender einer kraftvollen Lust, in der Sexus, Eros und Agape zusammenschwingen. Jede wichtige männliche Beziehung kann zu dieser begeisternden Erfahrung führen. Auch heterosexuelle Männer brauchen sie; bei Homosexuellen entspricht sie der zentralen erotischen Dynamik. Was im Bilde des sportlichen Zweikampfes am sinnfälligsten aufscheint, kann auf allen Kommunikationsebenen zwischen zwei Männern erfahren werden. Dazu zwei Beispiele:

Der vierzigjährige Heterosexuelle U. lernte im Laufe seiner Analyse einen ungefähr gleichaltrigen Mann kennen, der wie er Ingenieur ist. Jeder übte anspornende, belebende Wirkung auf den andern aus. Am Anfang trafen sie sich – allein oder mit ihren Frauen – zu Gesprächen oder Theaterbesuchen. Dann besuchten sie gemeinsam einen Judo-Kurs und besprachen offen miteinander die Gründe, die sie dazu motivierten. U. erzählte von seinem ›Sebastian-Komplex‹. Bereits nach einem Jahr beschlossen sie, gemeinsam ein Ingenieurbüro zu eröffnen. Sie erleben sich als Leitbild-Beziehung im beschriebenen Sinne. Der früher eher passive U., der das Risiko eines eigenen Geschäftes nie auf sich genommen hätte, erlebt seine neue, verantwortungsvolle Aufgabe dank der Spiegelung im Leitbild des Freundes mit großer Lust. Bezeichnenderweise wurde die Beziehung zu seiner Frau in dieser Zeit immer wärmer, intensiver, näher. Seine männliche Freundschaft bedeutete ja kein Ausweichen vor der Frau zugunsten eines Mannes, sondern die Wahrnehmung und Verwirklichung der eigenen männlichen Selbst-Persönlichkeit und somit auch die Vertiefung der heterosexuellen Beziehungsfähigkeit.

Der ›Analytiker‹ eines Leitbild-Homosexuellen darf sich nicht hinter der analytischen Neutralität verschanzen. Er muß den Wettkampf mit seinem Analysanden aufnehmen. Für M.s Gesundung war es entscheidend, daß sein Analytiker in optimaler, einfühlender Dosierung, sich ihm als männliches Leitbild anbot, in erster und wichtigster Linie natürlich, indem er dem Analysanden aktiv standhielt und sich ihm auch dann als Leitbild anbot, wenn M. entmutigt, ängstlich, fahrig, anspruchsvoll, arrogant war; in zweiter Linie, indem er ab und zu Mitteilungen aus seinem Leben machte, die sich in ›optimaler Leitbild-Distanz‹ zum Analysanden befanden. Die Gefahr der Manipulation ist dabei viel weniger gegeben, als es der auf bloße Neutralität erpichte Analytiker haben möchte. Denn gerade der narzißtisch gestörte Patient hat ein feines Gespür für Manipulationen jeder Art, ist er doch selber ein Manipulator. Er zwingt den Analytiker, die Frage stets neu zu überprüfen, ob er spiegelt oder blendet.

Außerdem können Verschmelzungen durch nicht ganz einfühlsame Mitteilungen des Analytikers gerade der Anlaß zu neuer fruchtbarer Entwicklung der Analyse sein, vorausgesetzt natürlich, daß sie aufgearbeitet werden. Der *Jungsche* Analytiker will nicht auf eine reale Beziehung zu seinem Analysanden verzichten, weil er ihm nur so realer weiblicher Spiegel und reales dynamisches Spiegelbild, das heißt männliches Leitbild sein kann. Im Gegensatz zur Projektion kann Spiegel-Kommunikation nur stattfinden, wenn ›beide‹ Partner sich mitteilen. Denn die Realität des einen Partners spiegelt die Potentialität des andern und ermöglicht so ihre Verwirklichung, und umgekehrt.

Die *Gegenübertragung* beeinflußt so oder anders den Analysanden. Sie ist Ausdruck davon, in welcher Weise sich der Analytiker im Spiegelbild des Analysanden erlebt. Kommt sie in der Analyse überhaupt nicht zur Sprache, bedroht den Analysanden unbewußt nur ihre minderwertige, primitive Seite, und er bringt vor allem diese in die Übertragung ein. Bietet sich jedoch der Analytiker dem Analysanden offen und direkt als Spiegelbild seines Leit-Selbst an, wenn auch unter dem Vorbehalt der ›optimalen Distanz des Leitbildes‹, kann die progressive Dynamik der Leitbild-Beziehung zwischen Analytiker und Analysand zum Tragen kommen. Der Analytiker darf sich nicht aus der homosexuellen Dynamik seines Analysanden heraushalten, ist er doch der wichtigste Mitspieler zu deren Befreiung in der Spiegel-Kommunikation.

Bei Homosexuellen mit aktiver männlicher Persona, hinter der die Leerstelle der Selbst-Persönlichkeit vertuscht wird, ist es wichtig, daß der Analytiker dieser ›Deck-Persona‹ erklärten und unbestechlichen Widerstand bietet. Er soll sich nicht von vermeintlich männlicher Aktivität bluffen lassen. Als M.s Analytiker aus dem Gefühl des Mangels einer zentralen Beziehung dem Analysanden mit Abbruch der Analyse drohte, verhalf er dadurch M. zur ersehnten Erfahrung des klaren, starken, unbestechlichen Vaters. M. konnte jetzt beginnen, seine Vater-Imago vom schwächlich wankelmütigen Tyrannen zu entschlacken. Zum ersten Male traten Träume mit starken Leitfiguren auf. So saß er einmal als Beifahrer im Auto neben Mao Tse-tung. Außerdem begann er von Kämpfen mit Tieren zu träumen, die Symbole der phallischen Männlichkeit sind. Er wurde in der Arena unterwiesen, wie man den Stier bei den Hörnern packt. Oder er kämpfte durch Werfen von Steinen gegen einen Hahn, der im Moment, als M. ihn traf, sich im Stein – M.s Waffe – auflöste: Ich kenne kein dichteres Bild für die Wandlung der destruktiven, als fremd empfundenen phallischen Männlichkeit in eigene zentrale männliche Aktivität. Der phallische Aggressor wandelt sich in dem Augenblick zur eigenen männlichen Persönlichkeit, als M. ihn so scharf ins Auge faßt, daß er ihn mit dem dritten Auge durchschaut, durchdringt, also bereits *aus des Aggressors Kraft heraus dem Aggressor entgegentritt*. Darin besteht die Kunst des Bogenschießens im Zen: in der inneren Wahrnehmung des äußeren Ziels. Das Ziel wird nicht durch die Geschicklichkeit des Zielenden, sondern aus der integrierten Dynamik des Ziels selber erreicht. Der Hahn löst sich in der Waffe dessen, der den Kampf der

Wahrnehmung mit ihm aufnimmt, auf: als eigenes Wesen war er Maja, Illusion. Jetzt wird die im abgespaltenen Komplex der männlichen Selbst-Persönlichkeit gebundene Libido dem Individuum verfügbar, welches dadurch zu eben dieser männlichen Selbst-Persönlichkeit wird. Der Hahn ist nun deren Symbol, und als solches bleibt er nach wie vor am Leben. In je mehr Symbol-Gestalten sich die Selbst-Persönlichkeit ausdrückt, desto reicher und farbiger kann der Dialog zwischen ihr und der Ich-Persönlichkeit werden. Ein Mann, der seine Leitbild-Homosexualität nach und nach integriert hat, zieht aus seiner Entwicklung reichen Gewinn: Er steht in lebendigem Dialog mit den vielfältigen Figuren seiner zentralen Persönlichkeit, die er lange Zeit außerhalb seiner selbst begehrt oder gefürchtet hat. Sie haben in der ›Verbannung‹ eine deutlich profilierte, wahrnehmbare Gestalt angenommen, die sie auch jetzt noch behalten, da sie als Selbst-Persönlichkeit zum hilfreichen Daimonion wurden.

Der sich in die Waffe des Kämpfers verwandelnde Hahn ist die größtmögliche symbolische Verdichtung der homosexuellen Dynamik. Wenn der Gegner unerschrocken als Leitbild wahrgenommen wird, wandelt sich seine Aggressivität in die eigene und verliert dadurch den destruktiven Charakter.

Wie im Kampf zwischen dem Dunklen und dem Blonden auf der Balustrade der Freitreppe, war auch im symbolischen *Kampf Jakobs mit dem Engel* einzig wichtig, daß kein Gegner stärker als der andere war. Als es dem Engel nach dem Kampf einer ganzen Nacht nicht gelang, Jakob unter die Macht des Fremden zu zwingen, also die Unterdrückung Jakobs durch das abgespaltene Leitbild herbeizuführen, und Jakob im Gegenteil, um den Segen zu erzwingen, seinen Griff nicht lockerte, dämmerte der Morgen: Die vordem feindliche Macht wurde jetzt von Jakob als freundliche, helle, im Segen sich ihm zuwendende wahrgenommen, als numinoses Leitbild, als ›der Gott Jakobs‹, tiefenpsychologisch ausgedrückt: als eine ihm zugehörige Selbst-Persönlichkeit. Dadurch wurde er zum ›Patriarchen‹, das heißt zu seinem eigenen und vieler anderer Vater.[97]

Aus der deutlichen Parallele zwischen dieser mysteriösen Szene aus dem Pentateuch und dem Traum M.s als archetypisches Erlebnismuster der Leitbild-Homosexualität wird vollends klar, daß das Problem der Homosexualität nicht das eines Partialtriebs innerhalb der Triebpsychologie, sondern ein wichtiger Ansatz, vielleicht der wichtigste, zum Verständnis der männlichen psychophysischen Ganzheit, der männlichen Selbst-Persönlichkeit, ist.

Ich habe vier Männern, die ihre Leitbild-Homosexualität im wesentlichen integriert hatten, die Frage gestellt, wie sie jetzt, im Gegensatz zu früher, das *homosexuelle Signal,* das heißt die spontane und instinktive Anziehung durch einen anderen Mann, erleben. Einig waren sich alle darin, daß es das Zwingende und Quälende verloren habe. Da sie ihre männliche Selbst-Persönlichkeit jetzt innen wahrnehmen, ist der vor dem ›dritten‹ Auge aufscheinende Mann kein Ersatz mehr für deren Nicht-Wahrnehmbarkeit. Als Geschenk einer zusätzlichen Möglichkeit zur Spiegel-Kommunikation wird es dankbar aufgenommen und nach seiner Bedeutung befragt. Außerdem sei die Intensität des ›homosexuellen Signals‹ auf den ›Straßen und Plätzen‹, das heißt auf dem Forum der Zufallsbegegnungen, schwächer geworden. In der Beschreibung der Abschwächung unterschieden sich die Befragten deutlich. Hingegen sei das Interesse für die konkrete, unverwechselbare Einzelpersönlichkeit des Freundes gewachsen. Folglich habe sich der bevorzugte Lebensraum von der Straße zu konkreten Häusern, Wohnungen usw. verschoben.

Auf meine Frage, ob sie sich für ›bisexuell‹ halten, antwortete B., er fühle sich zwar jetzt den Heterosexuellen näher als früher, weil er bis zu einem gewissen Punkt deren Fähigkeit, eine Frau erotisch anziehend zu finden, teile. Auch sei die frühere homosexuelle Zwanghaftigkeit verschwunden. Gleichzeitig habe sich die Freundschaft zu seinem besten Freund vertieft und sei freier geworden. Er könne sich gut vorstellen, wieder einmal eine sexuelle Beziehung zu einem Mann einzugehen. Zur Zeit sei die Beziehung zu einer Frau, die er seit einem halben Jahr kenne, die intensivste. Wenn bisexuell heiße, daß er als Homosexueller auch eine Frau lieben könne, dann sei er bisexuell. Aber das seien von der Anlage her wohl alle Menschen. Fest für ihn stehe aber, daß er nach wie vor stärker homosexuell empfinde. Trotzdem sei für ihn die Grenzlinie zwischen Homosexualität und Heterosexualität fließend geworden, so daß er nicht mehr Tag und Nacht mit seiner Identität als Homosexueller beschäftigt sei. Auch komme es ja immer auf den konkreten Menschen – Mann oder Frau – an, den man liebe. Der Mensch, den er zur Zeit am meisten liebe, sei eben diese Frau, aber das habe nicht nur damit zu tun, daß sie eine Frau sei, sondern auch, daß sie ihn als Mensch fasziniere. Der Zwang, seine Identität ausschließlich von der Homosexualität her zu sehen, sei weg. Es gebe noch so viele andere Eigenschaften, die Aspekte seiner Identität darstellen. Nahe fühle er sich auch solchen heterosexuellen Männern, die die Homosexualität in dem Sinne integriert haben, daß sie herzliche, vielleicht sogar körperliche Gefühle für ihn empfinden können. Andere heterosexuelle Freunde habe er nicht mehr.

Bei allen vier war immer wieder davon die Rede, was ich die ›veränderte Rezeption des homosexuellen Signals‹ nenne, nämlich dessen Rezeption als *Signal zur Spiegel-Kommunikation*. B., dessen Leitbild-Homosexualität ich dargelegt habe, erklärte, früher habe dieses Signal instinktiv auf ihn gewirkt wie ein ›Der-will-etwas-von-mir‹, entweder in dem Sinne, daß der andere ihn gegen seinen Willen homosexuell bedränge – diese Rezeption teilte B. mit den Zwangs-Heterosexuellen, deren Identität in der Abwehr des ›Sebastian-Komplexes‹ besteht, oder im gegenteiligen Sinne, daß er in erotischer Spannung warte, daß der andere ihn umwerbe und ›einfange‹. Heute umschreibe er seine unmittelbare Rezeption des Signals folgendermaßen: »Ich bin freudig berührt, daß mir dieser Mann etwas Wichtiges und Geheimnisvolles auch über mich mitzuteilen hat, und ich möchte ihn näher kennenlernen.« B. fügte noch bei – und die andern bestätigten dies –, daß seine heutige Rezeption des ›homosexuellen Signals‹ nicht völlig in der zweiten Version eingependelt sei. Es gebe auch Phasen, in denen die erste wieder stärker wirksam werde. Aber ein eigentliches Problem stelle dies schon seit langem nicht mehr dar, weil die grundlegende Einsicht in die homosexuelle Dynamik darunter nicht leide, und er solche Schwankungen ähnlich empfinde wie an gewissen Tagen eine größere Gereiztheit oder Ängstlichkeit. Doch er habe das ›analytische Korrektiv‹ in sich selber. Der Schwerpunkt seiner Probleme habe sich von dieser Frage zu anderen verschoben.

Die ›Spiegel-Kommunikation‹, wie sie in diesem Kapitel geschildert wurde, hat eine besondere Bedeutung für die Therapie der fixierten Homosexualität. Weshalb? Der Leser und die Leserin mögen sich bereits gefragt haben, warum ich nur von der Integrierung der ›Leitbild‹-Homosexualität spreche und die Integrierung der ›Spiegel‹-Homosexualität scheinbar übergehe. Wie wird die Fixierung der ›Spiegel‹-Homosexualität gelöst, die ja in jeder homosexuellen Grundeinstellung vorhanden ist? Aus verschiedenen Andeutungen ist die Antwort auf diese berechtigte Frage vielleicht schon hervorgegangen. Der Mangel an Spiegelung des Mannes in seiner phallischen Männlichkeit durch die Mutter kann nur in beschränktem Maße nachgeholt werden. *Heinz Kohut* hat dies für die narzißtischen Störungen im allgemeinen nachgewiesen. Dieser Mangel ist zu fundamental, als daß er ganz behoben werden könnte. Auch nach erfolgreicher Therapie sieht der Homosexuelle den Glanz des Spiegels auf seinem Freund als etwas, das er in sich selbst weniger und manchmal gar nicht wahrnimmt. Diesen Glanz meinte ich vorhin mit dem ›homosexuellen Signal‹. Der fixierte Homosexuelle ist diesem Glanz verfallen, weil er ihn nicht als Glanz der eigenen Selbst-Persönlichkeit identifiziert, das heißt als das eigene Gespiegelt-Werden durch die Mutter. Denn die mütterliche Spiegelung ist bei ihm bloßes archetypisches Muster, das durch keine reale Mutter belebt wurde und somit auch nicht in der eigenen Kern-Persönlichkeit wahrgenommen wird. Dank dem archetypischen Muster der mütterlichen Spiegelung nimmt der fixierte Homosexuelle überhaupt einen Gespiegelten wahr. Aber er weiß nicht, daß ›er‹ der Gespiegelte ist. Zwar gibt es bei jedem Individuum eine Differenz zwischen der real erfolgten und der archetypisch geforderten Spiegelung, aber nur beim fixierten Homosexuellen ist sie so groß, daß der Gespiegelte und das Spiegelbild, der Homosexuelle und sein Freund, radikal auseinanderfallen.

Der ›Spiegelglanz‹ auf dem ›anderen‹ Mann bleibt also mit mehr oder weniger Intensität bestehen. Die Spiegelung durch den Analytiker konnte nur zum Teil den Mangel an mütterlicher Spiegelung ausgleichen. Doch weshalb hat sich die Fixierung trotzdem gelöst? Weil die Spiegel-Kommunikation mit dem anderen Mann als Weg zur Integrierung der Leitbild-Homosexualität den noch verbleibenden Mangel an mütterlicher Spiegelung wirksam kompensieren konnte. Dies geschah durch ein dem intensiveren Spiegelglanz genau entsprechendes aktiveres Wahrnehmen des Leitbildes im Spiegelbild. Der ehemals fixierte Homosexuelle kann sein gesundes psychisches Gleichgewicht nur dank einem, im Vergleich zu anderen Individuen, höheren Maß an Spiegel-Kommunikation herstellen und bewahren. Die aktivere männliche Freundschaft ist für ihn lebenswichtig. Vereinfacht exemplifiziert: U. ›mußte‹ mit seinem Freund ein gemeinesames Büro eröffnen, um sich von seiner homosexuellen Fixierung zu befreien. Spiegel-Kommunikation ist zwar die universale Kategorie der gleichgeschlechtlichen Beziehungen; aber für den ehemals homosexuell Fixierten ist sie zusätzlich die einzige Möglichkeit, um den Mangel an mütterlicher Spiegelung auszugleichen. So wird der Mangel auf der einen Seite zum Reichtum auf der andern: der Mangel an mütterlicher Spiegelung zum Reichtum an Spiegel-Kommunikation.

Eine letzte Bemerkung zum ›homosexuellen Signal‹ des Spiegelglanzes. Der Homosexuelle empfängt es nicht nur als Liebesimpuls, als erotischen Anruf. Die homosexuelle Ambivalenz von Eros und Aggressivität, von Sehnsucht nach Verbindung mit dem ›eigenen‹ Spiegelbild und Abwehr gegen den ›fremden‹, das Eigene bedrohenden Mann, äußert sich auch in der Rezeption des Spiegelglanzes. Erinnern wir uns an Z.s Geiertraum, in welchem nach dem erotischen Glanz des ›schönen Buben‹ der bedrohlich kalte Glanz des Rockers aufscheint, wie er erschreckend deutlich beispielsweise in *Kubriks* Film »Clockwork Orange« dargestellt wird. Der Liebesglanz der Mutter ist vermischt mit dem Glanz des Blender-Vaters. Einmal überwiegt der eine, dann der andere Aspekt. Doch nie tritt einer ohne den andern auf. Im ›schönen Buben‹ lauert immer der Rocker, und im luziferischen Rocker wird der ›schöne Bube‹ ersehnt. Der fixierte Homosexuelle oszilliert zwischen der einen und der andern Rezeption des Spiegelglanzes. Männer, die nachts in Parks und im Umkreis von Pissoirs schweifen, suchen die eigentümliche Faszination auf des Messers Schneide zwischen den Abgründen von Liebesverschmelzung und Selbstzerstörung. Sie wollen beide zusammen erleben, denn nur beide zusammen bilden einen ganzen Ersatz für die Wahrnehmung der eigenen Selbst-Persönlichkeit, die gleichzeitig Spiegelung durch die Frau und zentrale Aktivität als Mann impliziert. Liebes- und Schreckensfaszination ergeben zusammen das Zerrbild der zentralen Persönlichkeit, welche die mütterliche Spiegelung und die väterliche Aktivität integriert hat.

Am Ende dieses Kapitels über die Spiegel-Kommunikation halte ich eine erkenntnistheoretische Bemerkung über den *Begriff der Wahrnehmung* für notwendig. Ich sprach oft von ›äußerer und innerer Wahrnehmung‹. Was ich damit meinte, wird erst im *Zusammenhang mit der Spiegel-Kommunikation* verständlich. Diese ist identisch mit jener. Die Wahrnehmung ist insofern eine äußere, als sie sich auf das außen in Erscheinung tretende Leitbild bezieht, und sie ist eine innere, als sie das Leitbild als eigenes dynamisches Spiegel-bild identifiziert. Erst die Verbindung beider macht die Wahrneh-mung zur Wahrnehmung. Deren Beschreibung ist also die Beschrei-bung der Spiegel-Kommunikation. Ihr Subjekt ist die Selbst-Persön-lichkeit. Darin unterscheidet sich die Wahrnehmung vom rezeptiven Bewußtsein. Dessen Subjekt ist die Ich-Persönlichkeit, wenn auch in Bezogenheit auf die Selbst-Persönlichkeit. Auch der Weg, auf dem die Selbst-Persönlichkeit erreicht wird, ist ein anderer. Das rezeptive Bewußtsein sucht die Selbst-Persönlichkeit auf dem Wege der In-trospektion, die Wahrnehmung dagegen auf dem Wege der Spiege-lung. Mein Bewußtsein ist rezeptiv, wenn ich zum Beispiel versuche, mich an einen Traum zu erinnern oder wenn ich meditierend nach in-nen schaue. Aber dies ist nicht der einzige Weg, auf dem die Selbst-Persönlichkeit erfahren wird. In der Spiegel-Kommunikation, wie ich sie in der Parabel des Zweikampfes dargestellt habe, wird die Selbst-Persönlichkeit in ihrer dynamischen Eigenbewegung erfah-ren. Die Spiegel-Kommunikation ist gleichzeitig ›Extraspektion‹ und Introspektion. Durch das äußere Aktionsbild wird ein inneres archetypisches Aktionsmuster belebt. Die äußere Aktion entspricht der Aktivierung eines inneren Potentials. Diesen Vorgang nenne ich Wahrnehmung, insofern er bewußt abläuft.

Wie im dritten Kapitel angedeutet, und jetzt aus dem tieferen Ver-ständnis der Selbst-Persönlichkeit auch faßbar, ist Wahrnehmung der Selbst-Persönlichkeit gleichbedeutend mit ihrer Verwirkli-chung. Die Wahrnehmung in der Spiegel-Kommunikation bezieht sich ja auf die gespiegelte Eigenaktivität. In der aktiven Verwirkli-chung des Leitbildes nehme ich es als Spiegelbild wahr. Oder: die äußere Wahrnehmung des dynamischen Leitbildes ist zugleich in-nere Wahrnehmung von dessen Verwirklichung dank der Spiegel-Kommunikation zwischen beiden. Außerhalb dieser Wahrnehmung gibt es keine Selbst-Persönlichkeit. ›Ich bin‹ die Selbst-Persönlich-keit, insofern sich meine Selbst-Persönlichkeit ›wahrnimmt‹.

Wie kann ein anderer Mann Symbol mit konkreter Aussagekraft für meine eigene zentrale Persönlichkeit sein? Oder die gleiche Frage in einem extremen Beispiel verdeutlichend: Wie kann ein 18jähriger junger Mann für einen 80jährigen Greis symbolhafter Ausdruck von dessen zentraler Persönlichkeit sein? Diese Frage lei-tet zum nächsten Kapitel über.

> Nachmittags, da es allein blieb,
> von einem Spiegel zum andern starrend;
> anfragend beim Rätsel des eigenen
> Namens: Wer? Wer? – aber die andern
> kehren nach Hause und überwältigens.[98]

Das Kind, von dem *Rilke* schrieb, ist auf der Suche nach seinem Spiegelbild. Der Raum, in dem es sucht, ist die Einsamkeit. Es zieht sich in sich selber zurück, um die Antwort auf die Frage »Wer? Wer?« zu finden. Es weiß, daß sich seine Kern-Persönlichkeit drinnen, im Zentrum der Psyche, befindet und glaubt deshalb, sie nur ›zu Hause‹, im eigenen Bereich anzutreffen. Doch es erlebt quälende Rastlosigkeit: Obschon in einem einzigen Raum, dem eigenen, sich eingrenzend, geht sein Auge, stets aufs neue unbefriedigt, »von einem Spiegel zum andern«. Es ist, als ob es nie zur Ruhe kommen könnte, weil es sein Selbst in falscher Weise sucht. In welcher Weise? Es ›starrt‹. Narzißtisch fixiert auf die zwanghaft wiederholte Frage: »Wer? Wer?«, erlebt es sich in der Ferne seiner selbst. Es scheint, gerade die Hartnäckigkeit seiner Bemühung, auf die Frage nach dem richtigen Spiegel die richtige Antwort zu finden, verschließe es der Antwort. Seltsam: es ist in diesen Versen von Spiegeln die Rede, aber wo sind die Spiegel? Verwechselt das Kind nicht Spiegel mit Fixierbild und verliert sich stets von neuem an ein wechselndes, nebensächliches, plötzlich aufdringliches Detail? Im Raume seiner Einsamkeit findet es seinen Namen, seine zentrale Persönlichkeit, nicht: es fehlt der Spiegel.

Doch plötzlich kehren »die andern« nach Hause zurück. Der Leser atmet auf: Jetzt öffnet sich der Raum der Einsamkeit, jetzt kann der eine sich im andern als Spiegelbild erkennen, jetzt zerfällt das Fixierbild, und das lebendige Spiegelbild wird wahrgenommen. Doch nein: Im Kreise seiner Illusion gefangen, sieht das Kind sein Fixierbild in Gefahr, weil es hinter ihm immer noch auf ein Spiegelbild hofft. Die sich zur Spiegel-Kommunikation Anbietenden werden als Überwältigende verworfen. Der in-

nere Raum des Kindes wird noch enger, und die Frage »Wer? Wer?«
brennt wie der sich zentrierende, durchbohrende Strahl eines
Brennglases.

Der *Mann ohne Spiegel-Freund* ist einer, der zwar – im Gegensatz zum fixierten Homosexuellen – den Ort seiner Selbst-Persönlichkeit kennt, nämlich im heimlichsten, innersten Bereich, aber –
nach innen starrend und nicht nach außen schauend – kein Bild von
ihr hat. Er ist der Gegentypus dessen, der sein Spiegelbild in rastlo-
ser Hast bei diesem und jenem andern Manne zu fassen und zu halten versucht. Auch er, der ohne Freund, ist der gleichen Rastlosigkeit verfallen. Während der fixierte Homosexuelle am falschen Ort
sucht, sucht er in falscher Weise. Statt innen aufnehmend sich dem
Bild außerhalb aufzutun, versteift er sich im Krampf des sich mono-
ton reflektierenden, widerspiegelnden Ich, im Krampf des nur refle-
xiven Bewußtseins. So kann ihm das äußere Bild als innere Gestalt
nicht offenbar werden.

Während der fixierte Homosexuelle das äußere Bild innen wahrnehmen müßte, um von seiner Rastlosigkeit befreit zu werden,
müßte der nach innen Starrende mit der Frage nach dem »Wer?« in
seinen Augen nach außen schauen. Oder umgekehrt ausgedrückt:
Der fixierte Homosexuelle erlebt in großer Vielfalt und Farbigkeit
das Spiegelbild; besser als jeder andere kann er über dessen Eigenschaften Auskunft geben. Er gleicht einem Maler, der seine Gemälde in viele Museen der Welt ausgestreut hat und deutlicher als jeder andere die inneren Bilder zeigt. Der Mann ohne Freund dagegen
kennt am genauesten den Platz, wo die durch den fixierten Homosexuellen so reich ausgesäten Bilder wahrzunehmen wären: in der
zentralen Persönlichkeit. Die Spiegel-Kommunikation führt also
sowohl zum Freund als auch zu seiner inneren Wahrnehmung als
Bild der Selbst-Persönlichkeit: als ›inneren Freund‹.

Ein 22jähriger Analysand, Sohn einer unverheirateten Mutter
und vaterlos aufgewachsen, von einer weiblichen Beziehung zur andern unstet eilend, aber ohne je einen wirklichen Freund gekannt zu
haben, litt darunter, sich leblos, langweilig, ohne zentrale Persönlichkeit zu erfahren. Unerlöst grübelnd, pflegte er stundenlang in
sich hineinzustarren. In der ersten Stunde sagte er mir: »Ich möchte
ein fester Pfahl im Boden werden«, ein plastisches Bild seiner Sehnsucht nach der männlichen Selbst-Persönlichkeit. Er weiß, wo deren Ort ist, aber er hatte nie einen Vater, der sich ihm als leitendes

Spiegelbild angeboten hätte und mit ihm in Spiegel-Kommunikation getreten wäre. So fand er am Ort seiner Selbst-Persönlichkeit nur überwertige Details eines Fixierbildes ohne Farbigkeit und zentrale Aussagekraft. Dies färbte auf seine weiblichen Beziehungen ab. Ihm träumte, der Schlüssel, den er ins Schloß stecke, breche ab. Nicht nur im genitalen Bereich ist er kein ›fester Pfahl im Boden‹. Als Don Juan war er noch keiner Frau ein richtiger Halt. In allen Schlössern bricht sein Schlüssel ab.

In einer ähnlichen Situation analysierte ein 26jähriger Psychologiestudent ununterbrochen mit zwanghafter Genauigkeit jeden Ansatz eines Gefühls oder einer Emotion in seinem Innern, was ihn ebenfalls rastlos von einer Frau zur andern ›wechseln‹ ließ, immer in Angst, sein Gefühl wieder zu verlieren und leblos zu werden, immer auf der Suche nach einem intensiveren Gefühl. Auch er kannte den Ort der Selbst-Persönlichkeit, aber nicht den Weg zu ihr. *Der fixierte Homosexuelle lebt in einer Ersatz-Extraversion ohne ›inneren Freund‹; der Nach-innen-Starrende in einer Ersatz-Introversion ohne ›äußeren Freund‹. Beides verhindert die Spiegel-Kommunikation.*

Wem der Weg zur gleichgeschlechtlichen Freundschaft – aus welchem Grund auch immer – versperrt ist, hat vielleicht das Glück, dank der Begegnung mit dem ›Kunstwerk‹ in Spiegel-Kommunikation mit seiner Selbst-Persönlichkeit zu treten. Oder richtiger gesagt: Aus dem Kunstwerk tritt ihm seine Selbst-Persönlichkeit, die er vergeblich mit seinem fixierten Ich gesucht hatte, doch noch in ihrer befreienden, das Ich sprengenden Fremdheit entgegen. Aus dem von Menschenhand geschaffenen Bilde wird es ihm doch noch möglich, den optischen Impuls seiner Selbst-Persönlichkeit zu empfangen, auf den er vergeblich durch blindes Nach-innen-Starren gehofft hatte. Das war denn auch für *Rilke* die Möglichkeit, aus dem engen Innen-Raum des Kindes im zitierten Gedicht auszubrechen. Von dieser Befreiung zeugen die berühmten Verse, die er über den ›Torso Apollos‹ schrieb:

Denn da ist keine Stelle, die dich nicht sieht.
Du mußt dein Leben ändern.[99]

Der ganzheitliche Appell des Spiegel-Freundes wird doch noch im ästhetisch-moralischen Appell des – bezeichnenderweise gliederlosen – Gottes der männlichen Schönheit wahrgenommen. So wird die *Kunst* des einen zur gleichen lebensnotwendigen Angelegenheit wie die *Homosexualität* des andern: nämlich zum einzigen Weg, mit der eigenen männlichen Kern-Persönlichkeit in Kontakt zu treten. Die Spiegelung im Kunstwerk als Leitbild (»Du mußt dein Leben ändern«) ersetzt den als Spiegel-Freund ausgeblendeten Mann. Damit will ich nicht sagen, daß der Erwerb der Fähigkeit zur Spiegel-Kommunikation mit dem Freund das Interesse am Kunstwerk zum Erlöschen bringt. Im Kunstwerk kommt der Spiegel-Freund mit einem Relief und einer vereinfachenden Klarheit zum Ausdruck, die der Mensch aus Fleisch und Blut nicht haben kann. Andererseits bedeutet die Einengung des Spiegel-Freundes auf das Kunstwerk die Ausblendung von Dimensionen der eigenen Selbst-Persönlichkeit, die das Kunstwerk nicht abbilden kann, vor allem die Dimension des sich auch objektiv wandelnden Freundes, dank welchem das Ich den entscheidenden Schritt fort aus seiner narzißtischen Fixierung, aus seinem inneren ›Starren‹, tun kann. Die Dynamik der Spiegel-Kommunikation ist in der Begegnung mit dem Kunstwerk gebremst, da ich der Herausforderung durch ein Kunstwerk leichter aus dem Wege gehen kann als der Herausforderung durch einen Freund. In der Spiegel-Kommunikation mit dem Kunstwerk ist das Gleichgewicht zwischen der inneren und äußeren Wahrnehmung zu ungunsten der äußeren Wahrnehmung gestört.

Doch hat die Begegnung mit dem Kunstwerk die gleiche befreiende Wirkung wie die Begegnung mit dem Freund: Die Selbst-Persönlichkeit hat die Initiative ergriffen und in spontaner Aktivität das fragende Ich abgelöst. Spiegel-Kommunikation wird immer als Geschenk erlebt, weil das ›Aufstaunen‹ vor dem Kunstwerk oder dem Freund nicht aus der Ich-, sondern der Selbst-Persönlichkeit stammt. Das ist der tiefenpsychologische Hintergrund des theologischen Begriffs der *Gnade*: Eigenes wird als etwas erfahren, das mir ›zu-stößt‹, weil nicht das Ich, sondern die Selbst-Persönlichkeit die Initiative ergriffen hat. Gnade bezeichnet die Initiative einer religiösen Leitfigur. In ihr wird die Selbst-Persönlichkeit wahrgenommen, insofern sie sich dem Ich aus freien Stücken zuwendet. Das Ich erlebt sich dabei als gläubiges, das heißt als bloß rezeptives Bewußtsein. Wie das Ich des Glaubenden, ist auch – laut *Neumann* – das Ich des schöpferischen und, füge ich bei, des in einer zentralen Freundschaft verbundenen Menschen ›rezeptiv‹: Die

›Scheinpersönlichkeit der Persona‹, die aus »Selbst-Ablehnung und Selbst-Unterdrückung«[100] kommt, wandelt sich zu einem Ich, dem in der religiösen Leitfigur oder im Kunstwerk oder – und dies allein soll uns hier beschäftigen – im Freund eine noch unbekannte, unentwickelte und daher faszinierende Dimension der zentralen Persönlichkeit wie ein neues Spiegelbild entgegenkommt. Das ist eine adäquatere Beschreibung jenes Vorgangs, der auch *Projektion* genannt wird. Es wird kein inneres Bild auf ein äußeres Objekt ›geworfen‹ und in diesem wahrgenommen, sondern erst im äußeren Objekt wird meine Selbst-Persönlichkeit zum Bild, das zurückgespiegelt werden kann. Der Archetypus selbst kann nicht angesehen werden. Die Bilder, die wir von ihm haben, entstehen in der äußeren Welt, wenn auch in Verbindung mit ihm. So ist denn auch das Bild des Freundes nie identisch mit meinem Selbst, sondern nur mit einem zentralen Aspekt meiner Selbst-Persönlichkeit. Wo es allerdings um das Wiedererleben von bereits Erlebtem und Verdrängtem an einem neuen äußeren Objekt geht, ist das Wort Projektion am Platz. Doch darum geht es in der *Spiegel-Kommunikation* nicht, die sich immer auf einen noch ungelebten Aspekt der Selbst-Persönlichkeit – auf deren noch ungelebtes Leben – bezieht.

Wenden wir uns nun der eigentlichen Frage dieses Kapitels zu: Wie kann ich im äußeren Freund das Spiegelbild meiner Kern-Persönlichkeit wahrnehmen? Wie kann ich in ihm mehr sehen als den Glanz des Spiegels? Wie kann er mit seinen individuellen Zügen und Eigenschaften, mit seinen Zufälligkeiten und Prägungen, diese numinose, eigentlich nur im Symbol zu fassende zentrale Gestalt, die ich Selbst-Persönlichkeit nenne, in ihrem Entwicklungspotential spiegeln?

Dieses Problem betrifft die Wahrnehmung des Freundes als Leitbild. Damit haben wir uns nun ausführlich zu befassen; denn einzig davon hängt die Befreiung der homosexuellen Dynamik – die Integrierung der Homosexualität – ab.

Die größte Schwierigkeit bereitet dieses Problem dem Spiegel-Homosexuellen, der im Freund unbewußt den von der Mutter Gespiegelten sucht, und zwar nur, insofern er Gespiegelter ist und auf ihm der ästhetische Glanz des Schönen liegt. Ein geistig differenzierter und feinfühliger Spiegel-Homosexueller würde befremdet den Kopf schütteln, wenn ich ihm seinen jungen, noch in jeder Beziehung undifferenzierten Geliebten als Leitbild hinstellte. Der junge marokkanische Diener als Leitbild *André Gides*? Das scheint absurd. Und doch meine ich, daß sich hinter jedem begehrten Freund ein Leitbild verbirgt. Warum? Und wie?

Ich würde zunächst möglichst viel über den Freund zu erfahren versuchen. Interessant wären zunächst weniger die Informationen als das Erstaunen des Spiegel-Homosexuellen über meine Frage. Ich brauche nicht im Konditionalis zu bleiben. Noch in keinem Falle von Spiegel-Homosexualität ist mir dieses Staunen nicht aufgefallen. Ich vernahm darin ein: »Das ist doch nicht interessant, weder für mich noch für Sie.« Die konkrete, individuelle und soziale Wirklichkeit des anderen ist also nicht interessant. Ich muß vermuten, daß sich der Analysand durch seine Interesselosigkeit etwas Wichtiges beim Freund entgehen läßt. Beharrliches Weiterfragen hat meine Vermutung jedesmal bestätigt. Der dem Bildungsgrad und der sozialen Herkunft nach vielleicht so verschiedene Freund erscheint in auffälliger Weise zum Teil als Gegenbild, zum Teil als Zwillingsbild des Analysanden. Der hochdifferenzierte Z. beispielsweise erzählte von einem Bauernsohn, solide, in sich ruhend, mit unauffälliger Persona, wenig Worte machend: also sein Gegenbild; gleichzeitig aber vaterlos, noch ohne Freundin, sich in Männerkollektiven wohlfühlend, das heißt ein Abbild meines Analysanden. Es geht in der Analyse zunächst nicht um Erklärung und Deutung der Ähnlichkeiten und Unterschiede, sondern bloß um geduldig wiederholte Versuche zu gemeinsamer Wahrnehmung des Freundes. Der Analysand wird von alleine beginnen, Verbindungen mit sich selber herzustellen. Unbemerkt und zuerst kaum spürbar bekommt der Freund zentrale Leitbild-Funktion. Doch dies muß noch gar nicht festgestellt werden. Die beharrliche Wahrnehmung erweitert sich nun auf alle Männer, die den Analysanden in irgendeiner Weise faszinieren. Fragen nach dem »Warum wohl?« und »Wozu?« und Antworten darauf ergeben sich fast von alleine. Der Analysand gewöhnt sich daran und beginnt eigene Fragen in die Analyse zu bringen. Erinnere ich ihn jetzt an sein anfängliches Staunen, begreift er dieses nicht mehr. Die Gespräche haben nichts Bohrendes an sich. Sie verlaufen ganz selbstverständlich. Wachheit und Aufmerksamkeit des Analytikers übertragen sich nach und nach auf den Analysanden.

Nach einer gewissen Zeit – bei Z. war es ungefähr ein Jahr – wird eine Entwicklung, die schon seit längerem eingesetzt haben muß, unübersehbar: Der Typus des Freundes hat sich geändert. Falls eine neue Liebesbeziehung eingegangen wurde, hebt sich der neue Freund vom früheren deutlich ab. Abgesehen von der schärfer gewordenen Wahrnehmung des Analysanden läßt sich auch objektiv Wichtigeres und Zentraleres über den neuen Freund sagen. Das ›Reifegefälle‹ zwischen den Partnern ist schwächer geworden. Ausgeprägte Begabungen auf der einen treffen immer mehr auf solche auf der andern Seite. Im gleichen Zuge ist die Beziehung stabiler und doch lockerer geworden. Die übermenschliche Anstrengung, den bedrohlich fremden Freund blenden zu müssen, ist gewichen. Die Spiegel-Kommunikation beginnt. Man nimmt Distanz und kommt sich gleichzeitig näher. Die anziehend-abstoßende Fremdheit des Partners löst sich auf. Man fühlt sich freier und zugleich bereit zu gemeinsamen Unternehmungen. Alles wird realer, lebendiger. Es zeigt sich eine deutlichere Strukturierung des gesamten Beziehungsnetzes des Analysanden. Früher waren Glanz und Faszination in allen Beziehungen qualitativ gleich, nur das Maß der Stimulierung variierte. Nun beginnen sich die Beziehungen immer mehr in periphere und zentrale zu unterscheiden. Die ersten sind Persona-Beziehungen, wie sie jedes Individuum hat. Bei ihnen kann von Spiegel-Kommunikation in unserm Sinne nicht die Rede sein. Die zweite Kategorie beschränkt sich meist auf eine einzige Liebesbeziehung. Deren zentrale Leitbild-Funktion muß dem Analysanden gegenüber kaum mehr erwähnt werden: sie ist offensichtlich.

Was ich hier grob schematisierend darstelle, läuft in Wirklichkeit in vielen Variationen ab. Manchmal beginnt die Entwicklung durch eine Aufspaltung. Auf der einen Seite behält der Analysand den Typus des bloßen ›Spiegelglanz-Geliebten‹ bei. Auf der andern Seite hat er eine neue, zentrale, belebende und bereichernde Leitbild-Beziehung, in der jedoch der faszinierende ›Spiegelglanz‹ schwächer als in der ersten ist. Auch in diesem Falle hat sich die Analyse auf die gleichzeitig äußere und innere Wahrnehmung zu beschränken und sich mit gleicher Sorgfalt sowohl der einen als der andern Beziehung zuzuwenden. Es kann dann geschehen, daß der erste Geliebte an Glanz verliert und an Profil gewinnt, während der zweite an Glanz gewinnt und gleichzeitig in der Beziehung, neben dem geistigen und kulturellen Austausch, auch herzliche, spontane Regungen zugelassen werden und die Liebesbeziehung vielleicht sogar etwas im ›Niveau‹ absinkt, und keineswegs zu ihrem Schaden.

Gleichzeitig geht das Bedürfnis nach Promiskuität zurück, worunter ich nicht nur die sexuelle, sondern allgemeiner die relationelle Promiskuität verstehe, die sich zum Beispiel auch in einer krampfhaft extravertierten Lebensweise äußern kann. Die wenigen Beziehungen, die bleiben, gewinnen an Relief und innerer Substanz.

Ich breche an dieser Stelle die Exemplifizierung der Entwicklung des Freundes zum zentralen Leitbild ab. Die Tendenz ist deutlich. Der Leser und die Leserin können sie – ihrer Eigenart entsprechend – weiterspinnen. Mir lag nur daran, die gleichzeitig empirisch exakte und intuitiv einfühlsame Wahrnehmung als Instrument dieser Entwicklung zu verdeutlichen. Diese Art der Wahrnehmung führt dazu, daß der Scheinwerfer der Faszination auf neuen Gesichtern hängenbleibt. Die wahrnehmende Beschäftigung mit der Persönlichkeit des Freundes läßt ihn außerdem nach und nach zum ›inneren Geliebten‹, zum hilfreichen Daimon der Selbst-Persönlichkeit werden. Der ›innere Geliebte‹ ist aber nicht die Kopie des äußeren. Ich habe dies bereits in der Analyse des archetypischen Erlebnismusters des Zweikampfes betont. Der ›innere Geliebte‹ ist die individuelle, zentrale Rezeption des äußeren. Zwar bemühe ich mich, seine objektive Wirklichkeit wahrzunehmen, und eben diese Wirklichkeit ist es auch, die in subtilster und genauester Weise meine Faszination hervorgerufen hat. Aber ich erblicke eben doch ›mein‹ dynamisches Spiegelbild in ihm, die Imago ›meiner‹ noch nicht realisierten Selbst-Persönlichkeit. Das hat nichts mehr mit der früheren Blindheit für die Wirklichkeit des Freundes zu tun. Es ist wichtig, mit dem Freund – wie Jakob mit dem Engel – so lange zu kämpfen, bis Licht wird, das heißt bis der eine den andern in optimaler Weise auch als ›inneren Freund‹ wahrnimmt. Erst dann wird der Freund zum aussagekräftigen Symbol der eigenen zentralen Persönlichkeit. Aber er bleibt eben doch ihr Symbol. Die optimale Wahrnehmung des Freundes kann sich im Laufe der Beziehung so schärfen, daß sich der Freund als Symbol meiner zentralen Persönlichkeit deutlich wandelt. Zum Beispiel kann er für mich vom ›Helden‹ zum ›Alten Weisen‹ werden.

Nach und nach kennen wir den ›inneren Geliebten‹ immer genauer. Auch wenn wir keine Beschreibung von ihm geben können, wie sie in Lebensläufen gefordert wird oder in einem Steckbrief zu lesen ist, bekommen wir doch mit der Zeit ›eindeutige‹ Kenntnis von ihm. Aus den uns begegnenden Menschen können wir ihn intuitiv und ohne Mühe gleichsam herausdestillieren. Beim einen tritt er uns deutlicher, beim andern weniger deutlich entgegen. Er bekommt eine immer klarer wahrnehmbare, ›innere‹ Persönlichkeit. Wir fangen nun auch an, ihn wahrzunehmen, wenn wir alleine sind. Um mit ihm in Dialog zu treten, sind wir nicht mehr ständig auf den äußeren Freund angewiesen. Allerdings wandelt sich der ›innere Freund‹ einzig in der Spiegel-Kommunikation. Aber diese hat sich allmählich ausgeweitet, so daß keine Gefahr besteht, sie könnte eines Tages aufhören. Nicht nur im Freund, auch in vielen Männern und Frauen, ja sogar in Tieren, Pflanzen, Landschaften nehme ich den ›inneren Geliebten‹ wahr. Aber der eigentliche Ort seiner Wahrnehmung bleibt der gleichgeschlechtliche Freund. Das ›Erlebnismuster‹ der Spiegel-Kommunikation bleibt der ›Zweikampf‹. Im Bild des Mitkämpfers erfasse ich meine männliche Ganzheit in aktiver Selbst-Verwirklichung. Die Spiegel-Kommunikation im eigentlichen Sinne bleibt der gleichgeschlechtlichen Beziehung vorbehalten. Schon die Mutter spiegelt den Sohn im Leitbild des Vaters. Spiegel-Kommunikation kann nur zwischen zwei ähnlichen stattfinden, die sich gegenseitig zu Leitbildern werden können, also zwischen zwei Männern oder zwei Frauen oder zwischen dem Menschen und seinem Gottesbild, wie ich in meinem Buch »Gottesbilder« darlege. In Erweiterung der *Spiegel-Kommunikation* auf gegengeschlechtliche Beziehungen gebrauche ich in »Das Nein in der Liebe«, »Abschied von der Selbstzerstörung« und »Die Wunde der Ungeliebten« das Begriffsbild *Leitbild-Spiegelung.*

Wenn der ›innere Freund‹ wirklich den ›zentralen Schatten‹, also die Selbst-Persönlichkeit und nicht nur einen einzelnen, wenn auch wichtigen Schattenaspekt darstellt, muß es möglich sein, in ihm auch die *Anima,* den personifiziert wahrgenommenen weiblichen Anteil in der männlichen Psyche, zu endecken. Bevor die Anima in einem andern Mann unterschieden werden kann, muß sie *im äußern Bild einer faszinierenden Frau* identifiziert werden. Ein Homosexueller, der sich noch nie in eine Frau verliebt hat, ist unfähig, beim männlichen Freund – und demzufolge bei sich selber – männliche und weibliche Aspekte zu unterscheiden. Erst infolge der wachen Liebe zu einer Frau kann ein Mann seinen ›inneren Hermaphroditen‹ entmischen und die geschlechtlichen Gegensätze als solche innerpsychisch realisieren.

Seit M. sich in Katharina verliebt hatte, begann er, seine Anima bei äußerlich ganz verschiedenen Mädchen zu identifizieren. Es kam nicht darauf an, ob diese groß oder klein, blond oder dunkel, lebhaft oder still waren. M. konnte nur mit Mühe diese Identifizierung als Vorgang beschreiben, doch zweifelte er nicht an der Realität seiner Anima. Er erkannte ihr Bild manchmal auf so große Entfernung, daß ihre Konturen noch kaum umrissen waren. Aber die innere Wahrnehmung war völlig sicher und zielstrebig. Mit der Zeit konnte er sie auch empirisch besser beschreiben. Von Wichtigkeit in unserm Zusammenhang ist ein Erlebnis, das er im dritten Jahr seiner Analyse vor einem Warenhaus in Zürich hatte. Wie so oft begegnete ihm auf der Straße der ›innere Geliebte‹. Aber jetzt erkannte er in ihm, unzweifelhaft und deutlich, auch die ›innere Frau‹, seine Anima. Diese Wahrnehmung faszinierte ihn ebenso stark wie früher die erste deutliche Identifizierung des ›inneren Geliebten‹ unter den vielfältigen Facetten seiner verschiedenen männlichen Beziehungen. Was er regelmäßig und klar schon seit drei Jahren in den Bildern von Frauen und Mädchen als seine Anima identifizierte, nahm er jetzt auch bei diesem unbekannten Spiegel-Freund wieder wahr. Das äußere Bild von M.s personifizierter weiblicher Seele – seiner Anima – war nicht das Bestimmende und Spezifische an dessen Persönlichkeit, denn seine Geschlechtsidentität blieb in M.s Augen männlich. Trotzdem nahm M. sein ›inneres Bild der Frau‹ in Gestalt und Gesicht des Unbekannten ganz genau wahr. Er erlebte das Bild seiner Anima nicht nur als einen Teil, eine ›Hälfte‹ des Spiegel-Geliebten. Es bedeutet den ganzen Freund unter einem bestimmten Aspekt seiner Wahrnehmbarkeit. Es war der weibliche ›Schnitt durch die Wirklichkeit‹ des Spiegel-Geliebten.

M. begegnete nun dem äußeren Bild seiner ›inneren Frau‹ immer wieder auch im Freund, und mit der Zeit war es ihm jederzeit in diesem wahrnehmbar. Er fragte sich, in welchem Gegensatz es zu dessen männlicher Persönlichkeit stehe. Auf diese Frage fand er zuerst keine Antwort. Schließlich meinte er, daß die Züge seines weiblichen Seelenbildes all das ausdrückten, was mit dem Glanz, dem Licht, der Wärme eines Mannes zu tun habe. Das Seltsamste sei, daß sie eine weibliche Person ergeben, die gleichsam durch die männliche Persönlichkeit durchscheine. Mehr könne er darüber nicht sagen.

Die Anima gehört insofern zur männlichen Selbst-Persönlichkeit, als sie deren Spiegel ist und ihr Glanz und Wahrnehmbarkeit gibt. Aber durch diese Erklärung bleibt ihre Wirklichkeit in unbefriedigender Weise beschrieben. Wenn die Anima selber und die Dynamik der heterosexuellen Beziehung ins Zentrum unserer Überlegungen rücken, ist die Kategorie der Spiegel-Kommunikation nicht mehr die angemessenste; sie entspricht nicht ihrer spezifischen Eigenart. Ziel der Spiegel-Kommunikation ist die Wahrnehmung der Selbst-Persönlichkeit in erster Linie durch die Gefühlsbeziehung zweier Menschen des gleichen Geschlechts. Es wundert mich nicht, daß Autoren wie *Erich Neumann* der psychologischen Kategorie der Spiegelung kaum Aufmerksamkeit geschenkt hatten. Seine Arbeit galt vor allem der Frau als Mutter, Schwester, Gattin ›des Mannes‹. Der ›Heldenkampf‹ unter dem ›Gilgamesch-Enkidu-Aspekt‹, das heißt als Spiegel-Kommunikation zweier Freunde, beschäftigte ihn weniger als der Heldenkampf unter dem Aspekt der Befreiung von der furchtbaren Mutter und der ›Erlösung der Prinzessin‹. Dabei gibt es unzählige Mythen, die von der ›gleichgeschlechtlichen Form des Heldenkampfes‹ zeugen.

Die Verwirklichung der homosexuellen Dynamik kann in folgendem Satz zusammengefaßt werden: *Der vom ›äußeren Geliebten‹ Fixierte wird zu dem vom ›inneren Geliebten‹ Ergriffenen.* Die Wahrnehmung des Freundes befreit von der homosexuellen Fixierung. Das wahrnehmende und aufnehmende Bewußtsein wird jetzt vom Freund als inneres Leitbild ergriffen. Dadurch verliert der ›äußere Freund‹ seinen Absolutheitsanspruch über mich. Er wird zu einem Gegenüber. Die homosexuelle Fixierung hat sich gelöst.

Ein 40jähriger Mann begegnet in einem Traum sich selber als vierzehnjährigem Knaben. Dieser erklärte ihm das Wort ›Engadin‹. Es bedeute die ›Enge des Innen‹. Der Träumer hoffte, sein vierzehnjähriges Spiegelbild erkläre, er solle aus der ›inneren Enge‹ ausbrechen. Aber der Knabe mahnte, das Wort bedeute, ›innen müsse es weiter werden‹. Der Kern-Persönlichkeit muß mehr Raum gegeben werden. Dies geschieht in der Spiegel-Kommunikation, die ein Introversionsvorgang ist. Der Träumer begann mit vierzehn Jahren, in der extravertierten Homosexualität einen Ersatz für die ›Erweiterung des Innenraums‹ zu suchen. Zu dieser entscheidenden Schwelle führt ihn nun sein vierzehnjähriges Spiegelbild zurück, damit er sie nochmals – seiner homosexuellen Dynamik entsprechend – überschreiten konnte und nicht mehr vor der Selbst-Wahrnehmung in zwanghafte, bloß genitale homosexuelle Kontakte flüchtete.

In bezug auf die *Spiegel-Symbolik*, die ich in dieser Arbeit verwendet habe, gilt es noch einen Punkt zu präzisieren. Er hat mit einer Form der Freundschaft unter Homosexuellen zu tun, die der Beschreibung der Spiegel-Kommunikation in diesem Kapitel völlig entgegenläuft. Fixierte Homosexuelle führen ihre Beziehungen mit der Scheinpersönlichkeit der Persona. In diesem Zusammenhang tritt eine ›*Allegorie der Spiegelung*‹ auf, die mit deren tiefenpsychologischer Symbolik nichts zu tun hat. Der narzißtische ›Spiegel‹ hat seine Spiegelfunktion eingebüßt: Man schaut hinein, um zu sehen, was man sehen will, nämlich seine Persona. Der Homosexuelle, der sich nur in seiner Persona spiegelt und dessen Ideal der ewig junge, faltenlose, strahlende *Dorian Gray* ist, gleicht darin der selbstgefälligen, putzsüchtigen, herrischen *Hedda Gabler*. Auch er schaut sich in einem Rahmen ohne Spiegel an. Er posiert selber im Spiegelrahmen und stellt sich vor, er betrachte sich von außen. Die Persona-Beziehungen unter vielen Homosexuellen sind bekannt. Sie prägen deren soziales Image. Sie sind auch soziologisch zu untersuchen, doch das ist nicht meine Aufgabe. Sich gegenseitig die Fassaden ›spiegelnd‹, wird eitel hofiert, poussiert, kokettiert, konkurriert. Mit letzteren Wörtern bringe ich die unechte ›französische‹ Ersatz-Extraversion zum Ausdruck, die den Vogel als M.s Seelentier sagen läßt: »Je n'aime pas le français. C'est une langue hystérique.« Ein Blick links, ein Blick rechts befragen den ›Fassaden-Spiegel‹: »Wer ist die Schönste im ganzen Land?« Doch der Spiegel der Königin, weil er ein echter Spiegel ist, bleibt unbestechlich. Die ›Schönste‹ ist mit anderem beschäftigt als ›schön‹ zu sein, nämlich mit der Verbindung zu den sieben Zwergen, den phallischen Trabanten der Großen Mutter, also mit der Bearbeitung ihres noch triebhaften Animus: Schneewittchen. Dessen ›Schönheit‹, die die Königin im Spiegel sieht, ist die entstehende Harmonie des Mädchens mit seinem männlichen Seelenbild: die Harmonie der Selbst-Persönlichkeit. Weil der fixierte Homosexuelle – oder die Märchen-Königin – nur die Persona vom Spiegel bestätigt haben will, erblickt er ein Spiegelbild, das er nicht als seine eigene Selbst-Persönlichkeit identifizieren kann. Dadurch entsteht die Spaltung zwischen der Königin und dem Schneewittchen, dem fixierten Homosexuellen und seiner ihm im Bild des Freundes nicht wahrnehmbaren Selbst-Persönlichkeit, die so zum ›feindlichen Bruder‹ wird, wie für die Königin zur ›feindlichen Schwester‹. Die Destruktivität solcher Persona-Beziehungen zeugt von der Verfeindung der Persona mit der Selbst-Persönlichkeit. Nur wird die Bedrohung innerhalb der neurotischen Rezeption als von der Selbst-Persönlichkeit herkommend erlebt, statt von der Einstellung der Persona zu dieser. Die Königin glaubt sich von Schneewittchen bedroht, solange die Schönheit der Persona ihr wichtigstes Ziel ist. Dabei ist es gerade diese neurotische Zielsetzung, die ihre Individuation bedroht und verunmöglicht. Ebenso erlebt sich der fixierte Homosexuelle vom andern Mann bedroht, solange der Konkurrenzkampf zweier äußerer männlicher Personen die Spiegel-Kommunikation zweier männlicher Persönlichkeiten verhindert. Es geht in der gleichgeschlechtlichen Beziehung nicht um den Triumph des besseren Mannes, sondern um die Wahrnehmung der eigenen Männlichkeit im Spiegelbild des andern Mannes.

Nach diesem Abstecher berichte ich noch einen Traum M.s – vielleicht seinen seltsamsten – als letztes Beispiel dafür, daß der ›Spiegel-Geliebte‹ als Leitbild zur zentralen Persönlichkeit führen will. Er erscheint in diesem Traum als numinose, schwer verständliche Gestalt. M. ordnete ihn ohne Zögern in die lange Reihe der früheren Bilder des faszinierenden Mannes ein, die er in Träumen oder im Wachen erblickt hatte. Er erkannte in allen den Glanz der gleichen ›zentralen Gestalt‹, auch wenn diese eine tiefe Wandlung durchgemacht hatte. Daraus geht hervor, daß schon mit diesen zum Teil noch archaisch primitiven und bedrohlichen Schattenfiguren die männliche Selbst-Persönlichkeit gemeint war. Sogar der furchtbare Doppelgänger des Bruder Medardus ist der zentrale Schatten in seiner ganzen Unerlöstheit.[101]

Der Spiegel-Freund hat in diesem Traum den Charakter der vorherrschenden Genitalität völlig abgestreift; dies war nicht neu: Der Umschwung trat schon zwei Jahre vor diesem Traum ein. Von nun an vertrat die Männlichkeit als psychophysische Ganzheit die Selbst-Persönlichkeit.

M. steht mit zwei Männern und einer Frau vor der Tür einer Waldhütte. Es herrscht eine Atmosphäre der Verschwörung. Der ältere Mann und die Frau zeigen auf den jungen Mann und fragen M.: »Weißt du, wer dieser ist?« M. fragt zurück: »Euer Sohn?« Jetzt schaut er ihn näher an; er kommt ihm vertraut vor: ein kräftiger Mann, aber schwarz verbrannt, geschunden, mit vielen Wunden am ganzen Körper. Die beiden Älteren sagen M.: »Es ist ein Geheimnis, das niemand wissen darf: Er ist der Leidensknecht.«

Nun machen sich die vier auf den Weg und gelangen zu einem Opernhaus mitten im Wald, wo Löwen frei herumschweifen. Sie betreten das Opernhaus. Der ›Leidensknecht‹ hat sich in einen Freund M.s – Rainer – verwandelt. Auf ihm liegt Glanz. Im Opernhaus machen die Bürger der Stadt Feuer. Die Flammen sollen aus den Fenstern schlagen und den Wald mitsamt den Löwen verbrennen. Ein großer Tumult entsteht. Die Flammen schlagen schon hoch. Mittlerweile aber ist Rainer aufgestanden, und es wird still im Saal. Er hält mit leiser Stimme eine anklagende Rede: Man dürfe weder den Wald noch die Löwen zerstören. Der Operndirektor betritt mit zwei Männern den Saal, die Rainer Handschellen anlegen und ihn abführen. M. erwacht tief glücklich aus diesem Traum, nicht über die Gefangennahme seines Freundes im Traum, des ›Leidensknechtes‹, sondern über die nicht einzudämmende Wirkung von dessen Worten, trotz aller innerpsychischer Verwüstungen, die der gesellschaftliche Druck gegen die Homosexualität anrichten kann.

Im Traum geht es um die neue Wahrnehmung M.s als Selbst-Persönlichkeit im Spiegelbild einer mysteriösen Leitfigur. Der Traum handelt von deren tiefenpsychologischen Bedeutung. M. ist ein vom Vater, dessen bürgerlichem Milieu und allgemeiner der Gesellschaft in seiner Instinktwelt (Wald und Löwen) Gebrannter, Geblendeter. Vielleicht sind gewisse Schäden irreversibel: Der Geblendete wird vielleicht nie mehr zu einem ganz Sehenden. Er fühlt sich zwar getragen von einer Dynamik, die die Grenzen seiner Individualität ständig ausweitet. Aber wie weit diese Dynamik ihn als Individuum noch nach vorne trägt, weiß er nicht. Und trüge sie ihn auch ganz nach vorne, und schöpfte er auch ihr ganzes Potential an Kraft aus, er realisiert schließlich ein neues archetypisches Erlebnismuster, das noch wichtiger ist als die Spiegel-Kommunikation. Ich umschreibe es so: Es gibt keinen Spiegel-Freund mehr, dessen Glanz er ›zurückschöpfen‹ könnte ›ins eigene Antlitz‹, keinen, dessen Leben er im Spiegelbild als sein eigenes Lebens-Potential wahrzunehmen imstande wäre. Die Aggressivität derer, die ihn jetzt abführen, spiegelnd in sich aufzunehmen, wäre Verrat an sich selber. Der Moment ist gekommen, in dem kein Bild mehr zu ihm spricht und er ›kein

einziges Wort sagt‹. Die Kraft der Selbst-Persönlichkeit muß sich
›zuletzt‹ im Verzicht auf Spiegel-Kommunikation erweisen. Ob
dann noch ein Geliebter ›du‹ sagt? M.s Glück beim Erwachen ist
nicht Beweis eines jenseitigen ›Du‹, sondern Freude darüber, daß
seine Selbst-Persönlichkeit eine neue, paradoxe Form erreicht hat
und daß sie standhält.

Soweit also kann jene Dynamik führen, die ich als die homosexuelle bezeichne. Es mutet den Leser vielleicht sonderbar an, daß ich
immer noch auf diesem Wort ›homosexuell‹ bestehe. Auch ein Wort
kann zum Leidensknecht werden: zum Leidensknecht einer einge-
engten Rezeption. Man erlöst es von seinem Leiden, indem man es
bis zum Ende ausspricht. Der Leser und die Leserin haben sich
wohl ab und zu bei den von mir häufig verwendeten Wörtern ›Homosexualität‹, ›homosexuell‹, ›Homosexueller‹ einen kleinen Ruck
geben müssen, um sich mit einer gewissen Mühe daran zu erinnern,
daß sie alle Beziehungsebenen zwischen Männern meinen: Sexus,
Eros, Agape, wie ich eingangs klarstellte und wie aus meinen Fallbeispielen, wo sowohl von genitaler als auch von nichtgenitaler
Freundschaft die Rede war, im weiteren hervorging. Dieser etwaige
kleine Ruck des Lesers beweist, wie eingeengt auf genitale Sexualität
unsere Rezeption dieser Wörter – und unser Menschenbild – ist.
Isolierte genitale Sexualität verhindert die Befreiung der homosexuellen Dynamik durch Spiegel-Kommunikation bei fixierten Homo-
und Heterosexuellen. Die Leidtragende ist die Selbst-Persönlichkeit: Ihre Eigenaktivität ist gebremst, die zentrale innere Stärke, die
viel mehr ist als Ich-Stärke und Willenskraft, gelähmt, die spieleri-
sche Lust am künstlerischen Selbst-Ausdruck unterdrückt, die vi-
tale Freude, einem Mann oder einer Frau abwechselnd in genitaler
Verschmelzung und ganzheitlicher Spiegelung sich zu begegnen,
geschwächt, und dies nicht nur bei Homosexuellen vom ›andern
Ufer‹. Ich brauche das Wort ›Homosexualität‹ bis zum Ende, in der
Hoffnung, zu seiner ›Erlösung‹ – nicht Auflösung! – beizutragen.

Z. stand allein in einem Zimmer. Die Tür öffnet sich, und eine Frau schaute herein, als suche sie jemanden. Z. war zunächst ganz sicher, sie meine ihn. Dann aber drehte er sich um und bemerkte erst jetzt, daß hinter ihm auf einem Bett ein Mann lag und schlief. Also hatte die Frau mit ihrem Blick nicht ihn, Z., sondern den andern gesucht.

Dieser Traum zeigt das *heterosexuelle Erlebnismuster des fixierten Homosexuellen*: Eigentlich wünscht er immer wieder, daß eine Frau die Tür zu ihm aufstößt. Dann huscht wie ein Lichtstrahl eine kurze Hoffnung vorbei, die er nicht einmal als solche wahrnimmt: »Sie meint mich. Es existiert eine Verbindung zwischen ihr und mir.« Doch sogleich beginnt der Ungespiegelte diese erste, exakte Wahrnehmung des Vorganges einzutrüben und schließlich auszublenden. Der Komplex »die Frau spiegelt mich nicht in meiner männlichen Persönlichkeit; sie bedroht mich an der Wurzel meiner Existenz«, hat die Führung der Rezeption übernommen. Was Z. jetzt ›bemerkt‹, sieht er mit der Brille dieses Komplexes: Die Frau sucht den, der hinter ihm liegt und schläft. Seine männliche Selbst-Persönlichkeit schläft in der Tat hinter ihm – ein doppeltes Bild für die unbewußte Abspaltung. Und die Frau kann wieder nicht Spiegel seiner Männlichkeit werden, weil er nicht weiß, daß der andere, von der Frau gespiegelte Mann sein eigenes Spiegelbild ist. In Z. bleibt das soeben wieder reaktivierte, frustrierende Gefühl der Leere am Ort seiner Selbst-Persönlichkeit zurück. Und einmal mehr ist Ersatz-Homosexualität konstelliert: süchtig zwanghafte Verschmelzung mit dem Muttergeliebten.

Der mit der Frau verbundene Mann ist für den träumenden Z. ein Fremder. Es ist also für die nächste Zeit noch keine Verbündung zwischen den beiden Männern konstelliert. Außerdem ist der von der Frau gesuchte Mann noch ganz passiv, ohne eigene Bewegung und Initiative: er schläft.

Von diesen beiden Aspekten – Fremdheit und Passivität – unterscheidet sich ein Traum M.s im ersten Jahr seiner Analyse. Er stand damals bereits seit über zwei Jahren in Verbindung mit seiner späteren Partnerin. Aber noch schwankte er zwischen aktiver Zuwendung und passiv feindlicher Abwehr.

Im Traum befinden sich zwei junge Männer – ein Dunkler und ein Blonder – mit mehreren Mädchen an einem See. Eines gerät beim Schwimmen in Not und ruft um Hilfe. Der Dunkelhaarige springt ins Wasser und rettet das Mädchen. Der Blonde ist über diese Rettung eher ungehalten, zeigt aber seinen Unmut nicht offen. Der Dunkle legt sich nun in einem Haus am See zum Schlafen hin, und als er wieder erwacht, sieht er den andern in einer Broschüre lesend dasitzen. Aufblickend erklärt der Blonde, er habe sie in seinem, des Dunklen, Anus gefunden, während er geschlafen habe. Der Titel der Schrift sei: »Wie gebrauche ich meinen Arsch?« Der Dunkle packt darauf seinen Koffer und verläßt den Blonden und das Haus.

M.s damalige homosexuelle Persona erscheint in diesem Traum in einem so unvorteilhaften Licht, daß sie im blonden Mann zur Schattenfigur wird. Auch sie ist ihm also teilweise unbewußt. Ein Homosexueller bemerkt immer nur beim ›andern‹ die Unterdrücker-Persona. Aber diese stößt hart an die Wahrnehmungsschwelle. Aufgrund der Reaktionen des Partners kann er nicht umhin, von ihr ab und zu Kenntnis zu nehmen, um sie sogleich wieder zu verdrängen. Das Mädchen, die Beziehung M.s zur Frau, ist in Not. Sie droht zu ertrinken: das heißt im Unbewußten unterzugehen und ihre Wahrnehmbarkeit zu verlieren. In diesem Zustand kann der Homosexuelle die Frau nicht als verheißungsvolle und lockende Gestalt erleben. Die Frauen in seiner Umgebung erinnern ihn an seine Verschmelzung mit der Mutter-Imago, die er ausblenden möchte, und machen ihm angst. Ihre Gegenwart ist wie das Menetekel: »Du bist bei uns gefangen.« Aber gerade durch die aktive Rettung der ertrinkenden Anima könnte er sich aus der Gefangenschaft befreien. Das ertrinkende Mädchen am Schopf fassend, würde er sich selber herausziehen und als Mann Wahrnehmbarkeit gewinnen. Aber dazu müßte er ins Wasser springen; die passive Angst zu ertrinken ist größer als die aktivierende Hoffnung, sie – und sich – zu retten.

Doch ist das Ertrinken nicht unwiderruflich. Immer wieder erzwingt sich die Selbst-Persönlichkeit, aus dem Unbewußten des Homosexuellen aufsteigend, eine eigene wahrnehmbare Gestalt. Sie erscheint in Träumen, und im Spiegelbild des begehrten Freundes: in unserm Traum als der Dunkelhaarige: Die Verbindung zwischen M. und seiner Selbst-Persönlichkeit ist noch im Dunkeln, er nimmt sie nicht als seine eigene wahr. Der Dunkelhaarige erscheint zusammen mit der weiblichen Gestalt der Anima. Der Schattenbruder sucht die Verbindung zur Frau: er ist diese Verbindung. Doch gerade sie, die Beziehung zur Frau, wehrt der fixierte Homosexuelle bei seinem Freunde am heftigsten ab: »Wie, mein Freund, an dessen Besitz mir alles liegt, soll mir an eine Frau verlorengehen? Das darf nicht sein.« Statt daß der ›innere Freund‹ – seine Selbst-Persönlichkeit – ihm Führer zur Frau wird, will er dem ›äußeren Freund‹ den Zugang zur Frau versperren. Und der Homosexuelle ist im Laufe der Jahre immer virtuoser in der Bemühung geworden, den äußeren Freund homosexuell zu fixieren, statt sich vom inneren Freund nicht nur zur homosexuellen, sondern auch heterosexuellen Liebesfähigkeit leiten zu lassen. Vielleicht bindet er den Freund in einer Weise an sich, daß dieser sich nur als Anima angesprochen und geliebt fühlt, die dadurch überwertig besetzt wird. Dies führt, wenigstens für begrenzte Zeit, zur heterosexuellen Beziehungsschwäche, vor allem bei jungen Partnern. Ich erinnere an Günther, dessen erste Freundschaft mit einem jungen Mädchen an M.s Widerstand zerbrach und der darauf eine Zeitlang Depersonalisationssymptome zeigte.

Oder aber der fixierte Homosexuelle blendet die Heterosexualität seines Partners aus, zum Beispiel indem er ihre Bedeutung bagatellisiert oder heterosexuelle Erlebnisse des Freundes einfach nicht beachtet. Diese zweite Art der Autosuggestion, ›daß Heterosexualität beim Freund nicht sein darf‹, soll uns ausschließlich beschäftigen.

Es geht mir hier um die *tiefenpsychologische Dimension der Ausblendung der Heterosexualität*. Der Homosexuelle kann sie sogar bei einem ebenfalls homosexuellen Partner vornehmen. Es bleibt für jeden Homosexuellen die Tatsache, daß sein ›innerer Freund‹, seine männliche Selbst-Persönlichkeit, auch heterosexuell liebesfähig ist. Wohl alle Homosexuellen träumen ab und zu von ihm. Ihn suchen sie weiter, auch im homosexuellen Partner. Das Mädchen in M.s Traum ruft nach Hilfe, und nicht einmal der Blonde kann ihren Schrei überhören. Im Leben jedes Mannes, auch jedes Homosexuellen, gibt es solche Hilferufe der Anima um Rettung, das heißt um eine bewußte Beziehung.

Das ist auch therapeutisch entscheidend: Die ›Notsignale des Weiblichen‹ sind jedem Mann, auch jedem Homosexuellen, bekannt. Eines der wichtigsten Ziele in der Analyse mit Homosexuellen ist es, sie ins volle Licht der Wahrnehmung zu rücken.

U., der 40jährige Ingenieur, erzählte von kurzen, flehenden Blikken seiner Mutter, als er Kind war. Sie litt unter ihrem alkoholsüchtigen Mann. Wenn er den gleichen Blick in den Augen seiner Frau wiederentdecke, sei es, als würde seine starre Persona auf einmal durchlässig. Wofür? Für jene auf die Frau zentral bezogene Selbst-Persönlichkeit. Der Hilferuf der Anima schlägt gleichsam eine Bresche in den Panzer, hinter dem sich die Persona abschirmte, so daß U. seine auf die Frau bezogene Selbst-Persönlichkeit wahrzunehmen und aus ihr heraus zu leben beginnt. Ein Vorgang, der anschaulich zeigt, in welcher Weise die Anima Führerin zum Unbewußten wird. Sie durchschlägt die Kruste der Persona und ermöglicht es der Selbst-Persönlichkeit, nach außen zu treten.

Die Beziehung zur Anima ist das wichtigste Kennzeichen der Selbst-Persönlichkeit, die durch sie zur mann-weiblichen Ganzheit wird. U. erzählte, wenn er einen solchen Blick seiner Frau auffange, könne er sich ihr wie auf einen Schlag wieder neu zuwenden. Ein Gefühl tiefer Dankbarkeit für diesen Blick durchströme ihn. Auf meine Frage, ob das nicht einfach Mitleid sei, antwortete er, dieser hilfesuchende Blick sei nicht an Situationen gebunden, die Mitleid erheischen. Er könne auch in ganz ausgelassenen Stimmungen auftreten. Er bedeute einfach: »Du hast die Beziehung zu mir verloren.« Übrigens sei sich seine Frau selber oft gar nicht bewußt, ihm einen ›besonderen Blick‹ zugeworfen zu haben. Sie sei im Gegenteil oft erstaunt, wenn er sich ihr dann in einem plötzlichen Gefühl intensiver Liebe zuwende. Das ›Notsignal des Weiblichen‹ kommt also eher von U.s eigener Anima als von seiner Frau, obschon diese natürlich immer auch Mitverursachende und Mitbetroffene ist.

Der fixierte Homosexuelle kann dieses Notsignal meist noch nicht als Appell zu befreiender Zuwendung erfahren. Er ist eher peinlich berührt, daß ›sie‹ auf einmal ›etwas‹ von ihm will. Er reagiert darauf wie ein »In-die-Enge-Getriebener« statt wie ein »Nach-außen-Gerufener«: mit mehr oder weniger ausgeprägter Panik, erschreckt oder gereizt, gelähmt oder abweisend. Auch hier hat das Notsignal oft wenig mit der konkreten Frau ihm gegenüber zu tun. Der Homosexuelle ist ein ebenso großer ›Frauenliebhaber‹ wie der Heterosexuelle, schrieb Freud. Ich würde sagen, er ist ›auch‹ ein Frauenliebhaber. Nur ist bei ihm das Bedürfnis nach männlicher Spiegelung und Verstärkung größer.

Weil sich aber der fixierte Homosexuelle als Selbst-Persönlichkeit nicht wahrnimmt, reagiert er auf den ›Liebesimpuls‹ , das Notsignal der Frau, mit Panik. Er befürchtet Verschmelzung; der Liebesimpuls aber bezweckt Befreiung aus der Verschmelzung und bewußte Beziehung. Sein Weg zur heterosexuellen Beziehungsfähigkeit ist die ›Spiegel-Kommunikation mit dem heterosexuellen Freund‹, welche die Wahrnehmung der heterosexuellen Dimension in seiner Selbst-Persönlichkeit ermöglicht. Indem ich meinen Freund in der Beziehung zu einer Frau wahrnehme, und dies in so ungeteilter Aufmerksamkeit, daß die äußere Wahrnehmung des Freundes gleichzeitig innerste Wahrnehmung meiner eigenen zentralen Persönlichkeit ist, geschieht ein neuer Schritt in der Spiegel-Kommunikation, nämlich die *Wahrnehmung der mann-weiblichen Polarität*. Wer sie erreicht, dessen homosexuelle Dynamik ist grundsätzlich befreit. Diese Erfahrung ist so zentral, daß man immer wieder auf sie zurückkommt, ob man will oder nicht. Allerdings muß das ›Schwert der Wahrnehmung‹, wie der Zen-Buddhismus sagt, so scharf sein, daß es die vielen Jahresringe der Persona mit ihren Arrangements, Kompromissen, virtuosen Manipulationen, mit einem glatten Schlag entzweihaut. Der ›eine‹ Schlag ist das Entscheidende: Die Wahrnehmung muß blitzartig geschehen, sonst findet die Befreiung der homosexuellen Dynamik aus dem ›homosexuellen Lebens-Arrangement‹, wie *Adler* schreibt, nicht statt. Doch hat sie einmal stattgefunden, ist sie endgültig, auch wenn ihre Verwirklichung ein Leben lang dauert. Alle geduldigen, langen Analysen hatten nur den einen Sinn: diese eine, unanalytische Wahrnehmung zu ermöglichen.

Wie der Blonde mit dem Dunkelhaarigen umspringt, ist fatalste Unterdrückung. Die einseitige Genitalisierung erweist sich hier als ein Ausweichen vor der Spiegel-Kommunikation, das heißt im Zusammenhang des Traumes: vor der Wahrnehmung der Liebesfähigkeit des Freundes zur Frau. Die Andeutung einer analen Beziehung verstärkt in diesem Zusammenhang das Bild der Unterdrückung. Indem der Blonde den Dunklen symbolisch anal vergewaltigt – der Dunkle schläft, während der Blonde ihm seine ›Botschaft‹ anal einprägt –, zwingt er ihn in die Rolle des Unterdrückten.

Der Blonde manipuliert die Tatsachen in einer Weise, daß der Dunkelhaarige seine Identität nur noch in diesem analen Unterwerfungsgestus erleben soll. Der Partner soll verinnerlichen, daß seine Identität untrennbar mit der Broschüre »Wie gebrauche ich meinen

210

Arsch?« verknüpft ist. In perfider Umkehrung der Tatsachen behauptet der Blonde, er habe die Broschüre im Anus des Dunklen vorgefunden. Dabei hat ›er‹ sie hineingestoßen. Er unterschiebt dem Partner seine homosexuelle Identität. Indem das homosexuelle Ich die auch heterosexuelle zentrale Persönlichkeit mit dieser virtuosen ›Spiegelakrobatik‹ ausblendet – die Pervertierung der Spiegel-Kommunikation –, drängt er sie wieder in die Abspaltung: Der Dunkle packt seinen Koffer und verläßt den Blonden.

Ein früher in der Leitbild-Homosexualität fixierter heterosexueller Mann erzählte, wie er in den Jahren, die seiner Eheschließung vorangingen, spontan die Beziehung zu jungen Paaren – unverheirateten und verheirateten – gesucht habe. Dabei habe er den männlichen Partner als den ihm wohlbekannten ›inneren Freund‹ identifiziert. Es sei ihm erst später bewußt geworden, daß er in jener Lebensphase die Spiegel-Kommunikation mit dem heterosexuell liebesfähigen Freund suchte. Es gelang ihm nach und nach, dem Spiegelfreund, insofern dieser eine Frau lieben konnte, innerlich standzuhalten. Die eigentliche Wahrnehmung seines Freundes in seiner heterosexuellen Beziehungsfähigkeit geschah aber erst, als er selber in seiner ersten Liebesbeziehung zu einem Mädchen stand. Spiegel-Kommunikation geschieht nur im aktiven Lebensvollzug; sie ist das Gegenteil des ästhetischen Genießens eines äußeren Bildes. Sie besteht in der Wahrnehmung meiner psychischen Dynamik im Spiegelbild eines archetypischen ›Bewegungsmusters‹. Es ist also nicht so, daß ich mich mit der ›Bewegung‹ des Freundes, zum Beispiel mit seiner Beziehung zu einer Frau, einfach identifiziere und etwas tue, was mir eigentlich nicht entspricht. Das wäre eine Form der ›Imitation‹. Nein: Während ›ich‹ mich ›bewege‹, also im Zusammenhang mit dem Thema dieses Kapitels mich auf die Gefühlsbeziehung zu einer Frau ganz und gar einlasse, nehme ich mich als ›Mich-Bewegenden‹ im Spiegelbild eines dynamischen Grundmusters wahr. Jeder der in Spiegel-Kommunikation stehenden Zen-Zweikämpfer kämpft auf seine ganz eigene individuelle Art. Äußere Imitation des Gegners oder unbewußte Identität mit ihm würden die Wahrnehmung des individuellen Bewegungsmusters im Spiegelbild des Gegners verunmöglichen, und der Kämpfer wäre im gleichen Augenblick besiegt. Die Spiegel-Kommunikation erweist sich als solche gerade in der Absage an jegliche Imitation oder Identifikation.

Wie ich am Beispiel der analytischen Beziehung gleich veranschaulichen werde, erscheinen die beiden Formen der Spiegel-Kommunikation und der Identifikation oder Verschmelzung meist vermischt. Aber nur die Spiegel-Kommunikation führt zur Individuation, zur unverwechselbar individuellen Entwicklung. Darin unterscheidet sich auch die *tiefenpsychologische Bedeutung des Spiegels,* der das *Grundmuster der Selbst-Persönlichkeit* spiegelt, vom *falschen Spiegel,* der nur der *Bestätigung der Persona* dient, wie ich oben ausgeführt habe. Im echten Spiegel wird das unverwechselbar individuelle Grundmuster gesehen, wenn auch immer unter dem einen oder andern Aspekt. Während der falsche Spiegel, der nur ein Spiegel-Rahmen ist, das Individuum in der Persona fixiert, löst der echte Spiegel diese Fixierung, indem er die verborgene innere Persönlichkeit offenbart. Der ›Narziß‹ der griechischen Mythologie hat sich – ins Wasser schauend – in einem echten Spiegel gesehen. Nur konnte er sein Spiegelbild nicht als sein eigenes identifizieren. Seine innere, zentrale Persönlichkeit erschien ihm fremd. Würde der echte Spiegel nur die Persona spiegeln, ist nicht einzusehen, warum sich Narziß im Wasserspiegel nicht erkannt hat. Doch hat er im Spiegelbild den ›äußeren Freund‹ nicht als den ›inneren‹, das heißt als seine Selbst-Persönlichkeit wahrgenommen. So ist der *Narzißmus* auch von seinem Ursprungsmythos her eine *Störung in der Wahrnehmung der Selbst-Persölichkeit,* wie ich zu zeigen versucht habe. Die Aussage, »Narziß hat sich in sein Spiegelbild verliebt«, entspricht der Erzählerperspektive. Narziß selber wußte nicht, daß es ›sein‹ Bild war, in das er sich verliebte. Er mußte es lieben, weil er sich selber in seiner zentralen Persönlichkeit nicht liebte. Seine Liebesbindung ans Spiegelbild war die einzige ihm mögliche Form der für jeden Menschen lebensnotwendigen Beziehung zur eigenen Selbst-Persönlichkeit.

Ein Analysand kann erleben, daß er sein individuelles Grundmuster im Analytiker als Spiegelbild seiner Selbst-Persönlichkeit wahrnimmt. Auch das ist nicht das gleiche wie identifikatorische Aneignung. Diese besteht ja in der Imitation eines Leitbildes und der Verschmelzung mit ihm, also im Verzicht auf Wahrnehmung. Auch dieser Vorgang hat seine Bedeutung, und meist ist er – wie erwähnt – mit dem von mir beschriebenen vermischt. Es ertappt sich wohl jeder Analysand ab und zu bei der Nachahmung der Persona seines Analytikers. Aber gleichzeitig kann er in einem Gedanken, einer Gebärde, einem Lächeln des Analytikers das Grundmuster seiner Selbst-Persönlichkeit wahrnehmen, und umgekehrt: während er redet, schweigt, sich zu- oder abwendet, nimmt er sich mit seinem inneren Auge im Spiegelbild des Analytikers wahr. Sein Reden, Schweigen, Sich-Zu- oder -Abwenden können sich äußerlich von den entsprechenden Vorgängen beim Analytiker deutlich unterscheiden; niemand anderer als er nimmt die fundamentale Gleichheit wahr. Er empfindet dabei auch nicht das peinliche Gefühl, als ertappe er sich beim kindlichen Nachäffen des Ersatz-Vaters. Im Gegenteil: In der Spiegel-Kommunikation mit dem Analytiker nimmt er zum ersten Male das Bewegungsmuster seiner Selbst-Persönlichkeit wahr. Nur diese, und niemand anderer, lebt, aber alles, was sie lebt, lebt sie aus der Dynamik der Spiegel-Kommunikation. *Jede therapeutische Übertragung sollte sich in der Spiegel-Kommunikation auflösen.* In der Übertragung wird der Analytiker unbewußt entweder mit einer noch kindlichen Imago des Vaters oder der Mutter oder mit einem archetypischen Leitbild identifiziert. Die Spiegel-Kommunikation ersetzt die unbewußte Identifizierung mit dem Leitbild durch dessen bewußte Wahrnehmung im Analytiker.

U. stand vor und während seiner ersten Liebesbeziehung zu einer Frau, die er als 25jähriger kennenlernte, in einer Freundschaft zu einem heterosexuellen Mann, der in einer Partnerschaft mit einer Frau lebte. Eben darin spiegelte dieser Freund die heterosexuelle Ausrichtung in U.s Selbst-Persönlichkeit, die dieser bisher noch kaum wahrgenommen hatte. In ähnlicher Weise wie M. bei Günther erlebte U. bei seinem Freund, daß im heterosexuellen ›Bewegungsmuster‹, das ihm der Freund spiegelte, seine Selbst-Persönlichkeit sich aus der homosexuellen Fixierung befreien konnte und er auch heterosexuell liebesfähig wurde, wenn auch entsprechend seiner Anlagen in beschränkterem Maß. Natürlich war dies ein langer Prozeß. U. verstand es immer leichter, die Tür zur heterosexuellen Wahrnehmung, wenn sie einmal durch alte Panik oder unter dem Einfluß früherer fixierender Bahnungen zugeschlagen wurde, zu gegebener Zeit wieder zu öffnen. Von Mal zu Mal realisierte er ruhiger, daß die Tür nie endgültig zublieb, weil die Grunderfahrung der Spiegel-Kommunikation mit dem heterosexuellen ›äußeren und inneren Freund‹ zu zentral war, um vergessen zu werden. Sie brach immer wieder durch und prägte mit der Zeit auch seine Ich-Persönlichkeit. Aber er brauchte weiterhin die bewußte Erfahrung der

Spiegel-Kommunikation mit dem heterosexuellen Freund. Ohne sie wäre er wahrscheinlich wieder von den alten homosexuellen Fixierungen eingefangen worden. Wenn sie längere Zeit ausblieb, wurde seine Freude an der Frau schwächer. Ich erinnere daran, daß die »Freude an der Frau« beim befreiten Homosexuellen keineswegs zu genitalen Kontakten führen muß. Wichtiger ist das auch auf die Frau hin offene Herz. Meine Ausführungen bedeuten also nicht einen versteckten Druck fort von der Homo- und hin zur Heterosexualität. Im Gegenteil: Die homosexuelle Liebesfähigkeit wird befreit und verstärkt, wenn das Herz sich auch zur Frau hin nicht mehr verschließt.

Ich wähle nun *fünf* durch Fallbeispiele veranschaulichte *modellhafte Bewegungsabläufe* aus, welche schwierig zu bewältigende Klippen auf dem Wege zur Spiegel-Kommunikation zeigen sollen. Ich muß mich auf diese kleine Auswahl solcher ›*Klippenmotive*‹ beschränken. Sie entfalten alle das gleiche ›Grundmuster‹.

Zunächst erwähne ich die Gewohnheit des sieben- bis neunjährigen M., einem älteren Jungen nachzugehen und Gegenstände, die dieser berührt hatte, ebenfalls zu berühren. Wenn der andere an einem Zaun entlangstrich und seine Hand von Pfahl zu Pfahl hüpfte, tat M. hinter ihm heimlich dasselbe und lud sich dabei mit dem ›Mana‹, der ›Zauberkraft‹ des andern auf. Es ging dabei um die Nachahmung einer ›Bewegung‹. Diese war mit späteren ›nützlichen‹ Bewegungen vergleichbar, die M. ebenfalls in Partizipation an der Kraft eines andern ausführte. Während er zum Beispiel im Turnen eine gymnastische Übung ausführte, nahm er in sich die Kraft des Freundes wahr, der das gleiche tat. Ich analysiere dieses Beispiel um seiner doppelten Bedeutung willen. Einesteils handelte es sich um magische ›identifikatorische Aneignung‹, um ein ›Sich-Aufladen‹ mit dem ›Mana‹ des andern durch möglichst genaue Imitation seiner Bewegungen. Ich brauche wohl nicht hervorzuheben, daß dies ein Aspekt jeder gesunden Entwicklung ist. Das narzißtische Gegenteil solcher Erfahrungen war M. auch bekannt: Während der von ihm mit schwärmerischer Zuneigung bewunderte Klassenkamerad am Reck eine schwierige Übung mit Präzision und Bravour ausführte, konnte es vorkommen, daß M. dieser Wahrnehmung nicht mehr aktiv standhalten konnte, sondern wie geblendet innerlich zusammenbrach, und die bekannte Leere am Ort seiner männlichen Selbst-Persönlichkeit entstand. War dann er an der Reihe, konnte er nur einige schwächliche ›Hampelmann-Bewegungen‹ ausführen. Er nahm kein aktives männliches Zentrum mehr in sich wahr, aus dem ihm Energie zugeströmt wäre.

Aus dem Gegenbeispiel der mißlungenen Turnübung wird ersichtlich, daß der in seinen Bewegungen den Freund genau nachahmende M. nicht bloß ein Nachäffer war, der sich mit fremder Kraft auflud. Er lernte nämlich dabei seine ihm unverwechselbar eigenen Möglichkeiten kennen. Es fand also nicht nur Imitation, sondern bereits Spiegel-Kommunikation statt. Indem er den anderen Knaben beim Turnen beobachtete, nahm er ähnliche Kraft und Geschicklichkeit in sich selber wahr. Sein individuelles Bewegungsmuster offenbarte sich ihm im anderen Knaben, der so zum Spiegelbild seines Entwicklungspotentials wurde. Später, im Spiel mit seinem Tennisfreund, war wiederum die identifikatorische Aneignung der sportlichen Fertigkeiten des Freundes vermischt mit ganzheitlicher Wahrnehmung seines männlichen Grundmusters im Freund als Spiegelbild. Dank der Beziehung zum Freund wurde er nicht nur zum guten Tennisspieler, sondern latent auch zu einer männlichen Persönlichkeit. Die Stunden auf dem Tennisplatz bezeichnete M. als die glücklichsten seiner Jugend. Die Erinnerung an diese wichtige Spiegel-Kommunikation in seiner Jugend war sicher während der Analyse eine Voraussetzung zur Befreiung seiner homosexuellen Dynamik. Nach der Beschreibung dieses ersten ›Klippenmotivs‹ komme ich zu einem zweiten.

Dazu kehren wir zum Jungen zurück, der sorgfältig die gleichen Zaunpfähle zu berühren trachtet, die vor ihm sein heimlich bewunderter Freund gestreift hat. Eine ähnliche Erfahrung machte M. zwölf Jahre später während seines Studiums. An der Universität lernte er einen Amerikaner und dessen Freundin kennen. Er identifizierte den Mann sofort als ›seinen‹ Freund, wovon dieser jedoch nie eine Ahnung hatte. An einem Abend kam die Freundin des Amerikaners allein zu ihm auf Besuch. Spontan und unerwartet erlebte M. zum ersten Mal den heterosexuellen ›inneren Freund‹ im Spiegelbild des ›äußeren‹. Ein Elan zog ihn zur Freundin des Freundes hin. Noch während er sie an sich zog, verschwand die Spiegel-Kommunikation mit dem heterosexuellen Freund; der ›Sebastian-Komplex‹ übermannte ihn: Er war nun wieder kein Mann mehr, der gute Gefühle für eine Frau haben konnte. Jetzt versuchte er, mit seiner Persona den Freund, als den ›anderen, einzigen Mann‹, zu imitieren. Dies gelang ihm notdürftig, vielleicht noch in der Nachwirkung der kurzen Spiegel-Kommunikation, und er hatte zum erstenmal Geschlechtsverkehr mit einer Frau. In seiner Erinnerung jedoch überwog bald der Aspekt der Unechtheit, der bloßen Imitation, so daß er ähnlichen Experimenten aus dem Wege ging, bis ihn – Jahre hernach – die Krise mit seinem Freund Günther zwang, diesen auch in seiner Heterosexualität wahrzunehmen, wenn er ihn nicht verlieren oder die Freundschaft zu einer äußerlichen Farce werden lassen wollte. Erst jetzt begann er das geschilderte Erlebnis seiner Studienzeit in seiner Bedeutung zu begreifen, und in seiner Erinnerung trat die bloße Nachahmung hinter der kurzen, aber intensiven Erfahrung von zentraler Spiegel-Kommunikation mit dem heterosexuellen Freund zurück. Im Laufe seiner äußerst schwierigen Auseinandersetzung mit Günther, der ihn zur heterosexuellen Wahrnehmung zwang, lernte er Katharina kennen und machte immer öfters in der Spiegel-Kommunikation mit Günther und andern heterosexuellen Männern die Erfahrung des ›einen Schwertschlages‹, der den Panzer seiner homosexuellen Fixierung entzweihieb, so daß die Beziehung zu Katharina im Laufe der Jahre an Intensität und Tiefe gewann wenn auch noch ab und zu – bei Nachlassen der Spiegel-Kommunikation – der ›andere, einzige und richtige Mann‹ die Selbst-Wahrnehmung M.s als männliche Persönlichkeit trübte und sich zwischen ihn und Katharina stellte.

Mit dem letzten Nebensatz komme ich zu einem dritten, bei Homo- und Heterosexuellen verbreiteten ›Klippenmotiv‹, nämlich zur Oszillation zwischen der heterosexuellen Liebesfähigkeit dank Spiegel-Kommunikation und dem Zusammenbruch vor dem ›anderen, einzigen Mann‹. Ich berichte dazu einen Traum des Studenten H., der ohne Vater aufgewachsen ist.

H. befindet sich zusammen mit einer ihm unbekannten Freundin und einem anderen jungen Paar an einem See. Die vier schwimmen zusammen. H. nimmt zunächst den anderen Mann auch als ›inneren Freund‹, als Spiegelbild seiner männlichen zentralen Persönlichkeit, wahr. Aber schon bald spürt H. Unruhe und Unwohlsein, deren Ursache er nicht kennt. Zusammen mit seiner Freundin kommt er sich farb- und leblos vor. Das andere, strahlende Paar rückt in unerreichbare Ferne. Alle vier legen sich ins Gras. Das andere Paar beginnt eine genitale Begegnung. H.

216

bleibt von Angst gelähmt ohne Bewegung liegen. Seine Freundin wird im Traum nach und nach ausgeblendet. Er bleibt allein zurück.

In diesem unter vielen Varianten verbreiteten ›Klippenmotiv‹ weicht die Wahrnehmung des ›inneren Freundes‹ allmählich der ›Blendung‹ durch den anderen Mann, der als einziger zur heterosexuellen Beziehung fähig ist. Die Analyse und das detaillierte Durcharbeiten solcher Nahtstellen im heterosexuellen Beziehungsablauf schieben die Schwelle, hinter der der furchtbare ›Blender-Vater‹ wartet, immer weiter zurück. Die Fähigkeit, im Zweikampf standzuhalten und in den Bewegungen des ›Gegners‹ das Bewegungsmuster der eigenen Selbst-Persönlichkeit wahrzunehmen, nimmt zu.

Nun tritt in Träumen öfter der Freund als ›segnende Gestalt‹ auf, wie Jakobs Engel beim Morgengrauen. M. träumte, er liege mit Katharina im Bett. Ein Freund der beiden betritt das Zimmer und bringt auf einem Tablett eine Wurst und viel Reis an ihr Bett. Der Mann, der in diesem Traum das Zimmer betrat, hatte in Wirklichkeit eben geheiratet. Während er die Wurst und den Reis bringt – Reis wird vielerorts jung Verheirateten zu deren Fruchtbarkeit über die Köpfe gestreut, und die Wurst ist offensichtlich ein Phallussymbol –, identifiziert ihn M. als seinen ›inneren Freund‹ und erwacht gestärkt aus dem Traum. Er konnte nun die Krise, die ihn seit einigen Tagen quälte, mit Katharina angehen und bewältigen.

Ein viertes ›Klippenmotiv‹ ist die ›Eifersucht‹ auf den ›anderen, einzigen Mann‹, dessen Verbindung mit dem ›inneren Freund‹ nicht mehr wahrgenommen wird. So träumte ein 30jähriger heterosexueller Ingenieur mit fixierter homosexueller Komponente kurz vor seiner Heirat, seine Braut habe ein intimes Verhältnis zu einem anderen Mann, der in Wirklichkeit vor wenigen Wochen geheiratet hatte. Der junge Ingenieur oszillierte zwischen Wahrnehmung und Ausblendung seiner ›heiratsfähigen‹ männlichen zentralen Persönlichkeit. Der ›Heiratsfähige‹ wird im Bilde eines Mannes, der soeben geheiratet hat, abgespalten. Bezeichnenderweise hat seine Braut mit diesem ein Verhältnis, was nichts anderes heißt, als daß sie mit seiner jetzt ausgeblendeten Selbst-Persönlichkeit ein ›Verhältnis‹ hat, was für die Beziehung der beiden spricht. *Freuds* Interpretation der Eifersucht, wonach der Träumer sein homosexuelles Begehren auf seine Braut projizieren würde, trifft hier nicht zu. Denn das auffällige Detail in diesem Traum ist ja der Umstand, daß seine Braut mit einem soeben verheirateten Mann ein intimes Verhältnis eingeht. Diese unterscheidende Einzelheit würde in der *Freudschen* Deutung unbeachtet bleiben. Genau sie aber ist der Schlüssel zur Erklärung dieser Eifersucht. Vor einer Eheschließung beginnt der Mann oft an seiner heterosexuellen Liebesfähigkeit zu zweifeln. Er schwankt zwischen dem Vertrauen in seine ›Ehefähigkeit‹ und deren Abspaltung zugunsten eines anderen Mannes, dessen ›Ehefähigkeit‹ durch seine eben geschlossene Heirat im Traum attestiert wird.

Schließlich komme ich zu einem letzten ›Klippenmotiv‹, das die Darstellung der Spiegel-Kommunikation mit dem heterosexuellen Mann abrundet und gleichzeitig wieder an den Anfang meiner Erklärung zurückführt, indem es die Spiegel-Kommunikation als Wahrnehmung einer Dynamik, eines Bewegungsablaufs, zeigt.

Wir erinnern uns, daß der psychische Zusammenbruch ›Sebastians‹ vor dem ›Blender-Vater‹ sich im allgemeinsten Sinne als Lähmung der zentralen männlichen Aktivität äußerte. Wenn in einer gelungenen Analyse das Problem der fixierten Homosexualität ausreichend bearbeitet wurde, bleiben im allgemeinen noch einige durch lange Jahre festgefahrene Erlebnismuster zu analysieren, die alle Ausformungen des gleichen ›Lähmungs-Grundmusters‹ sind. Ihre breite Streuung zeigt, daß die Blendung durch den Vater in einem viel umfassenderen Sinne als dem genitalen interpretiert werden muß.

Dazu ein Erlebnis M.s. Dieser befand sich gegen Ende seiner Analyse auf einer Reise in Schweden. In einem Museum erblickte er zum erstenmal seit längerem einen Mann, den er gleich als den Typus seines ›Spiegelbild-Geliebten‹ identifizierte. Das Neue daran war, daß dieser Mann ihm in verblüffender Weise ähnlich sah. M.s Begleiterin war von dieser Ähnlichkeit, die sich im verwandten ›Steckbrief‹, aber noch mehr in subtileren Dingen wie Blick, Gang, Gestik, Sprechweise, individuelle Ausstrahlung äußerte, noch stärker als M. selbst frappiert. M. machte von dieser Begegnung kein Aufhebens und vergaß sie wieder. Als sich die beiden jedoch zufällig viermal innerhalb zweier Monate in verschiedenen Städten Europas mit Entfernungen bis zu 1500 km trafen, wurden sie notwendigerweise aufeinander aufmerksam. Die dritte dieser Begegnungen schildere ich hier.

An einem Abend schlenderte M. durch die Stadt, wo er sich gerade aufhielt, und vernahm auf einmal Musik. Er ging ihr nach und gelangte zu einem Tanzfest auf einem mittelalterlichen Platz. Seit dem Augenblick, als er die Musik hörte, verspürte er Lust sich ›auszutanzen‹. Als er aber vor dem Tanzpodium ankam und die Mädchen, die herumstanden, anschaute, fühlte er sich auf einmal müde. Er schaute auf die Uhr: »Schon 23 Uhr. Um diese Uhrzeit ist man einfach müde. Das ist normal.« Er beachtete die leichte innere Dumpfheit und Lähmung nicht, die auf mehr als physische Müdigkeit hinwiesen, nämlich auf Passivität als uroborische Aktivität, welche die ursprüngliche konstruktive Dynamik einwärts zurückbiegt, bis sie als destruktiver Stachel im eigenen Fleisch steckt: auf den ›Sebastian-Komplex‹. Auf einmal sah M., wie ein Mann mit einem Satz aufs Podium sprang, ein Mädchen beim Arm nahm, sie kurz fragend anschaute, und schon entfernten sich die beiden im Tanz. Es war M.s ›Doppelgänger‹. Als der Tanz zu Ende war, erblickte dieser mit großer Verblüffung M., kam auf ihn zu, M. lud ihn zu einem Bier ein, und es kam zum ersten längeren Gespräch zwischen beiden. Bald hernach entfernte sich M., ohne getanzt zu haben.

Dieser Sprung seines ›Spiegelfreundes‹, der fast schon ein ›Doppelgänger‹ war, was vielleicht auf die nähere Beziehung M.s zu seiner Selbst-Persönlichkeit schließen läßt, dieser Sprung auf die Tanzfläche also war einer jener plötzlichen ›Schwerthiebe‹ zur Spiegel-Kommunikation mit einem jetzt konstellierten, neuen Erlebnismuster. Er löste die nächste Phase in M.s Entwicklung aus. In den nächsten Monaten erlebte M. sich immer wieder in Spiegel-Kommunikation mit diesem Sprung auf das Tanzpodium. Es war die Zeit, wo er mit Katharina den Entschluß faßte, zu heiraten. Durch das äußere Bild des auf die Tanzfläche hüpfenden ›Spiegelfreundes‹ wurde ein neues inneres Erlebnismuster M.s – wohl in irreversibler Weise – belebt. Er hatte die Klippe der uroborischen Lähmung im ›Sebastian-Komplex‹ grundsätzlich überwunden und zu zupackender Männlichkeit gefunden.

Die extravertierende Bewegung von innen nach außen, durch welche die Frau auch zu einem Gegenüber wurde, und die introvertierende Bewegung von außen nach innen, durch die der Mann auch zur inneren Persönlichkeit wurde: durch diese beiden gegensätzlichen Bewegungen wird nach und nach die Homosexualität integriert, das heißt von ihrem süchtigen Ersatzcharakter befreit. M. hatte jetzt den Eindruck, die ›Dinge seien an ihrem richtigen Platz‹. In allen Bereichen wurde er froher, lebendiger, kreativer. Im Spannungsfeld der beiden jetzt klar situierten geschlechtlichen Pole konnte er sein Leben in den verschiedensten Bereichen klarer strukturieren. Von der Zeit seiner homosexuellen Fixierung her behielt er das Gespür dafür, daß er als Mann auch ein ›In-der-Frau-Enthaltener‹ war. Seine Anima wurde für ihn zur plastisch wahrgenommenen weiblichen Gestalt. Er erlebte sie als einen Teil seiner Selbst-Persönlichkeit oder, erfahrungsnäher ausgedrückt, als die weibliche Perspektive, in der er seine Selbst-Persönlichkeit wahrnahm. Wie in einer ›Laterna magica‹ ein Bild zunächst deutlich und leuchtend sichtbar ist, dann zu verfließen beginnt und ein neues zweites Bild durch das erste hindurch Konturen und Strahlungskraft bekommt, bis es schließlich eindeutig vor dem Auge ersteht, so konnte M. seine Selbst-Persönlichkeit als männliche und weibliche Gestalt wahrnehmen. Aber während er das männliche Bild jetzt auch drinnen erschaute, sah er das weibliche jetzt auch draußen. Da er nun den Mann deutlich als eigenes Spiegelbild in sich selber wahrnahm, konnte er den weiblichen Spiegel in richtiger ›Spiegeldistanz‹ , das heißt am mittleren Ort zwischen Nähe und Ferne, wo Liebe möglich wird, halten und dadurch selber zum männlichen Spiegel einer weiblichen Selbst-Persönlichkeit werden.

Wie herrlich ist mein junger Freund gebildet!
Welch ein Ebenmaß aller Teile!
Welch eine Fülle der Form, welch ein Glanz der Jugend,
welch ein Gewinn für mich,
meine Einbildungskraft mit diesem vollkommenen Muster
der menschlichen Natur bereichert zu haben!

Johann Wolfgang Goethe

Die meisten Homosexuellen sehnen sich nach einer festen Partnerschaft mit einem Mann. Warum fällt es vielen so schwer, sich diese Sehnsucht zu erfüllen? Das Problem geht fast immer auf die halbherzige Bejahung der eigenen Homosexualität zurück. Die affektive ›Ambivalenz‹ sich selber als Homosexuellen gegenüber führt zu Hemmungen und Fehlleistungen in der Partnersuche sowie zu Selbsttäuschungen bei der Partnerwahl. Solche Ambivalenz kommt nicht von ungefähr: wie viele Verletzungen und Zurückweisungen als Folgen der gleichgeschlechtlichen Neigungen bereits in Kindheit und Jugend! Welche Qualen im Konflikt zwischen dieser besonderen Liebe, dem Liebenden kostbar, und dem Unverständnis, der Kälte, dem schweigenden oder aggressiven Rückzug, ja, den sadistischen Quälereien, denen sich der junge Homosexuelle aussetzt, wenn er es wagt, sein Wertvollstes einem Geliebten zu offenbaren! Welche Verzweiflung, wenn dieser die Geheimsphäre des sich zart Enthüllenden zerreißt, zur brutalen Bestätigung der eigenen Männlichkeit das zitternde Geheimnis der Bubenmeute preisgibt und diese, Urbild der zwangsheterosexuellen Gesellschaft, ihn höhnisch ausschließt, und er von nun an, hin und her gerissen zwischen illusorisch aufblitzender Hoffnung und realem Schrecken, nur noch verstohlene, unklare, ja verlogene Signale seiner Liebe aussendet, die vom Empfänger zum eigenen Nutzen, aus Gewinnsucht etwa oder eines Vorteiles in der Schule wegen, vielleicht zum Abschreiben einer Hausaufgabe, mißbraucht werden.

Später dann als Erwachsener muß er sich von seinen früheren Quälern, meist ohne Worte, sagen lassen, Homosexuelle seien beziehungsunfähig, was die pathologische Minderwertigkeit der Homosexualität beweise, und er, das Entsetzen seiner Kindheit seit langem verdrängend, glaubt ihnen und lebt weiter im Zwiespalt seiner Gefühle, die nun auch er, in selbstmörderischer Verbrüderung mit den Heterosexuellen, als etwas menschlich Zurückgebliebenes und Krankhaftes empfindet, selbst wenn er mit seinem Verstand und der Hilfe von einschlägiger Literatur zu glauben versucht, daß dem nicht so sei. Und weiter trägt er mit sich das Kreuz seines Zwiespalts, einmal mit einsamem Mut sich trotzig allen zur Schau stellend und selbstquälerisch entblößend, dann wieder sich in Gefühllosigkeit und Dumpfheit einspinnend. Und mit den anderen, seinen heterosexuellen Brüdern, nennt er das erste Exhibitionismus und das zweite Depression, und bringt beides mit der Homosexualität an sich, aber nicht mit der Situation des Homosexuellen in dieser Gesellschaft in Verbindung.

Und weiter geht sein Leben in unechten Arrangements: mit imponierenden Leistungen, die seine Fähigkeiten und Kräfte eigentlich übersteigen und ihn in Dauerspannung halten, mit raschen verstohlenen anonymen Begegnungen, in denen er das heterosexuelle ›Du-darfst-nicht‹ mit seinem homosexuellen ›Ich-muß‹ in morbider Lust verknüpft. Und trifft er einmal auf einem Mann, der ihn liebt und mit ihm weitergehen möchte, verrät er ihn nach kurzer Zeit, indem er mit Hilfe des heterosexuellen Handlangers, der seit langem schon aus seinem Inneren wütet, das feine Gespür des anderen in ähnlicher Weise durch Zurückweisung oder Nicht-Einhalten einer Abmachung verletzt, wie er selber in vergessener Zeit verletzt wurde. Durch diese Wiederholung des alten bösen Spiels mit vertauschten Rollen entlastet, fühlt er sich kurze Zeit im Gleichgewicht, bis ihn die Sehnsucht wieder hinaustreibt: in einschlägige Bars, Discos, Kinos, Saunen, in Parks, Klappen, Bäder, auf exotische Reisen. Im Laufe der Jahre gewöhnt er sich an ein Leben der sich jagenden Arrangements zwischen dem ›Ich-muß‹ aus seinem Inneren und dem ›Du-darfst-nicht‹ von der nun auch inneren Meute. Und immer mehr wird er so, wie Heterosexuelle sagen, daß Homosexuelle seien: einmal grell und lärmend mit aufgesetztem Getue, ein andermal antriebsarm und stumpf; abwechselnd voll künstlich angespannter Überaktivität, dann leer in bodenloser Langeweile; mit einer überzuckerten oder verbitterten Weltsicht; heute begeistert und engagiert und morgen uninteressiert und unbezogen;

an einem Tag überreizt und am nächsten unterstimuliert; mit Leder den Mann markierend oder sich wie ein ausgewrungener Lappen fühlend.

Doch weiter trägt er mit sich das Flämmchen seiner irren Hoffnung, eines Tages doch noch den Freund zu finden, den Prinzen, der ihn von aller Verzweiflung und Angst, vom Entsetzen seiner eingeklemmten Existenz erlösen möge. Würde auch dieses Flämmchen erlöschen, könnte er nicht mehr weiterleben. So hütet er es im unterdrückten Wissen, daß es nie zur zündenden Flamme in einer geteilten Liebe werden würde: credo quia absurdum.

Diese *Kettenreaktion homosexuellen Unglücks,* diese Hölle eines immer wieder zu sich selbst aufbrechenden und sich sogleich von sich abschneidenden Lebens, die ich in notwendiger Überzeichnung skizziert habe, gilt es klinisch scharf zu durchschauen, damit sich die Chance einer gleichgeschlechtlichen Partnerschaft auftun kann. Nicht immer sind die frühen Erfahrungen mit Homosexualität so zerstörerisch, wie ich sie dargestellt habe. Doch habe ich unter den vielen Homosexuellen, mit denen ich bisher therapeutisch gearbeitet habe, keinen gefunden, dem sie gänzlich fremd gewesen wären. Im Klima einer zugewandten, bejahenden therapeutischen Beziehung gilt es, endlich dem im Gefühl verdrängten Schrecklichen emotionalen Raum zu geben. Denn einesteils kann der Homosexuelle nur in einer zuverlässigen Partnerschaft Selbstvertrauen und Mut bekommen, sich von dieser heillosen Leidenskette zu befreien, doch andererseits wird er nur beziehungsfähig, wenn er anfangen kann, die Kette zu lösen. Der therapeutische Gefühlsraum – eine geeignete Gruppe ist dazu ebenso günstig, manchmal günstiger als die Einzeltherapie – schafft den notwendigen ›Bardo‹ – Zustand zwischen dem alten Tod und dem neuen Leben –, indem er gleichzeitig die bergende nahe Wärme und die aufdeckende Kühle, die er beide braucht, findet.

Nun folgt eine endlich hoffnungsvolle Zeit des Hin und Her zwischen der alten Ambivalenz von Annäherung und Rückzug des sich verfestigenden Standhaltens in gefühlsstarken Begegnungen mit Männern, eine Zeit zwischen den alten sterilen Arrangements und aufblühenden neuen Erfahrungen sich selbst bejahender Homosexualität, zwischen scheuer Flucht und ausdauerndem Am-Ball-Bleiben in einer Begegnung. Oft findet er nun zum eigenen Erstaunen nach nicht allzu langer Zeit einen Mann, mit dem er zum ersten

Male eine Partnerschaft eingeht, die sich ruhig und in einem Klima der Bejahung von Tag zu Tag entfaltet. Um die Probleme, die sich jetzt stellen können geht es im folgenden.

Zwei Männer, die stärker geworden sind als ihre Verletzungen, und die die eigenen Unliebesspiele, die aus diesen stammen, durchschauen und durchbrechen, finden meist leicht und rasch zueinander, leichter und rascher als die meisten heterosexuellen Paare. Die Dankbarkeit darüber, daß sie zueinander befreit sind, die Begeisterung und Anregung des Anfangs schenken ihnen sofortiges Glück. Weil sie beide dem gleichen Geschlecht angehören, ist die Anlaufszeit des sich Vertrautwerdens kürzer. Da es zwischen ihnen keine ›Geschlechterdifferenz‹ gibt, verstehen sie sich gleich und fühlen sich schnell ineinander ein. Die ›Harmonie der ersten Zeit‹ bei einem homosexuellen Paar ist oft bewegend. Ein Glanz von selbstverständlicher Liebe und Brüderlichkeit umgibt die beiden. Die Schwere früherer Einsamkeit weicht einer Leichtigkeit, die so selbstverständlich ist, als sei sie schon immer dagewesen und würde von nun an immer da sein. All dies geschieht rascher und reibungsloser als in heterosexuellen Partnerschaften. Die beiden Männer haben sich wie in Spiegeln gleich erkannt. Nicht zufällig hat *Platon* das Bild der sich ergänzenden Kugelhälften aus der Erfahrungswelt des gleichgeschlechtlichen Eros geschöpft. Bei allen Persönlichkeitsunterschieden bewirkt die Gleichheit des Geschlechts ein ›grundlegendes Einverständnis‹ in das beiden Gemeinsame. Da dieses Einverständnis sogleich eine Verstärkung der männlichen Identität bewirkt, schmerzen frühere narzißtische Verletzungen wie durch ein Wunder auf einmal nicht mehr. Der alte Mensch ist nicht einmal gestorben; er hat sich in nichts aufgelöst und belastet selbst die Erinnerung nicht mehr. So ist die erste Zeit in einer gleichgeschlechtlichen Liebe oft von ›paradiesischer Einfachheit‹ und zwar nicht als Folge einer Regression zu zweit, sondern der Gemeinsamkeit im Mann sein.

In der vergangenen partnerlosen Zeit hatte die gleiche schnelle Vertrautheit unter Männern bewirkt, daß sexuelle Kontakte rasch und rauschhaft eingegangen wurden. Das frei schweifende, nach sexueller Lust jagende, noch nicht durch das Weibchen gezähmte Männchen alter Zeiten lebt heute fast nur noch im ungebundenen Homosexuellen weiter. Dieser biologische Faktor, der bereits die Anthropoiden-Männchen ganz bestimmte, wird bei ihm nicht durch den bewußten psychologischen Faktor der Frau als ebenbürtiges Gegenüber und des Weiblichen als inneres Seelenbild – *Jung* nennt es Anima – ausgependelt und gemildert. In diesem Stadium kann die Sehnsucht auch des promisken homosexuellen Mannes nach Partnerschaft keine Erfüllung finden. Männchen in Horden verstärken die archaische, auf das Objekt unbezogene Jagd nach sexueller Lust. Fehlt die für jeden, hetero- oder homosexuellen Mann, notwendige und mögliche Verbindung zur Anima, dominiert der biologische über den psychologischen Faktor.

Doch kehren wir zu den beiden Liebenden zurück, die vor noch nicht langer Zeit eine homosexuelle Partnerschaft eingegangen sind. Aufgrund der bisherigen Dominanz archaisch unbezogener Kontakte sind die beiden im Umgang mit der weiblichen Qualität erotischer Bezogenheit noch unbeholfen. Dabei ist diese in homosexuellen Männern von der Anlage her oft stärker gegeben als in heterosexuellen Männern. Doch weil ihr erotischer und sexueller Lernprozeß fast nur von Männern geprägt wurde, fällt ihnen eine explosive kurze Begegnung noch leichter als eine implosive, innere Grenzen durchbrechende und in der Dauer sich entfaltende: die *Ekstase* leichter als die ›*Enstase*‹. Dazu kommt noch ein weiteres. Die erwähnte rasche Vertrautheit des Anfangs hat ihre Ursache wie erwähnt in der fehlenden Geschlechterpolarität. Nun beruhen aber Sexus und Eros auf der polaren Spannung zwischen zwei Menschen. Auch zwischen Mann und Frau beobachten wir seit etwa zwei Jahrzehnten eine wachsende Häufung psychologischer ›Geschwisterehen‹ *(Kast)*, bei denen die anfängliche sexuelle Spannung mehr abnimmt als in psychologischen ›Ergänzungsehen‹, obschon sie reduziert meistens fortfährt, die Beziehung zu wärmen und zu beleben. Das Element Freundschaft wird immer zentraler. Insofern entsprechen viele homosexuelle Partnerschaften einer Eigenart unseres Zeitgeistes. Eben eine ›Abnahme der sexuellen Spannung‹ beobachten wir in diesen oft deutlich stärker als in den erwähnten Geschwisterehen, was nach der anfänglichen Erfahrung von Stimmigkeit, Sicherheit und Glück die erste entscheidende Krise auslöst.

Auf diese reagieren homosexuelle Partner hauptsächlich in *drei Mustern*. Wenn zu diesem Zeitpunkt die innere Verbindung der beiden noch wenig gefestigt ist, trennen sie sich manchmal schon nach kurzer Zeit. Das Gefühl des Scheiterns, das sie jetzt empfinden, wird durch die unbewußte Anreicherung durch frühe Enttäuschungen verstärkt, und sie finden sich in der alten, jetzt noch etwas tiefer eingekerbten Entmutigung wieder.

Bei einer bereits intensiven seelischen Verbindung trennen sich die beiden Partner nicht ohne weiteres. Immer noch wirkt in ihnen das Pathos der Partnerschaft, das bei Homosexuellen im Kontrast zur früheren Einsamkeit oft besonders intensiv ist. Gleichzeitig ruft die Enttäuschung über die verminderte oder gar verlorene sexuelle Spannung nach kompensierenden intensiven sexuellen Erlebnissen. Zuerst oft heimlich, dann meist in gegenseitiger Absprache werden beide oder einer wieder zu den frei schweifenden Jägern, die sie früher waren, doch mit dem wichtigen Unterschied, daß sie um ihre Heimat in einer Partnerschaft wissen, die immer mehr die ›Züge einer Freundschaft‹ annimmt. Entweder schlafen sie nur noch ab und zu miteinander oder überhaupt nicht mehr. Im letzteren Falle schenken sie sich dennoch körperliche Nähe und Zärtlichkeit. Solche Partnerschaften dauern manchmal viele Jahre, ja Jahrzehnte, entscheidend ist die ›emotionale Treue‹. In ihnen spiegeln sich oft Situationen der Kindheit und Jugend wieder: mit dem damals geliebten heterosexuellen Knaben verband sie im besten Falle eine ›platonische‹ Freundschaft, bei gleichzeitigen verstohlenen raschen homosexuellen Kontakten mit anderen. Unter diesen Umständen befindet sich die Partnerschaft in einem labilen Gleichgewicht. Jederzeit besteht das Risiko, daß eine der Zufallsbegegnungen emotional so wichtig wird, daß der Freund die Partnerschaft auflöst. Oder die Energie fließt so einseitig in die kurzen Kontakte, daß die Partnerschaft immer mehr zu einem bloß äußeren Rahmen wird und sich früher oder später auflöst.

Das dritte Reaktionsmuster wird uns länger beschäftigen. Es besteht in der ›Spiegel-Kommunikation mit dem homosexuellen Partner‹. Genauer gesagt ist es kein bloßes Reaktionsmuster auf ein erlebtes Spannungsdefizit, sondern ein wechselseitiges Fühl-, Denk- und Aktionsmuster möglichst vom Anfang der Partnerschaft an. Spiegel-Kommunikation macht die notwendige Polaritätserfahrung zwischen zwei Liebenden bewußt und stärkt sie. Sie kann durch ›äußere Faktoren‹ unterstützt werden. So ist es ungünstig, wenn Partner zu früh eine gemeinsame Wohnung beziehen. Das ständige Zusammenleben bereits zum Zeitpunkt, da vor allem die Faszination und Begeisterung des Anfangs die Partnerschaft prägen, erschwert in vielen

Fällen die seelische Beziehungsaufnahme der Spiegel-Kommunikation. Außerdem bedeutet das vorschnelle Zusammenziehen auf dem Hintergrund langjährigen Alleinseins oft eine Überforderung, und die banalen Reibungen des Alltags lassen zu schnell negative Projektionen aufkommen, die auch die sexuelle Beziehung schwächen. Gerade die plötzliche völlige Vertrautheit des Anfangs verlockt oft zu einem Schritt, der sich schließlich als unbekömmlich erweist. Zwar ist das Bedürfnis nach einem gemeinsamen Zuhause verständlich, doch kenne ich Partner, die sogar nach vielen Jahren noch gut daran tun, in getrennten Wohnungen zu leben. Außerdem ist der Glaube illusorisch, daß der gemeinsame Wohnsitz sexuelle Fremdkontakte verhindern würde. Eher ist das Gegenteil der Fall. Die Überforderung im Zusammenleben ruft oft nach der Kompensation in schnellen Begegnungen ohne Verantwortung und Bezogenheit.

Spiegel-Kommunikation wird am Anfang durch eine größere Verschiedenheit der Partner erleichtert. Diese kann in etwa die fehlende Geschlechterpolarität ersetzen. Aus dem heterosexuellen Blickwinkel wird ein größerer Unterschied in Alter, kultureller Zugehörigkeit, Begabungen und Interessen oft zu Recht als Hindernis zum fruchtbaren Austausch in einer Partnerschaft gesehen. In homosexuellen Beziehungen machen sie im Gegenteil die Erhaltung der erotischen Spannung und den durch diese motivierten seelischen Austausch oft erst möglich. Damit in Zusammenhang stehen der größere geistige Horizont und die natürliche Toleranz vieler beziehungsfähiger Homosexueller.

Gleichzeitig ist gegenseitige Spiegel-Kommunikation nur möglich, wenn sich die sexuelle Begegnung nicht in starrer Rollenverteilung fixiert: In einem flexiblen Hin und Her sind beide abwechselnd aktiv und passiv, wobei der ›Passive‹ manchmal aktiver als der ›Aktive‹, und der ›Aktive‹ manchmal passiver als der ›Passive‹ ist. Die Fixierung in der aktiven oder passiven Rolle ist Indiz einer Beziehungshemmung.

Auf noch längere Dauer allerdings werden eher vordergründige Persönlichkeitsunterschiede zweitrangig. Die wenigen mir bekannten homosexuellen Partnerschaften, die jahrzehntelang lebendig blieben, weisen kein wesentlich größeres Sozial-, Alters- und Bildungsgefälle als entsprechende heterosexuelle Partnerschaften auf. Denn die eigentliche Spiegel-Kommunikation findet in tieferen Schichten der Persönlichkeit statt. In den unausbleiblichen Phasen der Stagnation stößt die Liebe als Persönlichkeitstransformator oft durch heftige Aggression und Verzweiflung zu einer neuen gegenseitigen Selbstmitteilung durch. Wenn zwei Menschen meinen, sie hätten sich nichts zu sagen, ist das nicht eine Frage der tatsächlichen Erschöpfung des Mitzuteilenden, sondern der nachlassenden Liebe. Wäre das der einzige Wirkzusammenhang zwischen Spiegel-Kommunikation und Liebe, müßte das Kapitel hier enden. Doch entspricht es ebenfalls der Erfahrung, daß die bewußt eingesetzte Spiegel-Kommunikation in Krisensituationen die nachlassende Liebe wieder neu beleben kann.

Was hast du mir sogar jetzt an Wesentlichem über dich und mich mitzuteilen? Diese Frage soll so unermüdlich ausdauernd gestellt werden wie im Zen-Buddhismus ein Koan. Spiegel-Kommunikation ist eine Form von Meditation. Im gleichzeitigen Blick nach innen und außen, in dich und in mich hinein, blitzt auf einmal, vielleicht nach langer dürrer dunkler Zeit, eine neue Erfahrung über dich und mich selbst auf, ein neuer Wert, der dem Leben Sinn und Zug gibt. Eine neue gemeinsame Beziehungsgestalt erwacht zwischen dir und mir, mit deiner und mit meiner Dimension, etwas Packendes und Bewegendes, das uns beide erfaßt. Im Hineinschauen wird das Auge zum empfangenden Organ, zum tiefen weiblichen Schoß, in dem neues Leben wächst. Sind zwei männliche Partner an diesem Punkt ihrer gemeinsamen Entwicklung angelangt, werden die Unterschiede zu einer mann-weiblichen Partnerschaft zweitrangig. Jetzt spielt nur noch die ›Verzückung der Begegnung‹ *(Buber)*. Ich habe in diesem Buch bereits zahlreiche Beispiele der Spiegel-Kommunikation gegeben. Wichtig ist, nicht zu vergessen, daß mir der Partner jederzeit etwas Wesentliches mitzuteilen hat, ja gerade dann, wenn ich in ihm nur Negatives und Abstoßendes sehe. Im Kern einer negativen Projektion verbirgt sich eine kostbare Mitteilung an mich. Im Kern zum Beispiel dessen, was mir im anderen als bloße Beziehungslosigkeit vorkommt, blitzt für mich plötzlich die Mitteilung einer auch mir notwendigen Freiheit und Unabhängigkeit auf. Jetzt muß ich dieser Mitteilung Raum geben, viel Raum, noch mehr Raum, in der Dynamik dieser Mitteilung solange auszuharren, bis der letzte Rest von Abwehr gegen den Partner geschmolzen ist, und eine neue tiefere frei fließende Beziehung alles zwischen dir und mir ausfüllt.

Was hast du mir gerade jetzt an Wesentlichem über dich und mich mitzuteilen? Aus dieser Grundfrage der Beziehung, aus diesem Begegnungs-Koan wird eine Partnerschaft neu geboren, weil ich selber neu geboren werde. Immer wieder werde ich als Therapeut gefragt: Wie kann ich meinen Partner ändern? Und immer wieder muß die paradoxe Antwort lauten: Indem du dir im Blick auf den Partner die Frage stellst: Was hast du mir gerade jetzt an Wesentlichem über dich und mich mitzuteilen? Eine Frage, deren Antwort nur aus dem eigenen Innern kommen kann.

Die Arbeit mit Homosexuellen wird unter anderem in einer ersten
Phase der Analyse durch einen Umstand erschwert, den der Analy-
tiker ernst nehmen muß. Homosexuelle haben oft viele Jahre gebraucht, bis es ihnen allen äußeren und inneren Widerständen zum
Trotz gelang, ihre Homosexualität zu bejahen und homosexuelle
Kontakte aufzunehmen. Sie haben lange und mühsam um ihre homosexuelle Identität gerungen. Die schließlich erfolgte Annahme
der Homosexualität ist als wichtige Ich-Leistung anzuerkennen.
Dies darf der Analytiker gerade dann nicht vergessen, wenn die
Analyse am Punkt angelangt ist, wo die Aufarbeitung der Abwehr
der Heterosexualität unumgänglich wird, z. B. weil Träume immer
deutlicher auf diese hinweisen. Die Annahme der eigenen Homosexualität ist insofern eine Ich-Leistung, als dank ihr eine erste Ab-
grenzung gegenüber dem verschlingenden Weiblichen und eine
Stärkung der männlichen Identität stattfinden konnten. Das durch
die Annahme der Homosexualität Erreichte darf auf keinen Fall
durch die Analyse der Abwehr der Heterosexualität in Frage gestellt werden.

Homosexuelle sind der Analyse gegenüber oft zu Recht mißtrau-
isch. Sie bangen um das durch das ›Coming-Out‹ ihrer Homosexualität Erreichte. Wohl jeder Analytiker kennt die Frage, die ihm homosexuelle Analysanden stellen: »Werde ich die gleichgeschlechtliche Liebesfähigkeit durch die Analyse verlieren?« Eine lesbische
Frau fragte: »Was passiert, wenn ich es auf mich nehme, hinter
meine Abwehr des Mannes zu kommen? Es wäre schrecklich, wenn
ich dadurch die Möglichkeit, eine Frau zu lieben, verlöre.« Mit solchen Fragen konfrontiert, muß der Analytiker Farbe bekennen.
Wenn nicht auch er das durch die Annahme der Homosexualität
Gewonnene bejahen kann, sollte er die Hände von der Arbeit mit
Homosexuellen lassen. Solche Fragen haben ihre objektive Berechtigung in bezug auf den Standort des Analytikers. Sie einseitig als
Abwehr des Analysanden zu deuten, wäre ein Symptom der Abwehr beim Analytiker. Die Öffnung auf das Gegengeschlecht hin
impliziert nicht den Verlust der gleichgeschlechtlichen Liebesfähigkeit, sondern bringt einen zusätzlichen Gewinn. Es käme doch

wohl keinem Analytiker in den Sinn, zur Heilung von Zwangsheterosexualität, das heißt der zwanghaften süchtigen Fixierung auf die
Frau, die heterosexuelle Liebesfähigkeit aufzulösen und an ihre
Stelle die Homosexualität zu setzen. Nicht die Homosexualität an
sich bedarf der Analyse, wohl aber die narzißtisch fixierte Homosexualität, wie auch nicht die Heterosexualität der Analyse bedarf,
wohl aber die narzißtisch fixierte Heterosexualität. In der narzißtisch fixierten Homosexualität ist der andere Mann Ersatz für die eigene Selbstwahrnehmung als Mann, während in der narzißtisch fixierten Heterosexualität die Frau Ersatz für die Verinnerlichung des
mütterlichen Spiegels ist.

Im elften und zwölften Kapitel führte ich aus, daß die Spiegelung
durch die Mutter im Leitbild des Vaters, wenn sie in der Kindheit
nicht genügend erfolgt ist, im späteren Spiegel einer anderen Frau
als der Mutter nur in beschränktem Maße nachgeholt werden kann.
Die Tatsache einer geringeren Spiegelung im eigenen Mannsein geht
nicht nur und manchmal überhaupt nicht auf ein reales Persönlich-
keitsdefizit in der Mutter und im Vater zurück, sondern oft viel
mehr auf eine dem Homosexuellen natürliche unbewußte Auswahl
aus dem Persönlichkeitsangebot der Mutter und des Vaters, also auf
eine anlagemäßige Bereitschaft. In diesem Fall ist der Mann stärker
auf die Spiegel-Kommunikation mit einem anderen Manne angewiesen, insofern ihm dieser als ›der von der Frau Gespiegelte‹ erscheint. Daraus zog ich die Folgerung, daß die geschlechtliche
Grundeinstellung auch nach Auflösung der homosexuellen Fixierung nicht zu einer heterosexuellen wird wie die eines Mannes, der
sich seit jeher stärker von Frauen als von Männern angezogen fühlt.
Die Auflösung der homosexuellen Fixierung führt nie zu einer Um-
polung, das heißt einer heterosexuellen Grundeinstellung. Dies ist
auch nicht das Ziel der therapeutischen Spiegel-Kommunikation.
Die Begabung zur gleichgeschlechtlichen Liebe bleibt bestehen und
bedeutet einen zentralen Wert, der sich jetzt freier entfalten kann.
Tiefenpsychologisch halte ich das Problem der dominanten geschlechtlichen Einstellung im Vergleich zur Frage nach der homosexuellen Psychodynamik für zweitrangig. Sie wird im allgemeinen
auch von Homosexuellen selbst so gestellt, als würde der stärkere
sexuelle Erstimpuls in der Begegnung mit Männern und Frauen darüber entscheiden, ob ein Mann sein Leben in einer homo- oder heterosexuellen Partnerschaft verbringen soll. So wird ihm die psycho-

logische Wahlmöglichkeit abgesprochen, auf welche Anziehung, der homosexuellen oder der heterosexuellen, er sich innerhalb seines realen Beziehungsnetzes, das ihn unter konkreten Lebensumständen mit ganz bestimmten Menschen zusammenbringt, einlassen soll. Aber der Eros hält sich nicht immer an die dominante geschlechtliche Einstellung. In der Liebe sind auch andere Faktoren wirksam, wie Vertrauen und Vertrautheit, eine innige ruhige wachsende Anziehung, die beide in einer gemeinsamen tiefen Schwingung verbindet, das Entzücken angesichts einer Gestalt, die einem immer näher kommt, gemeinsame Interessen und Ziele, in bezug speziell auf die heterosexuelle Liebe beim Homosexuellen die größere Stimmigkeit mit dem sozialen Umfeld, die nicht mit äußerlicher Anpassung identisch sein muß, die faszinierende Herausforderung durch das fremdere, mehr polare und vielleicht auch die Empfindung größerer menschlicher Ganzheit und Tiefe.

Eine analytische Psychotherapie hat die Möglichkeit, die Frage nach der dominanten Einstellung in etwa zu relativieren, ohne sich den Vorwurf einer Deck-Heterosexualität, das heißt einer versteckten Anpassung an die heterosexuelle Gesellschaft zum Überdecken der eigenen Homosexualität machen zu müssen. Es ist eine Erfahrungstatsache, daß sich im Laufe mancher Analyse mit Homosexuellen neben der gleichgeschlechtlichen auch die gegengeschlechtliche Liebesfähigkeit entwickelt. Allerdings braucht es viel introspektive Ehrlichkeit, um sich von einer bloßen Verdrängungs- und Zweck-Bisexualität abzugrenzen. Viel hängt davon ab, ob der Analytiker, sei er hetero- oder homosexuell, selbst diese ganzheitliche Liebesfähigkeit erworben hat, auch wenn die Gewichtung beider Arten von Liebesfähigkeit natürlich von Individuum zu Individuum verschieden ist. Die Skala reicht von fast ausschließlich heterosexuellen zum fast ausschließlich homosexuellen Mann. Die erforderliche Begabung zur Einfühlung in verschiedenste Menschen, die zum Beruf des Psychotherapeuten befähigt, läßt vermuten – oder hoffen! –, daß die meisten im therapeutischen Bereich Tätigen eher im Mittelfeld zwischen den beiden Extremen angesiedelt sind, ungeachtet der Feststellung, daß bei einem seelisch gesunden Menschen immer eine der beiden Einstellungen dominant ist.

Die Tatsache, daß Menschen mit homosexueller Grundausrichtung nach einer mehrjährigen Analyse nichts von alledem erlebt haben, was ich als Wahrnehmbarkeit der Selbst-Persönlichkeit dank der Spiegel-Kommunikation mit einem Freund beschrieben habe, spricht nicht gegen meine These. Sie könnte vielmehr auf gemeinsame blinde Flecken beim Analytiker und beim Analysanden hinweisen. Es gibt viele Fälle, wo die im Zusammenhang mit der fixierten Homosexualität auftretenden narzißtischen Symptome zwar verhaltenstherapeutisch eingedämmt, aber nicht wirklich analytisch aufgelöst werden. Solche Fälle werden dann zum Beweis angeführt, daß die Abwesenheit der heterosexuellen Liebesfähigkeit durchaus mit seelischer Gesundheit vereinbar sei. Mir selber ist jedoch kein Fall einer ›Heilung des Selbst‹ im Sinne von *Kohuts* These [102] über den Narzißmus bekannt, ohne die gleichzeitig erwachende Fähigkeit, sich einer Frau im Gefühl zu öffnen. Hat ein homosexueller Mann auch zu seinem Maß an heterosexueller Liebesfähigkeit gefunden, löst sich sein Gefühl der Isolierung auf. Die empfundene Verbindung zur eigenen seelischen Dynamik, die auch in dem, was seine Liebesfähigkeit zur Frau betrifft, über das begrenzte Stück Leben hinausgeht, das er aufgrund seiner Anlage und frühen Prägungen verwirklichen kann, gibt ihm ein Gefühl von Freiheit und innerer Verbindung auch mit heterosexuellen Männern. Ob er in einer gleichgeschlechtlichen Beziehung außer auf die körperliche Lust auch mehr auf die seelische Verbindung der Spiegel-Kommunikation, also auf die Anziehung für den andern Mann, aufgefaßt als Integrationssignal, achtet, oder in einer heterosexuellen Beziehung in Ausweitung der zunächst stärkeren seelischen Verbindung auch die körperliche Lust der Verschmelzung zuläßt und sucht, also die heterosexuelle Anziehung als Beziehungssignal auffaßt, in jedem Falle geht es ihm um die Verwirklichung jener Partnerschaft, die für ihn in der gegebenen Situation die zentralste und ganzheitlichste ist. Daher tritt die Frage der Homo- oder Heterosexualität zugunsten des Engagements in dieser konkreten Beziehung zurück. Es ist für ihn also entscheidend, mit welchem Menschen – Mann oder Frau – er die vollständigste Liebesbeziehung erlebt, und daß eine etwaige heterosexuelle Partnerschaft kein soziales Arrangement, sondern die größere Herausforderung darstellt. *Martin Ziehe* schildert die Entwicklungsdynamik der Heterosexualität und der Homosexualität im gleichen Mann auf ähnliche Weise: »Im Mann, den ich liebe, die Verschiedenheit zu akzeptieren«, also die Differenz, aufgrund derer Spiegel-Kommunikation möglich wird, »und in der Frau, die ich liebe, auch Gleiches finden zu können«, die Verschmelzung ermöglicht, »ist meine eigene, ganz persönliche Hoffnung«... Wäre das nicht eigentlich die ›homosexuelle‹ Liebe zur Frau und die ›heterosexuelle‹ Liebe zum Mann?«[103] Auch gesellschaftlich wirkt die Unterscheidung zwischen Homo- und Heterosexuellen oft diskriminierend unsachlich. Ein Analysand machte mich auf folgenden Widerspruch aufmerksam: Wenn ein heterosexueller Mann einmal nicht mit einer Frau, sondern einem Mann Geschlechtsverkehr hat, wird er von der Umwelt bereits als Homosexueller stigmatisiert und seine Heterosexualität als bloße Tarnung ›entlarvt‹. Dagegen käme es niemandem in den Sinn, einen Mann, der in einer intimen Dauerbeziehung mit einem anderen Manne lebt, als heterosexuell zu charakterisieren, nur weil er einmal mit einer Frau geschlafen hat. Dieser signifikante Unterschied zeigt die auch soziale Fragwürdigkeit einer Identitätsbestimmung aufgrund der dominanten geschlechtlichen Ausrichtung.

Wird die eigene gegengeschlechtliche Liebesfähigkeit erlebt und zugelassen, stellt sich das eigentliche Problem: »Was mache ich einesteils mit meiner Homosexualität und andernteils mit meiner Heterosexualität?« Wie in jedem anderen Bereich menschlicher Selbstverwirklichung drängt sich die Frage nach dem Sinn auf. Das Erlebnis eines Triebes impliziert noch nicht die Wahrnehmung eines Triebbildes, das heißt einer bestimmten Vorstellung, die den Trieb aktiviert. Unter Hypnose zum Beispiel können neue Triebbilder, die bisher nie bewußt als solche wahrgenommen wurden, übermittelt werden, die zum ersten Mal sexuell stimulierend wirken: Der Trieb verschmilzt mit einem neuen Triebbild. Auf welche Weise lebensgeschichtlich eine dauerhafte Koppelung des Sexualtriebes mit einem bestimmten Triebbild entstanden ist, also in unserem Zusammenhang mit dem Bild entweder eines Mannes oder einer Frau, läßt sich in keinem Fall ausreichend nachweisen. Jedenfalls wirken konstitutive und entwicklungspsychologische Faktoren zusammen. Psychologisch wichtig ist vor allem die allgemeine Feststellung, daß vom Moment der Empfängnis an das Individuum an seinem Schicksalsweg mitbeteiligt ist. Eindrücklich ist außerdem die nicht weiter zu hinterfragende Tatsache, daß oft seltsame Entsprechungen zwischen individueller Disposition und äußeren Einflußfaktoren bestehen, etwa zwischen einem männlichen Individuum, das in Physis und Psyche viele weibliche Eigenschaften aufweist, und seiner spezifischen Umwelt, die weibliche Eigenschaften mehr fördert als männliche. Das läßt sich nicht in allen Fällen aus dem biologischen und psychologischen Familienschicksal erklären. Ich kenne einige Fälle von Adoptivsöhnen, die sich in der gleichen Schicksalskonstellation vorfanden. Ich habe das bisher so versucht zu begreifen, daß bereits kleine Kinder aktiv auf das hinwirken, was sie schließlich, wenigstens zum Teil, von ihrer Umgebung bekommen. Sie nehmen sich möglichst viel von dem, was sie aufgrund ihrer individuellen Eigenart brauchen. Doch reicht auch diese Erklärung in einigen Fällen nicht aus. Ja, ich vermute sogar, daß sie nie ausreicht. Wir westlichen Menschen tun uns schwer, in sinnvollen Entsprechungen zu denken, ohne in Richtung eines Bedeutungswahns abzudriften. Akausale Erklärungsversuche der Wirklichkeit muten unseriös an. Und doch werden sie der Tatsache des organischen Zusammenhangs aller Phänomene, der physischen, psychischen und geistigen, und des Zusammenspiels von Mikrokosmos und Makrokosmos, von Innen- und Außenwelt, am ehesten gerecht. Vielleicht haben wir aus diesem Grunde oft den Eindruck, daß einem Individuum in der Außenwelt das begegnet, was seiner Innenwelt entspricht. Es ist bedeutsam, daß diese besondere Art des Denkens und Fühlens in sinnvollen Entsprechungen, also in Synchronizitäten (Jung), die seelische und geistige Kreativität steigert. Im Zusammenhang unseres Themas ist diese Annahme insofern wichtig, als sie die *Versöhnung mit dem eigenen Triebschicksal* nahe legt. Wir ver-söhnen uns mit dem, was wie ein Sohn zum Vater gehört: In der Tat ist die individuelle Proportion von Homosexualität und Heterosexualität in einem Individuum nicht einfach das Resultat von freundlich oder feindlich gesonnenen Mächten, sondern sie entspricht ihm im wesentlichen. Unser Schicksal ist mit unserem Wesenskern verwandt wie ein Sohn mit seinem Vater. Daher die innere folgerichtige Notwendigkeit der Ver-söhnung mit dem eigenen Schicksal. Wenn wir uns mit dem uns Gegebenen einverstanden erklären, breitet sich die Empfindung einer großen Freiheit in uns aus, und wir erleben einen ungeahnten Energiezuwachs: Unser Schicksal wird wandlungsfähig.

Die Tatsache, daß im Menschen ein Trieb von ganz unterschiedlichen Triebbildern ausgelöst werden kann, daß also das erotische und sexuelle Empfinden und Verhalten eines freien Menschen zahlreiche Variationsmöglichkeiten enthält, gibt Mut zu Phantasie und innovativem Denken, Fühlen und Verhalten. Das Erlebnis eines

Triebes impliziert also noch nicht die Wahrnehmung eines Triebbildes. So ist es zum Beispiel ein weiter Weg vom Machttrieb zum Gemeinschaftssinn, wie bei *Adler* nachzulesen ist. Die Beantwortung der Frage nach dem Sinn darf weder willkürlich noch rein verstandesmäßig gegeben werden. Sie kann nur innerhalb konkreter Gefühlsbeziehungen aufleuchten. Letztlich entscheidet, wie erwähnt, die größere Tiefe und Ganzheitlichkeit einer Liebe darüber, ob ein Mann sein Leben mit diesem bestimmten Mann oder mit dieser bestimmten Frau verbindet. Das ist nicht das gleiche wie der erste ›Kick‹ oder Anfangsimpuls in einer Begegnung. Bei einer homosexuellen Grundausrichtung gelten letztere stärker dem anderen Manne. Doch manchmal gewinnt die Beziehung zu einer bestimmten Frau nach und nach umfassendere Bedeutung als alle bisherigen Beziehungen zu Männern, vielleicht sogar in sexueller Hinsicht. Nach meinem Empfinden wird in diesem Zusammenhang oft zu schnell von bloßer ›Anpassung‹ des Homosexuellen an die heterosexuelle Gesellschaft gesprochen. Nicht jede ›Annäherung‹ ist eine äußere Anpassung. Das Leben des einzelnen ist eine ›Grenzwanderung zwischen Individualität und Sozietät‹. Doch sind sich diese beiden Größen nie total fremd, zumindest vom kollektiven Unbewußten her gesehen, das in beiden wirkt. Daher können Angehörige einer Minderheit, in unserem Kontext die Homosexuellen, in den Angehörigen der Mehrheit, verdrängtes, gehemmtes, eigenes Leben wahrnehmen und umgekehrt. Die ›schädliche Anpassung‹ an die Gesellschaft beginnt erst dann, wenn in einem Menschen der ›energetische Gewinn‹ – Energiezuwachs – kleiner als der ›energetische Verlust‹ – Energieabfall – ist. Mit etwas Übung können wir das genau am Körpertonus eines Menschen ablesen, zum Beispiel in der Haltung, dem Glanz der Augen, der Stimme, usw. Zu diesem Thema verweise ich auf meine Einführung zur Psychoenergetik in »Abschied von der Selbstzerstörung« und »Die Wunde der Ungeliebten«.

Ohnehin ist eine gleichgeschlechtliche Partnerschaft für die meisten Homosexuellen der entsprechendere Weg, wie ich im letzten Kapitel ausgeführt habe. Die Gefahr einer Überforderung ist für beide Partner geringer. Eine homosexuelle Partnerschaft ist weder mehr noch weniger wert als eine heterosexuelle. Es gilt, die eigene Lebensspur zu erspüren und sich dabei nicht primär vom Bedürfnis nach äußerer Normalität leiten zu lassen. Die innere Norm zu verleugnen hat schwerwiegende psychische und soziale Folgen. Mehr als das äußere gesellschaftliche macht das innere verborgene Außenseitertum einsam. Dieses verursacht viel Leid: im Leben nicht nur des Homosexuellen, sondern auch der ihm nahen Menschen, vor allem der weiblichen Partnerin.

Sicher, so einfach promiske homosexuelle Kontakte sind, so schwierig ist für viele die Verwirklichung einer gleichgeschlechtlichen Partnerschaft. Doch hängt diese Schwierigkeit wie erwähnt meist mit einer ambivalenten Einstellung zur eigenen Homosexualität zusammen. Wer sich selbst und anderen gegenüber eindeutig ist, wird den Weg in eine zu ihm passende homosexuelle Partnerschaft eher finden. Ich habe in diesem Buch versucht, die diesbezüglichen Fixierungen und Blockierungen aufzudecken und gleichzeitig einen Weg zur Befreiung aufzuzeigen.

Vor allem lag mir daran, im Spiegel des homosexuellen Mannes ein klares Bild der Homosexualität *im* Mann – in jedem, auch dem heterosexuellen Manne – herauszuarbeiten, also das darzulegen, was ich die homosexuelle Psychodynamik des Mannes nannte. Auf die erste Fassung dieses Buches erhielt ich viele Briefe auch von heterosexuellen Männern, die sich endlich in einem bisher verdrängten oder aus Scham verheimlichten und vernachlässigten Teil ihrer Persönlichkeit verstanden und angenommen fühlten. Im homosexuellen Mann sahen viele dieser Männer von nun an ihren Bruder: einen Mann, in dem sie ihre eigene Begabung zu Männerfreundschaften und ihre zeitweise empfundene erotische Anziehung durch Männer deutlich und eindeutig gespiegelt sahen. Auch aus diesem Grunde gilt das letzte Wort dieser Studie der Spiegel-Kommunikation. Ihre Bedeutung sprengt das Thema der Homosexualität. Die seelische Beziehungslosigkeit des Individuums zu sich selber nimmt heute im gleichen Maße wie die Beziehungslosigkeit zum Mitmenschen und zur Umwelt zu. Wir stehen in Gefahr, zu unbeteiligten Zuschauern unserer selbst zu werden. Der Narzißmus breitet sich zur kollektiven Neurose aus, deren Symptome uns ›normaler‹ als die Realisierung der ›Grundtatsachen der Seele‹ scheinen, weil sie mehr als diese der Norm entsprechen. Der einzelne sieht sich selber von außen wie einen Fremden an. Er schaut in den Spiegel und sagt: »Das bin ich«, aber er spürt es nicht mehr. Die Aufspaltung zwischen Ich und Spiegelbild ist eine zeitgenössische Tatsache von schicksalhafter Auswirkung. Bei *Max Frisch* lesen wir in *Mein*

Name sei Gantenbein: »Einmal, in einem Hotel, war er bestürzt, als er die Umarmung, während sie stattfand, in einem Spiegel sah, und froh, daß es sein Körper war, mit dem sie ihn betrog, und er schaute in den Spiegel, in dem sie ihn ebenso betrog... Er konnte sich, von jenem Spiegel belehrt, ohne weiteres vorstellen, wie ein anderer sie umarmt, und saß daneben, keineswegs bestürzt, eher froh um die Tilgung seiner Person, eigentlich heiter: Er möchte nicht der andere sein.«

Erst die Abspaltung des Spiegelbildes unserer selbst – ein Ausdruck der seelischen Not besonders in unserer Zeit – macht die Spiegel-Kommunikation notwendig, dank der wir wieder in lebendige Verbindung zum abgespaltenen Spiegelbild treten können. Die Entfremdung des Selbst im fremd gewordenen Spiegelbild ruft nach der Therapie der Spiegel-Kommunikation, durch die der Spiegel vom Symptom für seelische Ferne und Kälte zum Symbol für die notwendige Kontaktaufnahme mit der eigenen Selbst-Persönlichkeit wird.

Anmerkungen

1 Jung, IX/1, 215
2 Jung, VI, 513
3 Jung, IX/1, 86
4 Neumann, *Das Kind,* 17
5 Jung, XIV/1, 117 Anm. 65
6 Ebd., 120
7 Jung, IX/1, 327
8 Jung, IX/2, 242
9 Jung, XIV/2, 324
10 Jung, XVI, 283
11 Glasenapp, *Die Philosophie der Inder,* 36
12 Jung, VIII, 438
13 Jung, IX/1, 178/9
14 Ebd.
15 Ebd.
16 Jung, XIV/2, 129
17 Neumann, *Das Kind,* 201
18 Ebd., 200
19 Jung, IX/1, 230 ff.
20 Neumann, *Das Kind,* 200
21 Ebd., 204
22 Ebd., 200
23 Ebd., 12
24 Ebd., 15
25 Ebd., 203
26 Ebd., 6
27 Neumann, *Ursprungsgeschichte des Bewußtseins,* 247
28 Neumann, *Das Kind,* 75
29 Kohut, *Die Heilung des Selbst,* 299
30 Ebd., 298/9
31 Kohut, *Narzißmus,* 127 ff.
32 Ebd., 14
33 Kohut, *Die Heilung des Selbst,* 83/4
34 Ebd., 121
35 Ebd., 249
36 Ebd., 246
37 Jung, XI
38 Vgl. Schellenbaum, »Transfonmation créatrice«, in: *Le Christ dans l'Energé-
    tique teilhardienne,* 211–235
39 Jung, IX/2, 142
40 Barz, *Psychopathologie,* 19
41 Vgl. Chevalier, *Dictionnaire des symboles,* 2, 220

42 Jung, IX/1, 30
43 Beit, *Symbolik des Märchens,* 704
44 Ebd., 705
45 Vgl. Kohut, *Narzißmus,* 203 ff.
46 Rilke, *Duineser Elegien,* 13
47 Kohut, *Narzißmus,* 57 ff. u. a.
48 Freud, *Eine Kindheitserinnerung des Leonardo da Vinci,* 59/60
49 Ebd., 81
50 Freud, *StA,* Bd. VII, *Zwang, Paranoia und Perversion,* 280
51 Freud, *StA,* Bd. 1, *Vorlesungen zur Einführung in die Psychoanalyse,* 304. – Vgl.
   Freud, *StA,* Bd. VII, *Zwang, Paranoia und Perversion,* 183
52 Adler, *Das Problem der Homosexualität und sexueller Perversionen,* 37
53 Ebd., 51
54 Ebd., 39
55 Ebd., 53
56 Ebd., 82
57 Ebd., 35
58 Ebd., 37
59 Ebd., 36
60 Ebd., 36
61 Jung, IX/1, 100
62 Jung, IX/2, 21
63 Vgl. Jung, IX/1, 215
64 Jung, IX/1, 101
65 In: *Psyche,* Bd. 28, 1974
66 Ebd., 1081
67 Ebd.
68 Vgl. Dannecker, *Der Homosexuelle und die Homosexualität*
69 Ebd., 103
70 Ebd., 106/7
71 Ebd., 110
72 Dannecker/Reiche, *Der gewöhnliche Homosexuelle*
73 Giese, *Der homosexuelle Mann in der Welt,* 220
74 Ebd., 258–267
75 Vangaard, *Phallos – Symbol und Kult in Europa*
76 Ebd., 54
77 Ebd., 59
78 Ebd., 62
79 Dannecker/Reiche, *Der gewöhnliche Homosexuelle,* 127
80 Ebd., 124
81 Boss, *Sinn und Gehalt der sexuellen Perversionen,* 148
82 Jung, IX/1, 83
83 Eliade, *Schamanismus und archaische Ekstasetechnik,* 156
84 Neumann, *Das Kind.* Vgl. Lurker, *Götter und Symbole der alten Ägypter,* 74
85 Freud, *Eine Kindheitserinnerung des Leonardo da Vinci,* 50
86 Ebd., 34
87 Ebd., 56

88 Ebd., 46

89 Ebd., 54

90 Neumann, *Ursprungsgeschichte des Bewußtseins,* 246

91 Fromm, *Märchen, Mythen, Träume,* 153

92 Ebd., 151

93 Kerenyi, *Die Mythologie der Griechen* 2, 85

94 Vgl. Jung, VIII, 337

95 Kohut, *Die Heilung des Selbst,* 205 ff.

96 Musil, *Die Verwirrungen des Zöglings Törless*

97 Vgl. 25 ff. *Die Bibel,* 1. Moses 32

98 Rilke, *Dauer der Kindheit*

99 Rilke, *Neue Gedichte. Anderer Teil: Archaischer Torso Apollos*

100 Neumann, *Der schöpferische Mensch*

101 Vgl. E.T.A. Hoffmann, *Die Elixiere des Teufels*

102 Kohut, *Die Heilung des Selbst*

103 Martin Ziehe, »Ein Teil meines Rausches – Selbstliebe zu Männern«, in: *Ästhetik und Kommunikation,* Jg 11, 40/41 Sexualität, Sept. 1980, S. 77

104 Vgl. Dionysos Zagreus, der in dem Augenblick von den Titanen zerstückelt (in
seiner Persönlichkeit aufgespalten) wurde, als er im Wasser sein Spiegelbild erblickte (als er die Wahrnehmung seiner Selbst-Persönlichkeit von sich abspal-
tete).

Literaturverzeichnis

Es sind nur solche Werke aufgeführt, die zur Vorbereitung dieser Arbeit verwendet wurden. Die meisten davon wurden ausdrücklich zitiert.

Adler, A.: *Das Problem der Homosexualität und sexueller Perversionen*, Frankfurt/M., 1977

Baldwin, J.: *Giovanni's Room*, New York, 1956

Barz, H.: *Selbsterfahrung*, Stuttgart, 1973

–: *Psychopathologie und ihre psychologischen Grundlagen*, Bern, 1976

Beit, H. v.: *Symbolik des Märchens*, Bern, 1975

Bleibtreu-Ehrenberg, G.: *Tabu Homosexualität*, Frankfurt/M., 1978

Blueher, H.: »Studien über den perversen Charakter«, in: Giese, H. (Hrsg.): *Die sexuelle Perversion*, Frankfurt/M., 1967

–: *Die Rolle der Erotik in der männlichen Gesellschaft*, Stuttgart, 1962

Bianchi, H. u. a.: *Der homosexuelle Nächste*, Hamburg, 1963

Boss, M.: *Sinn und Gehalt der sexuellen Perversionen*, München, 1966

Braeutigam, W.: *Formen der Homosexualität*, Stuttgart, 1967

Champeaux, G. de/Sterckx, S.: *Introduction au monde des symboles*, Mulhouse, o.J.

Chevalier, J./Gheerbrant, A.: *Dictionnaire des symboles*, I-IV, Paris, 1973

Dannecker, M.: *Der Homosexuelle und die Homosexualität*, Frankfurt/M., 1978

Dannecker, M./Reiche, R.: *Der gewöhnliche Homosexuelle*, Frankfurt/M., 1978

Eliade, M.: *Schamanismus und archaische Ekstasetechnik*, Frankfurt/M., 1975

Freud, S.: *Studienausgabe*, Bd. 1, V, VII, Frankfurt/M., 1969 ff.

–: *Eine Kindheitserinnerung des Leonardo da Vinci*, Frankfurt/M., 1976

–: »Letter from American Mother«, in: Bayer R.: *Homosexuality and American Psychiatry*, Princeton, Princeton University Press, 1987

Frisch, M.: *Mein Name sei Gantenbein*, Frankfurt/M., 1967

Fromm, E.: *Märchen, Mythen, Träume*, Zürich, 1975

Giese, H.: *Der homosexuelle Mann in der Welt*, München, o.J.

Glasenapp, H. v.: *Die Philosophie der Inder*, Stuttgart, 1974

Hirschfeld, M.: *Die Homosexualität des Mannes und des Weibes*, Berlin, 1920

Hoffmann, E.T.A.: *Die Elixiere des Teufels*, München, 1978

Isay, R.: *Schwul sein*, München, 1990

Jacobi, J.: *Vom Bilderreich der Seele*, Olten, 1963

Jung, C. G.: *Gesammelte Werke*, Olten, 1966 ff.

Keleman, S.: *In Defense of Heterosexuality*, Berkeley, 1977

Kinsey, A. C. u. a.: *Das sexuelle Verhalten des Mannes*, Frankfurt/M., 1964

Kohut, H.: *Narzißmus*, Frankfurt/M., 1976

–: *Die Heilung des Selbst*. Frankfurt/M., 1979

Laing, R.: *Das geteilte Selbst*, Hamburg, 1976

Loch, W. (Hrsg.): *Die Krankheitslehre der Psychoanalyse*, Stuttgart, 1977

Lombardo-Radice, M. (Hrsg.): *Der letzte Mann*, Hamburg, 1978

Lurker, M.: *Götter und Symbole der alten Ägypter,* München, 1974

Mann, K.: *Der fromme Tanz,* Hamburg, 1989

Mann, T.: »Tonio Kröger«, in: *Sämtliche Erzählungen,* Frankfurt/M., 1963

Masters/Johnson: *Homosexualität,* Frankfurt/M., 1979

Morgenthaler, F.: »Zur Theorie und Therapie von Perversionen«, in: *Psyche,* Bd. 28, 1974

Musil, R.: *Die Verwirrungen des Zöglings Törless,* Hamburg, 1977

Neumann, E.: *Der schöpferische Mensch,* Zürich, 1959

–: *Ursprungsgeschichte des Bewußtseins,* München, 1974

–: *Das Kind,* Zürich, 1963

–: *Die Große Mutter,* Olten, 1974

Peyrefitte, R.: *Les amitiés particulières,* Paris, 1945

–: *Mon amour,* Paris, 1969

Praunheim, R. v.: *Sex und Karriere,* Hamburg, 1978

Rilke, R. M.: *Briefwechsel in Gedichten mit Erika Mitterer. Aus Rainer Maria Rilkes Nachlaß,* Zweite Folge, Wiesbaden, 1950

–: *Duineser Elegien.* Zürich, 1951

Schellenbaum, P.: *Le Christ dans l'Energétique teilhardienne,* Paris, 1971

–: *Homosexualität des Mannes,* München, 1980

–: *Stichwort: Gottesbild,* Stuttgart, 1981

–: *Das Nein in der Liebe,* Stuttgart, 1984

–: *Abschied von der Selbstzerstörung,* Stuttgart, 1987

–: *Die Wunde der Ungeliebten,* München, 1988

–: *Tanz der Freundschaft,* München, 1990

Socarides, C. W.: *Der offene Homosexuelle,* Frankfurt/M., 1971

Stefan, V.: *Häutungen,* Berlin, 1975

Strzyz, K.: *Sozialisation und Narzißmus,* Wiesbaden, 1978

Vinnai, G.: *Das Elend der Männlichkeit,* Hamburg, 1977

Vangaard, T.: *Phallos – Symbol und Kult in Europa,* München, 1977

Wesley, F. und C.: *Das Rollendiktat,* Frankfurt/M., 1978

Woolf, V.: *Orlando,* Frankfurt/M., 1978

Ziehe, M.: »Ein Teil meines Rausches – Selbstliebe zu Männern«, in: *Ästhetik und Kommunikation,* Jg. 11, 40/41: Sexualität, Sept. 1980

Namen- und Sachregister

Abspaltung 169, 177
Abwehr 122, 138 f., 180, 188, 206, 230
  – beim Analytiker 230
  – des Mannes 97, 230
  – gegen die phallische Mutter 128
Adler, A. 59, 68 ff., 73, 210, 236
Ästhetizismus 85 f., 101
Aggression, Aggressivität 30, 56 f., 95, 140,
  185, 189, 228
  – des archaischen Schattens 160
  – Homosexueller 160
  phallische – 129, 184
AIDS 10, 138 ff.
Anima 32, 41, 50, 72, 105, 113, 119 f., 126,
  135 ff., 199 ff., 225
  -identität 113, 118
  primitive – 59
  – Wahrnehmung 113, 220
  weibliche – 113, 118, 120
Animus 53, 91, 97, 125, 127, 133
  Mutter- 125 f., 133, 137, 152
  weiblicher – 125, 133
Antonella da Messina 154
Archetyp(us) 37 f., 40, 105, 195
  – des Anthropos 172
  hermaphroditischer – 37, 71
  mütterlicher – 70
  Schicksals- 137
  väterlicher – 71, 75, 78
  zentraler – 42
»arete« 76 f.
Atman 36
Augustinus 50
Autoerotismus 66
Automorphismus 41
Autosuggestion 208

Befreiung 86 ff., 94
  – der männlichen Selbstpersönlichkeit 89,
  95, 132
Begriffsbilder 44
Bergman, I. 50, 55
Besetzung, libidinöse 71
Bewegungsmuster
  archetypisches – 211
  heterosexuelles – 213
  – der Selbst-Persönlichkeit 217
Bewußtes 42, 53

Bewußtsein 35, 39 ff., 49 ff., 100, 157, 173,
  178, 201
  reflexives – 50, 171, 192
  rezeptives – 50, 55, 171, 190, 194
  -sentwicklung 40
Bewußtwerdung 28, 39 f., 69, 101
Beziehungsmuster
  homosexuelles – 225 ff.
Beziehungssignal 233
Bilder, innere 36
Bisexualität, bisexuell 11, 27, 68, 106, 232
Blake, W. 114
Blendung 162 ff., 170 f., 177, 217
Blindheit 170 f.
Blüher, H. 138
Boss, M. 75, 86, 106
Brutalität 97
Buber, M. 41, 161, 228

Carducci, G. 85
Christus, Christuskomplex 172
Coming-Out 11, 75, 230

Dannecker, M. 74, 78
Deckfigur 129 f.
Depersonalisation, Depersonalisations-
  erscheinungen 102, 208
Desintegration 74
Doppelgänger 55, 219
Dorian Gray 202

Ehe
  Ergänzungs- 225
  Geschwister- 225
Ehefähigkeit 218
Eifersucht 217
Einheitswirklichkeit 32, 38, 86 f., 89, 102
Eltern
  -konstellation 9
  -figuren 162
Empathie 42, 44, 74
Erlebnismuster 198, 219
  heterosexuelles – 206
Erleuchtung 172
Eros 34, 72, 95, 138, 140, 189, 224 f.
Ersatzbewegungen 59 f.
Exhibition, Exhibitionismus 93, 222
  phallische – 168 f.

Extraspektion 190
Extraversion, Extravertiertheit 47, 59, 136, 193
  Ersatz- 136, 193, 202
  homosexuelle – 136

Fallbeispiele (s. auch unter Traum) 45 f., 68 f., 86 f., 90 f., 99 f., 102 f., 117 f., 126 f., 129 f., 132 f., 160 f., 163 f., 175, 178 f., 182 f., 201 f., 206, 209, 213 f., 218 f.
Fassbinder, R. W. 97
Fellatio 131
Fetisch
  – Jugend 75, 78
  – Phallus 78, 168
Fixierbild 191 f.
Fixierung durch das Weibliche 123
Fliess, W. 11, 68
Flucht 177 f.
Fra Galgario, s. Vittorio Ghislandi
Frau (s. auch unter Anima) 139, 147, 225
  Idealisierung der – 130
  innere – 201 f.
Freud, S. 9, 11, 38 f., 42, 66–70, 73, 96, 106, 125, 127, 131, 170, 218
Freund 54, 65, 96 f., 100, 109, 117, 188, 192, 194, 207 f., 215
  äußerer – 193 f., 198 f., 201, 207 f., 212 f.
    Blendung des -es 197
  innerer – 193, 198 f., 208, 211, 213, 217
  Typ des -es 197
Frisch, M. 237
Fromm, E. 142, 159

Gauguin, P. 85
Geblendeter, Geblendet-Werden 172, 177, 204
Gegenbild 166, 170, 196
Gegenübertragung 189
Geier-Symbolik, s. Vogel-Symbolik
Gemäldevergleich 113 f.
Genet, J. 97
Genitalität, Genitalisierung 92 f., 167, 205
Geschichtlichkeit 111 f.
Geschlechtsverkehr 76, 165 f.
Gespiegelter 50, 54 f., 58, 62, 84, 96, 99, 105, 110, 120 f., 128, 155, 188, 195, 231
Gide, A. 196
Giese, H. 75
Glanzsymbolik 62
Glied, s. Penis
Gnade 194
Goethe, J. W. v. 53, 221
Gott-Mord 38

Gottesbild 41
Green, J. 97
Größenselbst 43
Große Mutter, s. Mutter
Grünewald, M. 114
Grundeinstellung
  geschlechtliche – 231
  heterosexuelle – 231
Guggenbühl, A. 20

Hedda Gabler 50, 202
Hermaphrodit, Hermaphroditismus, hermaphroditisch 31, 37, 68, 104 f., 108, 113 f., 118, 120, 130, 137
  innerer – 199
  Ur- 115, 130
  Ziel- 115, 130
Heterosexualität, Heterosexueller 11 f., 27, 33, 69, 73, 76, 83, 101 f., 105, 108, 138, 175, 186, 208, 215, 222, 233 f.
  Abwehr der – 83, 230
Hierosgamos 71
HIV 138, 144
Homo faber 48
Homoerotik 33
Homophobie 138
Homosexualität
  Analyse der – 28 f., 33, 42, 63, 68, 159, 164, 230
  Ersatz – 206
  Finalität der – 59, 70, 78, 87, 95, 98, 128, 132
  Fixierung der – 9, 16, 27, 29, 36, 38 f., 47, 54 ff., 60, 70, 72, 76, 83, 86–91, 96, 102, 105, 109, 116, 121, 125, 134, 136, 171, 188, 202, 206, 209, 213, 216, 218, 220, 231
  Integration der –, integrierte – 16, 27, 30, 55, 58, 63, 100, 102, 105, 136, 196, 219
  psychologischer Ort der – 30, 35, 57
  Sexualisierung der – 47
  Therapie der – 187
homosexuell
  -e Dynamik 83 f., 105
  -e Identität 230
  -e Konstitution 72, 162
  -er Künstler 97 f., 154 f.
  -es Signal 130, 186 f.
  -e Symbolik 75 f., 222
Hypochonder, Hypochondrie, hypochondrisch 29, 32, 85, 99
Hysterie 74, 136

Ibsen, H. 50

245

Ich 27, 35, 39, 43, 49, 52, 57, 139, 164, 171,
    192, 194, 237
    bewußtes – 45, 48
    fixiertes – 193
    homosexuelles – 221
    Traum- 49
Ich-Bewußtsein 39 f.
Ich-Du-Beziehung 41, 161
Ich-Entwicklung 39 f.
Ich-Leistung 230
Ich-Persönlichkeit 35, 40, 48 f., 55, 161,
    171 f., 185, 190, 194, 213
    männliche – 124
Ich-Selbst-Achse 39
Ich-Stärke 28
Identifizierung 91, 108, 133, 200, 212
Identität 71, 119, 210
    Anima- 113, 118
    Geschlechts- 57, 139
    homosexuelle – 12, 141, 186, 230
    männliche – 31, 113, 116, 123, 132, 224
    mütterliche – 94, 120
    Persona – 113
    unbewußte – 38
    Verlust der – 112
    weibliche – 113
Identitätsbestimmung 234
Identitätskrise 102
Identitätsproblem 112 f.
Imitation 211, 215
    – eines Leitbildes 212
Immunschwäche 146
    -abwehr 144
    -System 146
Individuation, Individuationsprozeß 36, 38,
    43, 59, 65, 71, 84, 111, 114, 134, 173 f., 212
    -smuster, archetypisches 67, 119, 151
    -ssymbol 105, 107, 114, 132, 137, 160
Inne-Werden 28, 49, 56, 59, 99, 122
Integration 160
    -ssignal 109 f., 233
Introjektion 46
Introspektion 42, 44, 69, 161, 172, 190 f.
Introversion 59, 161, 201
    -sdynamik 47
    Ersatz – 193
    – zur zentralen Persönlichkeit 136
Inzest
    – Beziehung 91
    – mit der Mutter 170

Jugendkult 78
Jung, C. G. 28, 31, 35 f., 42, 45, 54, 59, 70 ff.,
    100, 105, 183, 225

Kast, V. 225
Kastration 131, 138, 170
    symbolische – 171
Katzanzakis, N. 173
Kern-Persönlichkeit, s. zentrale Persönlich-
    keit
Klippenmotive 214
Körper-Selbst 32
Kohut, H. 35, 42 ff., 46, 65, 69, 117, 174, 188
Kompensation 68
Kreativität 41, 121, 157
    spontane – 51
Kubrick, S. 189

Lawrence of Arabia 111
Leitbild 32, 37, 65, 78, 83, 101, 134, 151,
    162, 170, 174, 176, 181, 185, 189, 196 f.,
    204
    archetypisches – 213
    – des Christus 172
    dynamisches – 110, 190
    heterosexuelles – 103
    Imitation eines -es 212
    inneres – 32, 201
    Krise des -es 154
    männliches – 61, 63, 105, 110, 129, 132,
        152, 157, 160, 167, 170, 174, 183
    narzißtisches – 168
    Selbstwahrnehmung im – 177
    väterliches – 38, 58 f., 134, 166, 178 f., 199,
        231
    Verwirklichung des -es 190
Leitbild-Beziehung 174, 179, 181, 183 f., 197
Leitbilddistanz 184
Leitbild-Funktion 196
Leitbild-Homosexualität 52, 57, 60, 64, 79,
    117, 151 f., 157 f., 160, 162, 166, 172 f.,
    177, 181, 185, 188, 211
    fixierte – 152, 167, 175
    Integrierung der –, integrierte – 153, 164,
        167, 187
Leitbild-Spiegelung 183
Leitfigur 133, 184, 203
    religiöse – 194
Leit-Selbst 38 f., 44, 65, 76 f., 134, 166, 184
Leonardo da Vinci 125, 131
Lichtgestalt 104, 106 f., 109, 114, 116, 119
Lichtsymbolik 100, 120, 172
Liebesbeziehung 98
    gleichgeschlechtliche – 223 f.
Liebesfähigkeit 230
    Ausblendung der – 99
    heterosexuelle – 41, 62, 102 f., 136, 186 f.,
        211, 213 f., 217 f., 230, 232

homosexuelle – 230, 232
mangelnde – 74
Liebesimpuls 210
Liebesobjekt 66
Liebesunfähigkeit, heterosexuelle 106

Machtkampf 110
Machttrieb 236
Magnet-Selbst 43
Mandala 37, 44, 49, 51
Mann-Sein 46
middle-age-creativity 43
middle-age-crisis 43
Minderwertigkeitskomplex 68, 222
Miteinander 118
Morgenthaler, F. 9, 74
Musil, R. 179
Mutter 37, 53, 61, 70, 91, 125, 188, 195,
    199
    furchtbare – 99, 127
    Große – 37, 102, 116, 155
    Höhlen- 53
    phallische – 125f., 129, 137
    phallussüchtige, -fressende – 55, 127,
        129
    Spiegel- 53
    Urbeziehung zur – 38
    uroborische – 37f.
Mutter-Animus 125, 134, 137, 162
Mutterbeziehung 90
    Oralisieren der – 90
    Sexualisieren der – 90
Mutterbindung 89
Mutter-Ersatz 89
Mutterfixierung 119f., 123, 129, 134
    Lösung der – 134
Muttergottheit
    phallische – 127
    Symbol der – 127
Mutteridentifikation, Mutteridentität 66,
    97f., 102, 116
Mutter-Imago 28, 61, 64, 70, 84, 87, 92, 123,
    134f., 213
    Identität mit der – 88, 120
    Lösung von der – 96, 134f.
    Verschmelzung mit der – 118, 128, 134f.,
        207f.
Mutterkomplex 70f.
Muttersymbol 53
Muttervogel 124
    Fixierung durch den – 137
    Metamorphose des -s 125
    phallischer – 127
Mythen 35

Nacheinander, archaische Wahrnehmung
    des 119
Narziß 53, 121, 212
Narzißmus 27f., 33f., 66, 78, 117, 212, 237
narzißtisch
    -e Bedrohung 123
    -e Fixierung 192f., 231
    -e Homöostase 76
    -e Männlichkeit 171
    -e Phase 38, 155
    -e Störungen 27, 30, 43, 69, 74, 90, 117,
        119, 183, 188
Neumann, E. 28, 32, 35, 37–41, 43, 201
Neurose 39, 70
    kollektive – 237
Nicht-Wahrnehmbarkeit 43, 48, 84, 95
Notsignale des Weiblichen 208

ödipal
    -e Phase 39
    -er Konflikt 67
Ödipus 170
Ödipuskomplex 106, 170
Onanieren 115
oral
    -e Befriedigung 88ff.
    -e Ersatzbefriedigung 89
    -e Frustration 88
    -e Gier 89f.
    -e Symptomatik 90

Päderastie 76
Pädophilie (Paidophilia) 76ff.
Paidophilias, s. Pädophilie
Paranoia, paranoid 68
Partialtrieb 106, 185
Partizipation 88, 95, 102, 176, 214
Partnerschaft 221, 223, 225f.
Partnersuche 221
Partnerwahl 221
Paulus 50, 172
Penis 93, 125, 159, 165
    – der Mutter 131
    -eichel 165f.
    -fixierung 168
    -symbole 137
Persona 28, 30, 41, 54, 61, 95, 127, 168, 172,
    176, 196, 202, 207, 209, 212, 215
    Deck- 184
    Fixierung in der – 212
    -Identität 113
    männliche – 113, 116, 160, 166, 172, 183
    Scheinpersönlichkeit der – 195, 202f.
    Unterdrücker der – 207

247

Perversion 39
Peyrefitte, R. 63, 84
phallische Männlichkeit 155, 158, 166,
    169, 176, 184, 188
phallische Phase 38, 54, 91, 122, 131, 155
Phallus 40, 53f., 76, 78, 93, 116, 124, 127,
    129, 131, 155ff., 162, 168, 181
– als Symbol der Männlichkeit 132, 155,
    157, 162, 168
innere Wahrnehmung des – 124
priaprischer – 76, 157
Phallusraub 160, 164
Phallussymbol 76, 79, 156, 184, 217
    mütterliches – 125
Phallusverehrung 76
Phallusverlust 165
Phantasien 29, 36, 125
    sexuelle – 33
Platon 72, 224
Praunheim, Rosa v. 97
primärer Narzißmus, s. Narzißmus
Projektion 195, 227f.
Promiskuität 75, 108, 139, 198, 225, 237
Pubertät 39, 54, 92, 95
Puer aeternus 61, 96

Raffael 154, 159
Raffaelo Sanzio, s. Raffael
Reiche, R. 74
Rilke, R. M. 64, 112, 191, 193
Ritual 95
– der Selbst-Absicherung 33

Sadomasochismus, genitaler 179
Saint-Exupéry, A. de 42
Schamanen 120
Schatten, Schattenfigur 31, 41, 46, 54, 207
    archaischer – 160
    zentraler – 199
Schicksalsarchetyp 137
Schlankheitsideal 89
Schuld 141, 144, 146
Sebastian, heiliger 154f., 181, 218
Sebastian-Komplex 168, 182, 187, 215, 219
Seelentier 132, 135f., 202
Sehnsuchtsbild 61, 101, 116, 128, 155, 158
Selbst 28, 30f., 35f., 52, 115, 117, 171,
    194f.
    defektes – 69
    Größen- 42
    Heilung des – 233
    – des Kindes 53
    Leit- 38f.
    Magnet- 43
    Spiegel- 38f.
    Ziel- 36
Selbst-Ausdruck 28, 205
Selbst-Bilder 37, 113
Selbstbildnis 159
Selbst-Darstellung 93
Selbstentfremdung 237
Selbsterfahrung 85, 107, 118f.
    homosexuelle – 101
Selbst-Erleben 87, 93, 120, 166
Selbst-Gestalten 37, 121
Selbstmordversuch 179
Selbst-Muster 43, 71
Selbstobjekt
    idealisiertes – 42f., 65
    spiegelndes – 43
Selbst-Persönlichkeit 27, 31, 36f., 44, 49, 57,
    66, 71, 74f., 79, 84, 94, 107, 113, 114, 161,
    164, 171ff., 184, 190f., 192, 194f., 202f.,
    208f., 212f., 220, 232
    Ausblendung der – 94f., 99
    Bedrohung der – 88
    Befreiung der – 89, 95, 132
    Bewegungsmuster der – 213
    Dynamik der – 104
    Ganzheit der – 100
    Grundmuster der – 212f., 215
    Imago der – 198
    integrierte – 111, 114
    männliche – 47, 53, 61, 64, 66, 90, 93, 101,
        108, 121, 123, 132, 158, 160, 164, 171,
        176, 183, 185, 203, 208, 214
    Unterdrückung der – 98
    Verlust der – 87
    Wahrnehmung der – 49f., 59, 94, 96,
        160f., 167, 186, 190, 204, 212, 232
    Wandlung der – 52, 55
    weibliche – 220
Selbstmitteilung 228
Selbst-Struktur 38
Selbst-Symbole 37
Selbstverwirklichung 27, 32, 38, 49, 52, 85,
    136, 167, 199
Selbst-Wahrnehmung 24, 28, 30, 38, 55, 65,
    72, 101, 104, 111f., 117, 136, 181, 202, 216
    ganzheitliche – 119f.
    – im Leitbild 177
    männliche – 169
    phallische – 169
Selbst-Werdung 38, 55, 83
Selbstwertgefühl 30, 126
Selbstzerstörung 157, 189
Sexualität 67, 139, 159, 205
    genitale – 205

Spannungsgefälle 59
Spiegel 50, 53 ff., 61 f., 83, 91, 96 ff., 105,
    109 f., 121, 170, 174, 191, 200, 202, 212,
    237
    -distanz 61, 84, 91, 220
    echter – 212
    falscher – 212
    Frau als – des Mannes 57, 64
    Identifizierung mit dem – 108
    männlicher – 220
    -Motiv 50
    mütterlicher – 52 f., 58, 61, 64, 109, 116,
        151
    -symbol, -symbolik 53, 202
    Verwechslung des -s mit dem Spiegelbild
        97
    weiblicher – 109, 152, 220
    Zauber- 54
Spiegelbild 46, 50, 54 f., 57, 74, 83, 87 f.,
    96 ff., 105, 117, 121, 123, 151, 167, 170,
    181, 184, 188, 195, 201 f., 211, 238
    Abspaltung des -es 238
    dynamisches – 65, 102, 105, 109 ff., 117,
        122 f., 152, 176, 183, 190, 198, 212 f.
    entfremdetes – 238
    leitendes – 188, 194
    männliches – 83, 116
    Spiegelglanz des -es 122
    – des Spiegel-Homosexuellen 115
    Vater als – des Sohnes 58
    Verbindung mit dem eigenen – 190
    Verschmelzung mit dem – 99
    verzerrtes – 57
    Wandlung des -es 52
    – der zentralen Persönlichkeit 58
Spiegel-, Spiegelbild-Freund 62, 75, 100 f.,
    112, 191 ff., 200, 203, 207 f., 210, 218
Spiegelglanz 57, 84, 98, 100, 108, 110, 188 f.,
    195, 197
    -Freund 197
Spiegel-Homosexualität 52, 57, 61, 75, 79,
    87, 96, 100, 108, 113, 115, 122 f., 151, 158,
    162, 164 f., 179, 195
    Fixierung der – 102
    Fixierung in der – 152
    Integrierung der – 153
Spiegel-Kommunikation 10, 28, 40, 43 f., 46,
    52, 56, 58, 63, 76, 83, 87, 97, 101, 105,
    109, 115, 177, 181, 184, 186, 191, 197,
    199, 201, 211, 219, 227, 231
    – bei fixierter Heterosexualität 205
    – mit dem heterosexuellen Freund 206 f.
    – bei fixierter Homosexualität 205
    – mit dem homosexuellen Partner 226

Standhalten in der – 177, 179 f., 182 f.,
    211, 223 f.
Spiegelmächtigkeit 108
Spiegel-Selbst 38 f., 44
Spiegelsymbolik 50, 54, 121
Spiegelträume 173
Spiegelung 38 f., 53, 55 f., 57 f., 61 f., 69, 83,
    86, 96, 109, 116, 128, 134, 151, 155, 170,
    172 f., 176, 183, 188, 205, 224
    Allegorie der – 202
    – als Kommunikation 176
    – im Kunstwerk 193 f.
    – der Selbst-Persönlichkeit 93
    – der Selbst-Wahrnehmung 176
    Leitbild- 183
    Mangel an – 45
    mütterliche – 43, 61, 84, 89, 94, 96, 129,
        132, 134, 158, 188 f., 231
    -spotential, archetypisches 62
    Symbol der – 89
Symbol, Symbole 35 f., 40, 89 f., 115, 124,
    137, 198
    -Gestalten 185
    homosexuelle – 76
    Individuations- 107
    Kultur- 75
    – des Mannes 166 ff.
    Selbst- 44
    weibliche – 137

Täuschung 131
Teilhard de Chardin 57
Thanatophilie 141 ff., 147
Thanatophobie 141, 144, 147
Tiefenpsychologie, tiefenpsychologisch
    73 ff., 78 f., 102
Tod 138 ff.
Transvestitenspiele 119
Traum, Träume 35, 49, 62, 88, 90, 99 ff., 112,
    122, 125 f., 128 f., 159, 175, 180, 184, 194,
    201 f., 206, 230
    – fixierter Homosexueller 117
    hermaphroditische – 117 ff., 230
    – narzißtisch Gestörter 117
    Spiegel- 173
    symbolische – 163
Traumanalyse 126, 164
Trieb 234 f.
    -befriedigung 27, 66

Übertragung 163, 175, 183, 213
    regressive – 164
Unbewußtes 42, 49, 51, 66, 140, 179, 207 f.
    Dominanz des -n 39

Ungespiegeltheit, Ungespiegelter 48, 90f., 108, 128, 206
Unliebesspiel 224

Vangaard, T. 75
Vater 38, 42, 53, 78, 91, 164, 167f., 174, 185
  allmächtiger – 102
  Blendung durch den – 164, 177, 189, 218
  furchtbarer – 174
  Horden- 177
  – als idealisiertes Selbstobjekt 42
  – als Leitbild 38, 44, 58, 166f., 179, 199
Vater-Animus 50
Vater-Ersatz 213f.
Vaterfigur 38, 54, 64, 168
Vater-Imago 27, 55, 64, 162, 174, 184, 213f.
  Blendung durch die – 64
  Phallus der – 162
Vater-Sein 75
Vater-Sohn-Beziehung 160f.
Verdrängung 96, 139
Verfolger 96, 163
  innerer – 160
Vergewaltigung, anale 210f.
Verinnerlichung 48
  umwandelnde – 43f.
Verschiebungsersatz 170
Verschmelzung, verschmelzen 45, 53, 57, 64, 83, 97ff., 101f., 109, 116, 118, 123, 126, 128, 132, 135, 176, 180, 183
  – mit dem Animus 55
  – mit dem Mann 132
  – mit der phallischen Männlichkeit 176
  – mit dem Spiegelbild 99
  mütterliche – 61f., 84, 90, 93
  passive – 109
  Ur- 117, 130
Verschmelzungserlebnis 29, 33
Verschmelzungszustand 40
Verwechslung 122f.
Vittorio Ghislandi (Fra Galgario) 159
Vogel 125
  -Symbolik 125, 131
  -träume 125, 132

Wahrnehmung 16, 18, 28, 32, 41, 46, 56, 88, 97, 100f., 105, 116, 119, 122, 171, 181, 189, 208, 213
  äußere – 41, 46, 104, 194, 197, 209, 211f.
  archaische – 118
  – der eigenen heterosexuellen Selbst-Persönlichkeit 122f.

– der eigenen Männlichkeit im Spiegelbild des anderen Mannes 203
– des Freundes 198, 210
gleichgeschlechtliche – 107
hermaphroditische – 122
heterosexuelle – 213, 216
innere – 36f., 52, 56, 78, 113, 115, 120, 136, 170f., 189, 194, 197, 200, 210
– des inneren Freundes 217
– des »inneren« Vaters 78
intuitive – 42, 48
– des Leitbildes 101
– der männlichen Persönlichkeit 71, 84f., 87, 108f., 110, 120, 128, 130, 136, 160, 167, 169, 183
– des Mannes, – des Männlichen 121
– einer neuen Selbst-Persönlichkeit 114
– der phallischen Männlichkeit 169
– des Phallussymbols 79
Störung der – 33
– des Weiblichen 121
– der Wirklichkeit 96
Wahrnehmungsmuster 19
Wandlung 45
– des Selbst 45
Weib 138
Widerstand 164, 178, 230
  phallischer – 230
Wirklichkeitserfassung 101, 106, 112, 117, 119
– der Selbst-Persönlichkeit 117
heterosexuelle – 105, 108, 120
homosexuelle – 105, 107, 113, 117, 120
narzißtische – 117
Woolf, V. 119

Yin und Yang 59, 101

zentrale Persönlichkeit 28, 36, 40, 45, 48, 53, 56, 58, 65, 78, 87, 97ff., 105, 116, 118, 127, 129, 152, 155, 157, 160f., 165f., 170, 179, 181, 185, 188, 193, 198, 201, 210, 212
  heterosexuelle – 211
  Integrierung der -n – 70, 127
Zentroversion 37, 39
Zwangsheterosexualität 61, 122, 138, 171f., 176, 187, 205, 221, 231
Zwangsneurose 74
Zweikampf 57, 180, 182, 185, 190, 199, 211, 217
Zwillingsbild 196

KÖSEL

Peter Schellenbaum
Nimm deine Couch und geh!
Heilung mit Spontanritualen
294 Seiten. Gebunden

In einer Zeit, in der die Analysemüdigkeit und der Unmut über die jahrelange Abhängigkeit von einem Therapeuten immer stärker zunimmt, ist Peter Schellenbaums Buch revolutionär: Nur der Patient, nicht der Therapeut kann den Heilungsprozeß bewirken!

In seinem neuen Ansatz weist Peter Schellenbaum dem Therapeuten lediglich eine begleitende, unterstützende Funktion zu. Er agiert eher im Hintergrund: Vergleichbar einem Regieassistenten unterstützt er den Patienten während des Heilungsprozesses.

Kösel-Verlag

dialog
und praxis

Psychologie
Analyse
Therapie

Kathrin Asper:
Verlassenheit und
Selbstentfremdung
Neue Zugänge zum
therapeutischen
Verständnis
dtv 35018

Verena Kast:
Wege aus Angst
und Symbiose
Märchen psycho-
logisch gedeutet
dtv 35020

Mann und Frau
im Märchen
Psychologische
Deutung
dtv 35001

Familienkonflikte
im Märchen
Psychologische
Deutung
dtv 35034

Wege zur Autonomie
Märchen psycho-
logisch gedeutet
dtv 35014

Frederick S. Perls:
Das Ich, der Hunger
und die Aggression
Die Anfänge der
Gestalt-Therapie
dtv / Klett-Cotta
15050

Frederrick S. Perls,
Ralph F. Hefferline,
Paul Goodman:
Gestalttherapie
Grundlagen
dtv 35010

Gestalttherapie
Praxis
dtv / Klett-Cotta
35029

Jean Piaget:
Das moralische Urteil
beim Kinde
dtv / Klett-Cotta
15015

Das Weltbild des
Kindes
dtv / Klett-Cotta
35004

Das Erwachen der
Intelligenz beim Kinde
dtv / Klett-Cotta
15098

Die Psychologie des
Kindes
dtv / Klett-Cotta
35030

Peter Schellenbaum:
Die Wunde der
Ungeliebten
Blockierung und
Verlebendigung der
Liebe
dtv 35015

Tanz der Freundschaft
Eine ungewöhnliche
Annäherung
an das Wesen der
Freundschaft
dtv 35067

Claude Steiner:
Wie man Lebenspläne
verändert
Das Skript-Konzept
in der Transaktions-
analyse
dtv 35053

dialog
und praxis

Kinder
Eltern
Familie

Bruno Bettelheim:
Der Weg aus dem
Labyrinth
Leben lernen als
Therapie
dtv 15051

Themen meines
Lebens
Essays über Psycho-
analyse, Kinder-
erziehung und das
jüdische Schicksal
dtv 35062

Eugen Drewermann:
Lieb Schwesterlein,
laß mich herein
dtv 35050

Rapunzel, Rapunzel
laß dein Haar herunter
dtv 35056
Grimms Märchen
tiefenpsychologisch
gedeutet

Nancy Friday:
Eifersucht
Die dunkle Seite
der Liebe
dtv 35063

Arno Gruen:
Der Verrat am Selbst
Die Angst
vor Autonomie
bei Mann und Frau
dtv 35000

Der Wahnsinn der
Normalität
Realismus als
Krankheit:
eine grundlegende
Theorie zur mensch-
lichen Destruktivität
dtv 35002

Falsche Götter
Über Liebe, Haß und
die Schwierigkeit des
Friedens
dtv 35059

Der frühe Abschied
Eine Deutung des
Plötzlichen Kindstodes
dtv 35066

Paula J. Caplan:
So viel Liebe,
so viel Haß
Zur Verbesserung
der Mutter-Tochter-
Beziehung
dtv 35060

Sara Gilbert:
Morgen werde ich
schlank sein
Diät und Psyche
dtv 35064

dialog
und praxis

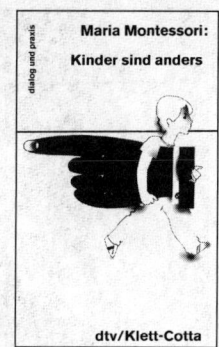

Kinder
Eltern
Familie

Verena Kast:
Wege aus Angst
und Symbiose
Märchen psycholo-
gisch gedeutet
dtv 35020

Mann und Frau
im Märchen
Psychologische
Deutung
dtv 35001

Familienkonflikte
im Märchen
Psychologische
Deutung
dtv 35034

Wege zur Autonomie
Märchen psycholo-
gisch gedeutet
dtv 35014

Kinder verstehen
Ein psychologisches
Lesebuch für Eltern
Hrsg. v.
Sophie von Lenthe
dtv 35017

Irène Kummer:
Wendezeiten im Leben
der Frau
Krisen als Chance zur
Wandlung
dtv 35051

Maria Montessori:
Kinder sind anders
dtv / Klett-Cotta
dtv 35006

Christiane Olivier:
Jokastes Kinder
Die Psyche der Frau
im Schatten der
Mutter
dtv 35013

Gerlinde Ortner:
Märchen,
die Kindern helfen
Geschichten gegen
Angst und Aggression
und was man beim
Vorlesen wissen sollte
dtv 35065

Jirina Prekop:
Der kleine Tyrann
Welchen Halt
brauchen Kinder?
dtv 35019

Anne Wilson Schaef:
Im Zeitalter der Sucht
Wege aus
der Abhängkeit
dtv 35022

Die Flucht vor der
Nähe
Warum Liebe,
die süchtig macht,
keine Liebe ist
dtv 35054

Arno Gruen
im dtv

Der Verrat am Selbst
Die Angst vor Autonomie
bei Mann und Frau

Heute aktueller denn je: der Begriff
der Autonomie, der nicht Stärke
und Überlegenheit meint, sondern
die volle Übereinstimmung des
Menschen mit seinen eigenen
Gefühlen und Bedürfnissen. Wo sie
nicht vorliegt – eher die Regel
als die Ausnahme –, entstehen
Abhängigkeit und Unterwerfung,
Macht und Herrschaft. Ein Buch,
das eine Grunddimension mit-
menschlichen Daseins erfaßt.
dtv 35000

Der Wahnsinn der Normalität
Realismus als Krankheit:
eine grundlegende Theorie zur
menschlichen Destruktivität

Arno Gruen legt die Wurzeln der
Destruktivität frei, die sich viel
öfter, als uns klar ist, hinter
vermeintlicher Menschenfreund-
lichkeit oder »vernünftigem«
Handeln verbergen. Er überzeugt
durch die Vielzahl der Beispiele und
schafft die Beweislage, daß dort,
wo Innen- und Außenwelt auseinanderfallen, Verantwortung und
Menschlichkeit ausbleiben.
dtv 35002

Falsche Götter
Über Liebe, Haß und die
Schwierigkeit des Friedens

»Ich meine nicht, daß man mit
Politikern psychoanalytisch reden
soll. Ich meine, daß man jemandem, der lügt, sagen soll, daß er
lügt. Solange wir glauben, daß wir
die Liebe dieser Leute benötigen,
um erlöst zu werden, sind wir
verloren. Wenn wir wieder lernen,
andere Menschen auf eine natürliche Art empathisch wahrzunehmen, kann uns niemand mehr an
der Nase herumführen.«
dtv 35059 (Januar 1993)